王自生　编著

从心始　行必成

场景化行动学习
银行绩效提升案例集

中国言实出版社

图书在版编目（CIP）数据

从心始　行必成：场景化行动学习银行绩效提升案例集 / 王自生编著 . — 北京：中国言实出版社，2017.12

ISBN 978-7-5171-2591-4

Ⅰ . ①从… Ⅱ . ①王… Ⅲ . ①银行业务－销售管理－案例 Ⅳ . ① F830.4

中国版本图书馆 CIP 数据核字（2017）第 330731 号

责任编辑：王战星
文字编辑：李　琳
封面设计：朱经仕

出版发行　中国言实出版社
地　址：北京市朝阳区北苑路 180 号加利大厦 5 号楼 105 室
邮　编：100101
编辑部：北京市海淀区北太平庄路甲 1 号
邮　编：100088
电　话：64924853（总编室）64924716（发行部）
网　址：www.zgyscbs.cn
E-mail：zgyscbs@263.net

经　销　新华书店
印　刷　北京市金星印务有限公司
版　次　2018 年 3 月第 1 版　2018 年 3 月第 1 次印刷
规　格　710 毫米 ×1000 毫米　1/16　19 印张
字　数　368 千字
定　价　72.00 元　ISBN 978-7-5171-2591-4

实干实战，才有真知

欧仁杰[1]

我和王老师的合作已有十余年了，他是美国注册财务策划师学会在中国中南地区RFP推广项目的负责人，也是中国理财培训行业的先行者之一。

记得在2008年，学会中国中心有感于当时采用的美国翻译版以及自行开发版教材过于偏重理论学习而实践与案例不足，决定重新修订RFP认证培训教材，于是我邀请王老师加入了2008版教材编委会。王老师负责他擅长的《投资策划》《税务和退休计划》等部分章节的修订与编写。毕竟在国内外都从事过理财实践和教学工作，王老师很快就增订了十多万字的稿子，他扎实的文字功底、理论水平与实践理念令我非常欣赏。正是由于这一版本受到了金融机构客户和学员的肯定和欢迎，我们学会于2011年再次整理课程体系与内容并且交由吉林大学出版社正式出版了《国际理财师RFP教程》丛书。

作为学会中国理事会的理事，王老师在工作中更崇尚实干，他提出“RFP要做实战理财师”的理念也是针对银行主管部门一直以来以考核存款为主要指标，造成在银行业从上至下的业态依旧以“产品为导向”的状况，理财师们仍不能完完全全地以“客户需求为导向”，不能做客户真正意义上的理财师。中国理财师的培养还停留在学习考证的书本阶段，理财师的认证市场也鱼目混珠。为改变此状况，王老师和学会一起，多次举办RFP地区性和全国性会员年会，请海外专家组织论坛来共同倡导实战理念，担任学会独家技术支持福布斯优选理财师大赛的评委，在教学中推广我们学会的首款理财游戏“理财人生”，还共同开发了专业的理财软件“滚雪球”、实战课程“理财顾问式销售”以及系列课程如“一张纸的资产配置”“高净值客户的海外资产管理”等来推动中国理财行业向更专业、更客观、更满足客户需求的道路上前行，我们学会提倡的“财务五度”理念（指客户角度、人生高度、指导力度、专业精度和服务广度）也得到了迅速普及。

在长期辅导学员实战业绩、跟踪学员实战效果的过程中，王老师一直在银行的分支行

[1] 欧仁杰：注册财务策划师学会RFPI国际理事会理事及中国区授权代表，RFPI中国理事会会长，RFPI亚洲事务暨中国发展中心董事长。

和网点营销一线。他倾注了大量心血和心思，研究阳明心学的“知行合一”学说，不断总结规律，摸索更好的方法，在实践中求得真知。为写本书，他向他在中南地区的学员乃至全国地区的RFP会员收集实战成功案例，汇集成册，并结合行动学习、管理哲学等理论来充实和完善学习构架和体系，本书中的大量场景化的实战案例都真实可信，既有研究学习价值，又有实用落地价值；既可以作为专业理财师的营销操作手册，又可以作为金融业管理者的实践指导书。在此，特将本书推荐给立志在金融业做出一番业绩的广大从业者。用心研读，定会在实战方面结出累累硕果。

2016年11月7日

路虽远行将必至，事虽难做则必成

刘世龙[1]

开始认识王自生老师是从交流行动学习对中国培训咨询行业的趋势发展的影响开始的，重点谈到复盘技术在行动学习中的运用时我感觉他对复盘颇有研究，以为是他善于下棋的缘故，后来才知道原来他在联想集团工作时，已受到柳传志首创复盘技术的真传。王老师的总结能力很强，当我向他介绍我一直以来在中国推行的行动学习项目中的经验时，他很快总结说，这是“中国式行动学习”，以区别他在国外见识过的行动学习和促动技术。因为西方的行动学习中的促动技术运用有着民主的群体意识和氛围，这在约翰·杜威的《民主与教育》一书中有提及。在国内，情况略有不同，于是，我们在“中国式行动学习”方面有了更加深入的探讨。

真正的探讨还是在具体项目上。他不仅向我这个行动学习导师学习，还主动向项目中的各级领导和学员请教。在客户的行动学习群里，他曾发过这样的帖子：向谁学书法，向谁学锻炼和坚持，向谁学心中装着员工，向谁学产品研究、营销和服务的统筹、修身养性……总之，在他身上真正看到了什么叫“教学相长”“三人行必有我师”。我们的知识结构，70%来自于岗位学习，20%来自于人际学习，10%来自于课堂学习。这就是721法则。如果有一种学习模式能够带领员工边做边学，他们的成长效率将会大幅度提升！行动学习基于此就很好地解决了过去传统培训“培训时激动、过程中感动、回去后不动”的痛点。其实我们每个人都有一种独特的学习方式，行动学习则让我们彼此学会在差异中学习，从共同的经验中学到不一样的事情，从自己的经验中学得最好，在一场聚会中学到的比世界允许我们应用的更多。我们学会了跨界学习，提高了帮助和指导他人的能力，如果给予我们成功的机会和支持的话，我们将从试验、错误和反馈中获益，这也是行动学习的精髓。从个人发展来看，你会在未来发现你现在的盲点和无知，所以为了降低犯错的概率，你要在实践中不断地学会反思和对问题的质疑，探讨新的解决问题的路径方法，这点

---

[1] 刘世龙：广东众行管理顾问有限公司执行董事，众行行动学习研究院院长，美国培训认证协会AACTP认证班导师。

在王老师身上都得到了很好的体现。

韦尔奇说："我想提醒你们我观念中的领导艺术是什么，它只跟人有关。没有最好的教练你就不会有最好的球队，企业队伍也是如此——最好的领导人实际上是教练！"行动学习促动师其实就是个团队教练，教练不仅要教参与学员行动学习的剑法、兵法，更重要的是如何让大家掌握支撑其行动学习成功背后的心法——"无代马走使尽其力，无代鸟飞使臂其翼"。王老师在本书中对行动学习的理解给出了自身实践的感悟，也忠于了瑞文斯先生的原意，这是十分有价值的研究。此外，王老师还在知行的第一场景等方面有自己的独到见解，其"3—5—5—8"（三发+五场景+五环节+八大心法）的训练模式也必将有助于推进行动学习项目中学员的心智模式迁善过程。

2016年11月20日

前　言

谈到行动学习，有人自然会联想到：行动学习嘛，不就是在行动中学习，在学习中行动吗？我每天都在行动，每天也都在学习呀！这种学习和平常的学习又有什么不同呢？当我向持有这样想法的人指出：这里面有个最大的不同是：我们要让学习者有一个很关键的动作，那就是在行动后的反思。

谈到这里，我问了他们一个问题："你最后一次反思自己的错误，是在什么时候？"话刚落地，我的一个友人就从座位上跳起来说："就是这样的！我老婆这一辈子都没有反思过她的错误，她总是指出我的错误！"看看，作为夫妻，一般人不是做到自我反思，而是去反思对方。

谈到这里，读者也可以联想一下，在自己的生活和工作中，有没有这样的例子？你的朋友、家人或者同事，是否总在经常反思自己过去的失误？因为，连反思都做不到，更谈不上改正自己的错误，向着正确的方向或采用正确的方法来做事了。

为了让读者更了解和更会运用行动学习技术，针对每个案例，我们都在后面列出几个问题，让大家学会总结反思和行为改变，并马上行动。当读者回答这些问题前，建议不要往下阅读，否则说明你还没有反思，并不打算付诸行动。

这本书是一本行动学习的心法操作手册。为什么讲心法？本书后面会有详述。本书就是想告诉读者把行动学习作为绩效提升落地的一个逻辑，那就是：

提升绩效——就要搞行动学习（有意无意地）——就必须改善心智模式——就最好知道中华文化集大成者阳明心学——就要把阳明心学依据工作场景具体操作落地。

这就是笔者书名上所提示的：从心始，行必成。换句话说，就是：不从心开始，行动成不了。

讲一个老掉牙的故事：有一位博士看到游泳教练登的招生广告："三天内教会你游泳，否则1000元费用全退。"于是这个博士花了1000元报名参加了游泳班，但他心里很不屑，因为自己花了好长时间学游泳都没有学会，作为学霸，自己当然感到不好意思。他想：这个教练，想必也是个头脑简单四肢发达之人，竟然要在三天之内把我教会，我还真不信呢！于是在他上游泳课的三天里尽和教练对着干，别人下水练，他不下水，心中还想：看你这个教练还能有什么绝活教会我？三天过去，教练拿他还真没有办法，只好退费了事。

在这里，笔者请问读者，博士心中是想学游泳吗？

当然不是！他的心里压根没有想去学游泳，他心里想的是测试教练的水平！这就是博士的“心魔”，而这个心魔会阻碍他的学习。即使有再好的学习方法，心魔不除，学难长进。

掌握心法有如掌握杠杆，可以拨开一叶，看见泰山，可以一通百通，否则即使用了千钧之力，也一样很难落地。如果你心中理解的行动学习只是大家开会讨论的流程和方法，只是换桌子，只是贴墙纸，那就走偏了。那些只是形式，不是根本，根本在心法。除了个人的心智模式以外，组织的心智模式同样重要，本书中也有所涉猎。

有了这个基本思想，该书的框架和形式就应运而生了。我们通过学习不少银行学员和笔者亲身经历过的实际案例来填充学习工作场景，来充实落地的素材，这样能更好地帮助学员理解和反思。

实际上，本书中的行动学习理论绝不仅仅适用于银行，只是笔者从事的大多是银行的项目，案例多出自银行业而已，其他行业的从业者一样可以学习此书。这本书对读者到底有何好处呢？请读者凭心想清楚一点就够：如果把心的问题解决了，还有什么问题不能解决？

行动学习心法，用十二字以概括，那就是：

不反思，无学习。从心始，行必成。

目 录

一、为什么要引进行动学习绩效提升项目

（一）银行绩效提升的难点和问题在哪里

中国各大银行的绩效考核标准几乎大同小异，从总行、省行到地区分行、县域支行，一路下来，层层下放，变化不大，不外乎是存款指标、贷款指标、中收指标、风险管理指标等等，我们称之为KPI（Key Performance Indication）关键业绩指标。下面列出几个表作为例子：

表1　业绩绩效考核指标表

考核类型	考核指标	数据来源
存款	网点存款日均增量	系统报表数据
	网点存款时点增量	
贷款	个贷投放增量	
中间业务	外币存款	业绩台账（电子档）
	国际汇款	
	现金管理平台	
	投行顾问	
	理财	
	贵金属	
	基金	
	信用卡	
	其他	
重点产品销售	网银	
	短信	
	手机银行	
	电话银行	
	ETC	
	POS	
	转账电话	
	其他	
	国债	
	保险	
	基金定投开户	
	第三方存管开户	
	中期理财产品	
	短期理财	
	其他	

续表

考核类型	考核指标	数据来源
客户管理	个人贵宾客户数	系统报表数据
	个人潜力客户数	
	系统管户金融资产增幅	
	管户客户产品覆盖度	
	对公客户	
	小微企业贷款客户	
柜台分流、转推介	以折换卡	系统提取、大堂统计
	日均转推介客户数	
	厅堂自助设备交易量	
	柜台可分流业务	

表2　重点考核指标体系

项目	指标名称	计算公式	计分标准（权重分）
扣分项目	拨备后(前）利润	拨备后（前）利润—拨备后（前）利润计划	未完成扣4分（按季考核，每季最高各扣1分，年末各扣2分）
	信用类经济资本限额	信用类经济资本余额-信用类经济资本限额计划	超计划扣3分（按季考核）
	信贷资产质量管理	根据《信贷资产质量管理办法》扣分	最高扣5分(按季考核)
	贷款规模限额及均衡投放	1.贷款规模限额超计划或结余扣分，每次1分封顶；2.计划未完成按季依率扣分，每次1分封顶，年度不累计；3.个人单笔100万元以上、法人贷款未取得放款通知书发放贷款及未按LPR要求定价，每次扣0.05分，0.5分封顶	最高扣5分(按月、按笔考核）
	网点服务品质	1.对上级行神秘人检查得分全省排名后10%的支行，或全省排名后10%网点所在支行，每次扣2分；2.客户投诉影响重大且主要责任不在客户的，每件次扣1分	最高扣3分（按季考核）
	存款偏离度及季度控制目标	1.未完成月度存款偏离度控制目标，每次扣0.5分；2.未完成季度存款控制目标，每次扣0.5分	最高扣5分（按月、按季考核）

续表

项目	指标名称		计算公式	计分标准（权重分）
得分项目（50分）	存款类指标（12分）	本外币核心存款日均增量	指标值÷计划值	11
		同业存款日均增量	指标值÷计划值	1
	贷款类指标（7分）	法人贷款业务计划完成率(不含小微)	指标值÷计划值	2
		小微企业客户及贷款增长	指标值÷计划值	1
		通用个人贷款业务计划完成率	指标值÷计划值	2
		信用卡分期	指标值÷计划值	2
	中间业务类指标（16分）	中间业务收入计划完成率	指标值÷计划值	5
		互联网（移动）金融业务	指标值÷计划值	3
		国际业务（结售汇及外汇买卖、国际结算）	指标值÷计划值	1
		跨境人民币结算量	指标值÷计划值	1
		代理基金业务	指标值÷计划值	0.5
		代理保险业务	指标值÷计划值	2
		联动业务	指标值÷计划值	1
		托管业务	指标值÷计划值	0.5
		理财业务	指标值÷计划值	0.5
		贵金属业务	指标值÷计划值	0.5
		代收代付业务	指标值÷计划值	1
	客户指标（9分）	法人有效客户增长	指标值÷计划值	2.5
		个人加权贵宾客户增长	指标值÷计划值	2.5
		贷记卡有效客户增长	指标值÷计划值	2
		互联网活跃客户增长	指标值÷计划值	2
	其他指标（6分）	产品创新	指标值÷计划值	3
		委托处置	指标值÷计划值	3

续表

项目	指标名称		计算公式	计分标准（权重分）
加分项目（10分）	成本质量管理	资本品质评价		3
		财务成本		
	投行业务	指标值÷计划值	0.5	
	新产品首单落地		1	
	强行战略	1.智慧银行存款月均增量(1分)；2.社保卡月均存款[-2.5，2.5]；3.强弱行变化[-2，2]	5.5	

此外还有：综合评价指标。包括效益管理、风险管理、结构优化三类指标，考评标准参考全行战略目标、全行上年度平均水平和全省标准值确定，指标权重依据全行发展战略及工作重心确定。

表3　综合评价指标体系

类别	指标	标准值	权重
效益管理(27分)	人均拨备后利润	55万元	12
	人均净增加值	30万元	6
	经济资本回报率	80%	4
	成本收入比	28%	5
风险管理（62分）	不良贷款率		8
	不良贷款生成率		7
	不良贷款清收处置		8
	潜在风险客户退出比率		3
	到期现金收回率		2
	风险事件（含评级偏离度）扣分		[-4，0]
	内部控制		21
	运营质量		5
	党风廉政建设		8

续表

<table>
<tr><th>类别</th><th colspan="2">指标</th><th>标准值</th><th>权重</th></tr>
<tr><td rowspan="9">结构优化（11分）</td><td colspan="2">人均折效存款（含理财）</td><td>3000万元</td><td>2.5</td></tr>
<tr><td colspan="2">存贷款利差</td><td>4.1%</td><td>2</td></tr>
<tr><td colspan="2">对公客户产品覆盖率</td><td>150%</td><td>1</td></tr>
<tr><td colspan="2">个人客户产品覆盖率</td><td>118%</td><td>1</td></tr>
<tr><td rowspan="5">服务三农（4.5分）</td><td>“涉农”贷款日均增量</td><td>计划值</td><td>1</td></tr>
<tr><td>农户贷款日均增量</td><td>计划值</td><td>2</td></tr>
<tr><td>新型农业经营主体贷款增量</td><td>计划值</td><td>0.5</td></tr>
<tr><td>点均惠农通服务点交易量</td><td>计划值</td><td>0.5</td></tr>
<tr><td>特色贷款（含金融扶贫及六项贷款）</td><td>计划值</td><td>0.5</td></tr>
</table>

面对如此繁多的指标，作为管理者，你是否有这样的体验：

你发现你单位有笔不良贷款，造成上季度扣分较多，通过一个季度的努力，该笔不良终于核销了，但你又发现单位的存款指标在下滑，形成了新的丢分项；于是你又开始猛抓存款，等你好不容易通过公关，落实了一笔2亿元的对公存款后，又发现好几个网点的存款在下滑；这时你又意识到“无大不富，无小不固”的道理，开始抓网点的服务质量，希望稳住零售条线的存款指标……

笔者曾碰到这样一位行长，当笔者和其交流管理理念时，他打断我的话说：“王老师，我们别扯那些虚的，来点实的。您就说说依据我们行现在某些考核指标分比同行低的状况，应该采用哪个具体办法来解决这个问题？”听到此言，我不禁想起我考上大学以前，有位发小的父亲因为孩子的成绩还达不到高考分数线，而对他的孩子发脾气：“你就不能多向王自生学点？你现在的分数距离高考录取线也就还有一百多分，距离明年高考还有1年，也就是还有360多天，你今后的目标是每天学半分，每天进步半分总可以吧？到时候自然提高180分，就可以考上好大学了！”听到此，我当时就哑然失笑，心想这也叫作办法？

如果对一位银行行长，对一位领导而言，其管理思维还停留在这个层次，我也建议你赶紧把此书合上或者退费了事。话再说回来，你的管理目标肯定是希望这些众多指标的最后打分能够使你管理的网点、支行、分行能够领先同行，但如果你不知道抓住重点，有所取舍，就会落入头痛医头、脚痛医脚的事无巨细的工作境地。吃力不讨好，上级不满意，下级有抱怨。具体来说，面临众多的工作，如大客户营销，对公客户贷款审批，网点服务质量，零售客户维护，后备干部培养，不良贷款核销，绩效方案落地，员工思想工作，上级行组织的营销冲刺活动，党建工作，员工培训工作……

哪一项才是你的重点？

哪一项才是管理者的工作抓手？

工作应该如何分清主次？

各项工作的优先级应该如何设定？

究竟应该如何解决难点问题……

这就是你要掌握平衡计分卡的道理。

科莱斯平衡计分卡（Careersmart Balanced Score Card），源自哈佛大学教授Robert Kaplan与诺朗顿研究院（Nolan Norton Institute）的执行长David Norton于20世纪90年代所从事的一种“未来组织绩效衡量方法”绩效评价体系。平衡计分卡是从财务、客户、内部运营、学习与成长四个角度，将组织的战略落实为可操作的衡量指标和目标值的一种新型绩效管理体系。设计平衡计分卡的目的就是要建立“实现战略制导”的绩效管理系统，从而保证企业战略得到有效的执行。因此，经过20多年的发展，平衡计分卡已经发展为企业战略管理的工具，在企业战略规划与执行管理方面发挥非常重要的作用。

以美国为例，有关统计数字显示，到1997年，美国财富500强企业已有60%左右实施了绩效管理，而在银行、保险公司等所谓财务服务行业，这一比例则更高，这与美国企业在20世纪90年代整体的优秀表现不能说毫无关系。再看一看政府方面，BSC在20世纪90年代初提出，到了1993年，美国政府就通过了《政府绩效与结果法案》（*The Government Performance and Result Act*）。今天，美国联邦政府的几乎所有部门、各兵种及大部分州政府都已建立和实施了绩效管理。

四个层面

平衡记分卡是一种革命性的评估和管理体系，平衡记分卡分四个层面：财务面、客户面、内部营运面、学习与成长面。

财 务 面

财务性指标是一般企业常用于绩效评估的传统指标。财务性绩效指标可显示出企业的战略及其实施和执行是否正在为最终经营结果（如利润）的改善做出贡献。但是，不是所有的长期策略都能很快产生短期的财务盈利。非财务性绩效指标（如质量、生产时间、生产率和新产品等）的改善和提高是实现目的的手段，而不是目的本身。财务面指标衡量的主要内容有：收入增长、收入结构、降低成本、提高生产率、资产的利用和投资战略等。

客 户 面

平衡记分卡要求企业将使命和策略诠释为具体的与客户相关的目标和要点。企业应以目标顾客和目标市场为导向，应当专注于是否满足核心顾客需求，而不是企图满足所有客户的偏好。客户最关心的不外乎五个方面：时间，质量，性能，服务和成本。企业必须为这五个方面树立清晰的目标，然后将这些目标细化为具体的指标。客户面指标衡量的主要内容有：市场份额、老客户挽留率、新客户获得率、顾客满意度、从客户处获得的利润率。

内部营运面

建立平衡记分卡的顺序，通常是在制定财务和客户方面的目标与指标后，才制定企业内部流程面的目标与指标，这个顺序使企业能够抓住重点，专心衡量那些与股东和客户目标息息相关的流程。内部运营绩效考核应以对客户满意度和实现财务目标影响最大的业务流程为核心。内部运营指标既包括短期的现有业务的改善，又涉及长远的产品和服务的革新。内部运营面指标涉及企业的改良/创新过程、经营过程和售后服务过程。

学习与成长面

学习与成长的目标为其他三个方面的宏大目标提供了基础架构，是驱使上述记分卡三个方面获得卓越成果的动力。面对激烈的全球竞争，企业今天的技术和能力已无法确保其实现未来的业务目标。削减对企业学习和成长能力的投资虽然能在短期内增加财务收入，但由此造成的不利影响将在未来对企业造成沉重打击。学习和成长面指标涉及员工的能力、信息系统的能力与激励、授权与相互配合。

更进一步而言，在平衡记分卡的发展过程中特别强调描述策略背后的因果关系，借客户面、内部营运面、学习与成长面评估指标的完成而达到最终的财务目标。

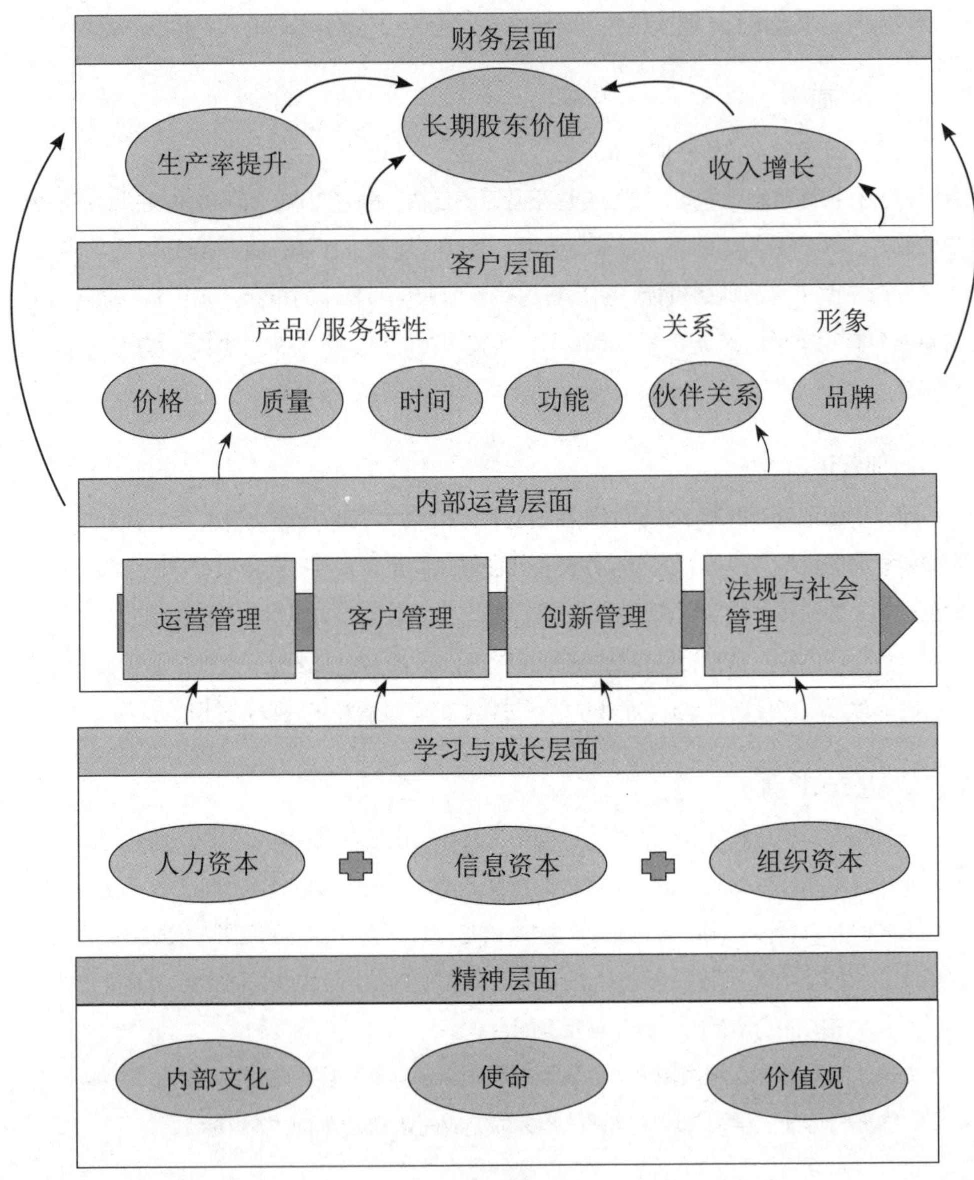

图1 平衡记分卡

由于KPI的各因素之间不存在明显的逻辑关系，它们一起构成了总目标的组成部分，但平衡计分卡可以将通向总目标的绩效指标划分为不同的板块，不同板块之间具有明确的因果支撑关系，形成了一个绩效发展循环。所以，依据平衡计分卡的方法可以分清工作主次，要从最基础的工作，即从员工的学习和成长层面入手，由底向上层层落实，方可以达成目标绩效。

随着互联网+时代的到来，中国所有的企业都面临着快、变化、个性化的经济环境。如何在这种经济环境中让自己管理的企业业绩倍增，让企业脱颖而出呢？

对企业来讲，什么是最重要的？是技术，是机具，是商业模式，还是管理机制，抑或流程制度？毫无疑问，是人，是人的能力，员工的学习和成长能力。那么，在知识经济时代，如何解决人的学习和成长问题才是我们管理者首要关心的问题，也是要抓的最根本问题。

（二）行动学习到底能解决什么问题

既然我们谈到了要解决人的学习和成长问题，那么请读者思考：

是解决人的意愿问题重要还是解决能力问题重要？

解决人的意愿问题实际上要解决什么问题？如何去解决？

如何点燃每个人的工作热情？

如何让行动产生绩效？

如果读者能自如回答上面四个问题，请直接阅读下一节；否则由笔者来回答以上四个棘手的问题。

是解决人的意愿问题重要还是解决能力问题重要

当然是人的意愿问题重要，这两个问题的重要性权重占比起码为6∶4（笔者经验，没有科学依据。当然，再有意愿，如果能力不足，也一时难以奏效，故能力还占了4成），不解决人的意愿问题，解决能力问题就是舍本逐末。因为我们每个人都是独特的个体，有着自主意识和智慧。人类愿意做出有利于自己的改变，但他不一定会做出你要他做出的改变，除非他真正认识到改变对他的好处。比如，我们每个家庭的父母都疼爱孩子，都从自己的经验出发，希望孩子往自己设想好的方向改变，但又有几个孩子能完全依从父母的想法？父母有毋庸置疑的为孩子好的心都不能轻易改变孩子的意愿，更何况其他人想要下属、同事、朋友去改变呢？

解决人的意愿问题实际上要解决什么问题？如何去解决

实际上是要解决人的心智模式问题。人的心智模式，从外在行动到内在思想一般来说有三个层次：行为定势、思维定式、潜意识。心智模式是一个复杂的事物，其表现为一定的行为模式，包括沟通模式，往下是思维模式，更深层的就是潜意识了。如果能一下子改变其潜意识，则效果当然最好，因为人就会相应改变其思维模式和行为。但想一下子改变其潜意识这个根是非常难的，用二十一天去养成一个好习惯，说的就是这个道理。

那么从哪里入手呢？我们认为采用从中间层击破其固有思维定式最有效。

每个人的思维定式，说白了就是三观问题。三观，即世界观、人生观和价值观。因为我们每个人看待世界、看待人生和自我、判断是非的价值观不尽相同，就算是同龄人，就算是有着共同经历的人，也会有很大的不同。所以要改变人对于某件事情的意愿，比如要在一个团队建设中做思想统一工作，就是要统一其三观，这个工作也是很难的，但我们作为管理者不能不面对。关于三观问题，我们不能采取完全放任的态度，还是要讲，还是要发动群众去学习和向好的方向改变。但由于三观的改变也是一个较长期的过程，不能操之过急，拔苗助长，否则适得其反。

那么如何做呢？

这种击破方法就是提问。因为每个人都是希望向有利于自己的一方面去变，我们只要给人指出他存在的问题，用问题引发其思考，他内心自会觉察而去改变。要在一对一或团队中提倡批评和自我批评的做法，督促人们去自我反思和自我批评，在每个人都接纳或不拒绝其他人观点时，我们也可以主动营造互相批评的氛围，展开批评和自我批评的活动，互相砥砺前行。如果他没有认识到或意识到，我们也不用着急，只管继续引导，“佛渡有缘人”，说的就是这个道理。

如何点燃每个人的工作热情

有一次，管理大师杰克·韦尔奇来到中国参加一个管理高峰论坛，TCL的李东生和杰克·韦尔奇有过一段对话。

李东生说：“您介绍了企业变革的很多观念，企业管理者都比较认同，大家在这一点上有共识。但是如何五年、十年都能够保持一种持续的激情？这个是不太容易做到的，这一点我感觉GE公司做得非常成功，它的变革一直持续到现在，贯穿整个企业的行为。杰克·韦尔奇先生是怎么做到这一点的？让您的管理团队、员工非常积极地正面去推进它。”

杰克·韦尔奇答：“我想我们都应当考虑的一个重要的问题就是商业是一场游戏，商业并不是严肃的、致命的、枯燥无味的、毫无乐趣的事，商业就是生活，而且是每天我们都想打赢的一场游戏，我们的听众有多少人是喜欢胜出的，有多少人是喜欢失败的？没有人喜欢失败，如果我们考虑一下这一点的话，这就是为什么每天都需要创新，因为有人把你的饭碗抢走，因为有人想胜过你，因为有人在游戏中打败你，所以你要带着你的团队，就像你打羽毛球一样，你每天都要打，你可以体会很多乐趣，你会非常高兴。在企业，在行业管理中，每个人都太过于严肃了，把脸拉得很长，每个人都认为经营企业是很严肃的事，实际上商业是很有趣的，你可以在做企业中不断地创新，不要在你的员工面前那么刻板。大家认为枯燥、毫无乐趣、刻板，一点意思都没有，这就是我对这个问题的回答。”

阻碍个体学习的最重要因素是动机和意愿，阻碍组织发展的最重要因素是组织防卫。打破前者的工具是个人价值实现，打破后者的武器是集体愿景和目标实现。

行动学习中有一项重要工具就是群策群力、团队共创，可以通过严格的操作流程，让大家凝聚共识，明确团队目标，进行组织分工，营造一种大家玩一场赢的商业游戏的氛围，在游戏中提升自己的能力，改善自己的心智模式，从而使工作激情持续下去。

如何让行动产生绩效

有了激情和决心，有了工作的动力，就一定能战胜困难，用行动产生出工作绩效吗？那可不一定。

因为现实中有许多想象不到的困难需要团队去克服，从原理上讲，人的智慧可以让业绩增长的可能性变得无限，但如何激发每个人的智慧，这就需要在每次行动后有总结，我们称之为复盘。复盘原来只是指棋手在比赛后，需要检视自己犯错的棋步，下次避免同样的错误，并互相交流可能的变化棋步，共同提高的一种方法。在笔者曾工作过的联想集团，柳传志总裁曾把这种方法用于企业工作一段时期后的一种总结提高方法。下图展示了联想的复盘四步法。

图2　复盘四步法

在回顾以往行动时，首先要回顾业绩目标。不少团队或个人做着做着就放弃了目标，因为被困难这个拦路虎拦住了去路，有的领导这时也顶不住，往往就坡下驴，偷梁换柱。越是做不到，越是要反思学习，提升能力。所以以成果为导向，让企业运作的每一个环节都指向成果目标，通过成果让业绩最大化，这个初心绝不能忘！

其次，要评估结果，谁做的结果好，谁做得不好，要让大家看清楚。区分各项工作的具体责任人，形成自动追责机制，做不好的个人或团队就要考虑换人下场了。所以说，行动学习项目从来都是一把手工程，它绝不是一个普普通通的、不痛不痒的意义上的培训项目，而是一个刮骨疗创的学习成长过程。

其三，要分析原因，尤其是在上一个阶段中“业绩战略”上的原因，考虑各种模式问题，如经营模式、服务模式、营销模式、管理模式等等。如何从“业绩战略”的角度来找到业绩提升点？哪里是自己企业的“业绩蓝海”？

最后，要总结规律，尤其是明确什么是有价值的关键行为。因为员工做事不一定都产生价值，如何让员工的行为与组织绩效挂钩？如何用“关键价值链”等技术来提升与放大员工的个人业绩和组织业绩，这是改善绩效的最后一公里。

完成复盘的四个步骤，再把在各阶段行动中产生的问题用行动落实解决。请注意，无论是行动学习项目教练提出的管理问题，还是团队、下属或员工提出的问题，都必须解决和答复。在笔者从事过的行动学习项目中，对于提出的问题，有的团队曾不了了之。所以笔者在此再次强调：教练提出的问题不解决就是最大的问题！当然这里提的问题不能是如何上九天揽月的问题，而都是可以解决的问题，或是有的团队已解决过、有类似解决方案的问题。

这样下来就形成了一整套行动方案，如此周而复始，不断螺旋推进和改善工作。这就是“行动学习项目”之所以能提升绩效的理论逻辑。

（三）除了行动学习，还有别的选择吗

对中高层管理者而言，让我们同时思考一下如下的问题：

有什么样的培训能让员工从被动学习转为主动学习？

有什么样的会议能够激发全员的创新意识和创新行为？

有什么样的培训能够激发全员的集体荣誉感？

有什么样的业务分析会能够推进业务中各种复杂问题的解决？

有什么样的培训能够有效促进团队协作？

有什么样的培训能够提高团队的执行能力？

有什么活动能够造成批评与自我批评的氛围从而促进大家反思？

有什么样的培训能够和KPI指标挂钩从而带动业绩的增长？

有什么样的培训能够一股脑地解决以上所有的问题？

如果你对以上问题已有答案，则该书你不需要往下看了。

如果你想探讨一个浓缩的、有效的方法，那笔者的回答就是：只有行动学习项目。

这也是为什么美国通用GE的杰克·韦尔奇要倡导行动学习。GE通过把各种培训变成行动学习（Action Learning），从而使这些学员成为公司最高管理层的内部咨询师。没有引入行动学习前，GE的国际性业务占18%。实施行动学习后，这个数字是40%，并且很快要达到50%。GE几乎用群策群力的行动学习解决过组织中的任何问题，如运营费用降低、坏品率降低、销售额的提升、员工流失率的降低、领导力的提升、供应链管理等等；当人们在一个问题上胶着时，GE的管理者往往说：“让我们来work out（群策群力，属于行动学习中一个很重要的会议工具）一下吧！”

1992年，IBM前CEO郭士纳成功引入行动学习，成为IBM复活的一剂良药。面对摇摇欲坠的IBM，郭士纳放手让罗恩尝试行动学习项目。正如后来罗恩所言：“从一开始我们便下定决心要采用最好的学习方法，着手改变企业文化，通过行动学习的方式帮助一切工作走向正轨。我们已经对此着迷，事实上这个项目可以使双方达到双赢。我们可以解决政策上的主动性问题，并且可以一边学一边做。因此，行动学习成了整个项目的核心。”项目结束后，几乎100%的项目参加者都说：“当我重返工作岗位的时候，我的行为真的在好多方面已经或将要改变。”

无论是韦尔奇，还是郭士纳，他们都聪明地意识到，行动学习所营造的真诚的对话氛围，最适合他们与有潜力的下属沟通，通过平等地传递自己的使命和信念，实现企业绩效的持续提升。

GE的一位中年工人评价“行动学习”的作用时说：“25年来，你们为我的双手支付工资，而实际上，你们本来还可以拥有我的大脑——而且不用支付任何工钱！”

下面简单归纳下行动学习项目对组织建设和发展的“四力提升”作用：

一，提升团队凝聚力：行动学习首先改变了领导指示层层下达的那种管理方式，把对员工的“要你干”变成员工自发的“我要干”，这极大地调动了基层和中层员工的工作积极性。从而形成基层员工主动干，中层干部下基层干，领导班子巧中干的积极氛围。

二，提升领导力：通过实事求是的直面问题的求真态度，密切联系群众的工作方式，以及自我独立解决问题的能力提升，总体提升组织中各级干部的领导能力。

三，提升团队执行力：行动学习改变了过去的业务工作状态中那种久议无决，久拖无动，久动无效的低效会议决策和低效执行贯彻的知行不合一的状态，让好建议好点子迅速落实到人，落实到事，落实到时间节点。真正做到每言必诺，每诺必践，每践必果。

四，提升组织学习力：行动学习改变了领导点评式的问题讨论方式，通过领导变教练（在本书第八章有这样的例子）的提问方式，让员工从被动接受变为主动反思和总结，无论是针对经营模式、管理模式、营销模式、服务模式、学习模式，均能够真正建立起一个言论自由、发现问题、实事求是、批评和自我批评的良好工作氛围。全体员工能在这种氛围和各种团队共创工具的帮助下解决企业发展中遇到的各种复杂问题，并在干中学、学中干的良性循环中迅速成长，成为能打败对手的狼性团队。

二、什么是行动学习

（一）行动学习的由来

雷格·瑞文斯（Reg Revans，1907—2003）原是剑桥大学的一名天体物理学博士，1932—1935年在卡文迪什实验室（Cavendish Laboratory）工作，该实验室曾诞生了五个诺贝尔奖得主。在爱因斯坦因相对论获得诺贝尔物理奖后，瑞文斯先生不在物理领域着力，而在管理学上发力，一跃成为英国重量级管理大师，这可能与当时爱因斯坦启发他的一句话有关："如果你认为你理解了一个问题，你要确保没有愚弄你自己。"从此，他开始思考知识和智慧之间的关系问题，发展了他的思想——"非专家的"（non-expert）角色解决问题。回到英国后，1935—1945年担任英国埃塞克斯（Essey）省副总教育官，1945—1950年担任全国煤炭局教育署署长，制定大量行动学习培训。瑞文斯作为第一个在英国曼彻斯特大学的工业的管理学教授到比利时领导一个大学与企业合作项目，曾被比利时国王封为爵士。

瑞文斯强调，提高绩效不是靠"专家"，而是靠实践者。他再回到英国时已68岁，继续从事他的全球性推广行动学习任务。1982年他成为柏金翰（Buckingham）国际管理中心的主席，他首创管理者行动学习的观念，被尊称为"行动学习法之父"。

国家行政学院院长陈伟兰女士在2003年将行动学习引进到华润。由于得到原董事长陈新华的大力支持，行动学习从解决具体问题入手，逐渐发展成为华润集团推动大型组织变革、实现战略落地和发展领导力的手段，再造了一个华润。

同华润行动学习一脉相承的是中粮的团队。原华润集团的总经理宁高宁作为新上任的董事长入主中粮，从华润带去了两个最重要的东西：一个是6S管理体系，另一个就是基于行动学习的团队建设方法。

（二）什么是行动学习

所谓行动学习法培训，就是通过行动实践学习，即在一个专门以学习为目标的背景环境中，以组织面临的重要问题作载体，学习者通过对实际工作中的问题、任务、项目等进行处理，从而达到开发人力资源和发展组织的目的。

为了说明行动学习法，雷格·瑞文斯使用了一个简单的方程式，即：L=P+Q。后来又延伸成：AL=P+Q+R+I。

行动学习法中的学习（L）是对知识俗套（P）进行深刻提问（Q）来形成新的思想和未来的行动实践。瑞文斯对P的定义为“It is an accessible format for knowledge”，在这里，笔者更正一下很多行动学习书籍中一个以讹传讹的解释，那就是把P解释为“程序化的知识”。其实，P在这里就是指“知识俗套”，指的是过往知识的一种模式化形式，国内很多书中提到的“程序化的知识”究竟指什么，什么样的知识是“程序化”的，什么样的知识又不是“程序化”的？谁也没有说清楚。实际上翻译成“程序化的知识”是硬从字面上来直译的，从中文来讲，“程序化的知识”的重点放在了“知识”上，而瑞文斯先生的重点是放在“俗套”上的，他取的是字母“P”，不是字母“K”，就足可以说明他的原意。

关于“P”，瑞文斯先生特别指出它还是“poppycock, platitude and professor”的首字母，他强调的是这些知识的无稽之谈、老生常谈和课堂书本化等特性。读者可以想见，当哥白尼的日心说出来时，毕达哥拉斯、亚里士多德、托勒密这些教授们的地心说是多么的愚昧，再到伽利略，到哈勃，到霍金，一次一次让我们人类知道了我们的前辈的知识结构是多么的无知。

所以，把P解释成“知识俗套”是贴近原意的翻译，如果中规中矩一点，可译成“知识结构”，高大上一点，可以译成“知识架构”，科学一点，则是“知识编码”，恶狠狠一点，可以是“知识窠臼”。总之，不能译成“程序化知识”，这种翻译只是字面，违背了瑞文斯先生的原意，这就像把中国的“红烧狮子头”这道菜翻译成“red fire lion head”一样的可笑。

关于行动学习本身，瑞文斯先生也提出了对应的P，他指出“The Process this involves an assessment and analysis of the problem, reflection, the formulation of a possible solution or hypothesis. Once all of this has been achieved, then the group is encouraged to take action”（流程需要涉及对问题的评估和分析、反思、可能答案或猜测的形成，一旦这些都达成了，小组就可以采取行动了）。这个流程自然也是行动学习至今为止的俗套，也希望未来有发展和突破。后来又增加了反思（R）和执行（I）的环节，则是更方便去运用罢了，但关键是P+Q，因为提出了问题，就如本书那样，列出四个问题，你往下写你的答案就行。有了问题，人类自然就会去反思，就会去调整行动，这是人类区别动物的一个最基本特征。

行动学习法的本质是通过努力观察人们的实际行动，找出行动的动机和其行动可能产生的结果，从而达到认识自我的目的。

行动学习法的核心要点：行动学习法需要人们在思想上的根本改变；同时，因为身处其中的学习者可以借此超越思想、行为、信仰的极限，把行为、信仰和价值观统一起来，使个人的行为更具效力。所以，它是塑造企业文化、打造学习型组织和建立知识管理系统的关键！

行动学习与传统培训的区别

培训（training）与学习（learning）这两个词是有区别的。如果说传统培训，学员更多的是被动地“被培训”，而学习则要求学员自己也要主动地去学。行动学习是一类有组织的学习活动，与传统培训有以下五点不同：

一是学习的目标不同。传统的企业培训主要目标是知识的获取，在培训的过程中并没有很明确地解决某一实际工作中的具体问题。而行动学习的首要的目标是解决企业或个人现实工作中碰到的具体问题，通过互相学习分享经验和反思碰撞解决具体问题，同步提升个人的知识和技能水平。行动学习的主要目标是培养管理人员长期关注问题的能力、深入研究问题的能力和处理人际关系的能力。

二是学习的速度不同。传统的培训在时间上根据企业员工的不同层级会有所不同，但总体来说时间相对比较短，也相对固定。而行动学习的时间持续比较长，而且时间不固定。尽管不同的行动学习项目有不同的时间安排和结构，但一般最短的也需要两三个月，有些行动学习项目有可能是一年甚至两年。

三是学习的方式不同。传统的培训学习更多的是采取集中式的授课方式进行，老师讲、学员听是最为常见的做法，学员更多的是采取强记的方式。而行动学习是运用学习知识、分享经验、创造性地研究解决问题和展开实际行动四位一体的循环学习方式。学员在“干中学”“反思中学”。

四是学习的效果不同。学习方式的不同对学习效果产生直接的影响。看到的、听到的、知识的接收度和转化度都极为有限，而亲自做到并悟到之后，学习的效果才真正显现，真正持久！避免“上课很冲动，课间很激动，回家忘了动，不久不会动”的四动俗套。这是多数学员培训前后的真实写照，也是众多企业领导和HR最为头疼的问题，而行动学习很好地解决了这个问题。仅仅知道，知识还不是自己的；只有做到了，悟到了，知识才能转化为真正的能力！

五是学习的兴趣不同。兴趣与学员的学习效果速度都有所联系，而且兴趣还能使学习效果和速度有很大的改变。传统的学习方法会让学员渐渐失去对学习的兴趣，从而导致学习的效果下降，学习的速度自然地慢了下来，因为心里对其不感兴趣所以也就不会认真地去学，去听，去看，甚至会为了其他的事情而分神，导致荒废学业。行动学习的方法能大大地提升学员的学习兴趣，使其从心底愿意去学，认真地去学，然后才能学有所成——真正地学习。

（三）心智模式改变在行动学习中的重要性

心智模式（Mental Model）是苏格兰心理学家肯尼思·克雷克（Kenneth Craik）在1943年首次提出的。后来管理大师彼得·圣吉将其定义为：根深蒂固存在于人们心中，影响人们如何理解这个世界（包括我们自己、他人、组织和整个世界），以及如何采取行动的诸多假设、成见、逻辑、规则，甚至图像、印象等。笔者用先哲苏格拉底的A—B—C法来简单解释心智模式，A表示某人观察到事件或事物发生，B表示其对A的解读，C表示其由此产生的行动。举例说明：张先生在走路时被一旁的一个行人踩了一下鞋，该行人头也没回地走了，这是事件A；张先生的对此事的解读B是：这个人粗心大意，急着赶路，反正对我也没有什么损害；行动C是：继续走我的路。但有一个李先生在发生同样的事件A时；他的解读B是：这个家伙踩我鞋，一句道歉都没有就走了，这是对我不尊重，要找他算账；于是李先生的行动C是：跑上前一把拽住那个行人，开始责怪他。

从层次划分来看，心智模式从外到里可分三个层次：行为模式、心思模式、潜意识。这里用心思取代思维，是因为心的作用更大。心智模式是一个复杂的事物，其表现为一定的行为模式，包括沟通模式，往里走是心思模式，更深层的就是潜意识了。所以说，人的行为模式，也可以指心智模式的表现形式，因为人的行为由心脑支配，其中，心的支配力度更大，俗话说“心想事成”就是指的这个意思。

在心脑联动指挥人的行为时，脑的作用属于从属地位。举个例子：我作为老师在课堂上突然指着一个学生说：“请你站起来！”一般来讲，这位学生会顺从地从座位上站起来。这个时候，他是通过大脑下意识地站起来的，这个站起身来的动作可以这样去理解：他没有用心去想此事，也没有经过大脑的复杂思考，在他的行为模式中，也就是行为程序中，在课堂上被老师点名，是一定要站起来的，这个动作不需要思考，更不需要用心去衡量。而对每个人来讲，类似的行为模式会很多，这就如电脑，由于事先安装各种程序，只要按下某个键盘，该程序就会被启动执行，人的行为也是如此。日本的店员在开门迎宾一般会鞠躬九十度，而国人只会行注目礼，点头示意就可以，这就是两种不同的行为模式，而这两种行为模式实际上由其心智模式确定，心到行到，行不到，心也不会到。

为强化上面这个观点，我再举一例，在此先问读者一个问题：你认为失眠的人是心在想着失眠吗？有读者回复我说，“经常失眠的人，他们的心肯定不在想着失眠，而应该想着去睡觉”。我要告诉你的是，情况正好相反，失眠的人的心中没有想到睡觉。如果想到身体乏了、需要睡觉了这一点，他自然而然就会睡着，因为人累了要睡觉这是不需要学习的事，人天生就会，这已经是一个标准模式，那为什么一个失眠的人进入不了这个标准模式呢？那是因为他压根没有在心中想到去睡觉，而是从心底害怕睡不着，因为曾经的失眠（可能某天看电视剧看得很兴奋造成）给他造成痛苦，他太担心又睡不着，第二天可能会精力不济，在此高压的心理状态下，在全身心地担心害怕下，就像身边躺着条毒蛇，你说他还能睡得着吗？自然睡不着。这就是心中想着睡不着的事，他自然就睡不着，就失眠了，这也属于“心想事成”。

请注意，由于心智模式是经过自己的生活工作经验形成，它没有绝对的对错、好坏之分，只是每个人对世界上事物的一种自我解读。但由于心智模式是人们在特定的环境中基于自己的经历形成的，如果环境没有太大的变化，现有的心智模式将使个人和集体互动合作，强化既有的成功；另一方面，如果环境发生了大的变化，用原有的心智模式去观察、思考和行动，就会碰壁。因此，人们需要定期检视自己的心智模式是否与环境相匹配，并在必要的时候改善自己的心智模式。

我们在给银行做网点辅导时，需要解决一个“弹性排班”的问题，就是为了提高网点的人员效率，但有的柜员在大玻璃隔断后做久了，不愿意“弹”出来，不愿意走出自己心理的舒适区，感觉主动地去做客户服务和营销拉不下面子，担心失败，这实际上都是心性脆弱的表现。我们来比较一下愿意走出柜台营销客户的员工和不愿意走出柜台营销客户的员工这两者心智模式的差异：前者的心智模式是，认为走出来是给自己更多的接触客户、接触社会的机会，也有了个人收益提升、晋级成功的机会；而后者则认为，走出柜台每天事情会更多，会忙得不可开交，身心疲惫，客户也不好对付，营销很难，会面临很多失败，丢面子不讨好，还是待在柜台内做些简单工作靠得住。读者可以试想一下，如果后者的心智模式不改变到前者，即使是柜员走出来，他也心不甘情不愿，行动自然打折扣，从而会带来更多的失败，而这些客户营销的失败会加强他的原有心智模式。

不当的心智模式有许多种，之所以说其不当或者说是有缺陷，是因为不能说它们不对，有时候也有道理，因为心智模式存在于每个人的心中，否定它就要广义地否定人性，这是不合适的，所以我们只能用不当或有缺陷的说法。下面列出一些，供读者参考并刻意回避，以提高行动效率。

缺陷心智模式之一：我的观念是真实的

基本假设：我的想法就是真理，我的头脑中的观念就是真实的世界。

这是制约人类学习的最为重要的一个心智模式，我们想当然地认为，我们头脑中的思想、观念就是真理，就是真实的世界本身。其实观念只是对现实世界的一种基于自己经验的、主观的解读，就像一个地图，地图永远不等于真实的外部世界。

我们头脑中的东西，从根本上讲就是虚的和想象的，就像《金刚经》云："凡一切相，皆是虚妄。"只有不断对这些思想和观念东西做检视，才能不断接近外部世界，接近真理。

缺陷心智模式之二：推己责人

基本假设：我是唯一正确的人，凡与我意见不同的都是错误的。

这个心智模式，建立在第一个心智模式的基础上，因为相信自己掌握的是真理，那么，意见与我不同的人，自然是错误的。

这个心智模式，让我们无法有效接受不同的意见，丧失了通过分享学习的机会。实际情况是，我们每个人的认识，其实都可能是片面的，正像印度古老的寓言故事瞎子摸象揭示的那样，每个人对于大象的认识，其实只是巴掌大的地方。相比较世界的真相，我们每个人的认识，就是巴掌大的地方，意见不同，只是因为我们看到了不同的东西，不一定意味着他们就是错的。

缺陷心智模式之三：唯我独尊

基本假设：提出不同意见，是对我的不尊重，是需要反击的行为。

这也是非常有害的一个心智模式，对别人提出不同的意见，那就是对我的不敬。其实在研讨过程中，提出不同的意见的人，通常并无意冒犯你。从学习的角度看，我们应该把不同意见当成学习的机会，而不是对你的挑战。

缺陷心智模式之四：学习是年轻人的事

基本假设：人类成年后，就不可能有什么学习和成长了。

哈佛大学成人学习与职业发展教授罗伯特·凯根的研究表明，人的发展伴随着整个生命周期。因此，任何年龄段的人，都有发展的潜力。因此，永远不要让年龄成为制约你发展的障碍。

大器晚成的例子比比皆是，就拿西游记作者吴承恩来说，他生于一个由学官沦落为商人的家族，家境清贫。吴承恩科考不利，至中年才补上"岁贡生"，后流寓南京，长期靠抄抄写写补贴家用，50岁左右，他写了《西游记》的前十几回，后来因故中断了多年。晚年才捞到个出任长兴县丞的机会，由于看不惯官场的黑暗，不久愤而辞官。直到晚年辞官离任回到故里，他才得以正式继续《西游记》的创作，这时的吴承恩已经是72岁的高龄。一生穷困的吴承恩，终于拼尽余力完成中外闻名的《西游记》，带着悲喜交加的心情，约于万历十年，以82岁的高龄离开了人世，为中华文化宝库增添了一个扛鼎之作。

缺陷心智模式之五：江山易改、本性难移

基本假设：成年人的本性是不可能改变的，我就是这个样子了。

人们普遍认为人的本性是很难改变的。其实人的本性不是不能变，而是我们没有找到改变的方法。最简单的道理，宗教的修炼，可以改变大多数人的本性，一个自私贪婪的人，可能成为一个完全的利他主义者。

笔者认为，本性之所以难以改变，是因为本性深藏在潜意识里，我们无法触及它，当然无法改变。现在有些研究表明，经过一些结构性的问话，可以引发人对本性的反思，并可以通过一些行为方式的改变，来实现本性的变化。这个领域是人才发展最富有挑战性的领域。克里斯·阿吉里斯、彼得·圣吉、罗伯特·凯根等，都是这个领域研究的大师级人物。

缺陷心智模式之六：不求诸己 反求诸人

基本假设：我是整个社会或某个社群团体内的受害者，其他人应该承担改变的责任。

这是典型的归罪于外的心智模式，一切的不如意都是外界环境造成的，自己是可怜的受害者，因而放弃了内省，不承担改变的责任。其实对于一个无效的社会团体，所有身处其中的人都可能是体系内无效的因素，要解决问题，每个人都必须承担自我反省、自我改变的责任。

美国总统肯尼迪先生曾说过："不要问你的国家为你做了什么，而要问一问你为你的国家做了什么。"

缺陷心智模式之七：眼见为实

基本假设：我亲眼看到的就是事实，我亲身经历了就一定了解真相。

事实上我们看到的东西，并不是完整的真相。我们看到的东西，是我们的心智模式想让我们看到的东西，这就像人们读小说，总是选自己愿意读的、与自己想法接近的东西一样，我们看到的未必是事实。认识到这一点，就不会武断地下结论，而是在出现分歧后，能够重新去发现事实，了解真相。

《吕氏春秋·审分览·任数》里记载：孔子在陈国和蔡国之间的地方因缺粮受困，饭菜全无，七天没吃上米饭了。白天睡在那，颜回去讨米，讨回来后煮饭，快要熟了，孔子看见颜回用手抓锅里的饭吃。一会饭熟了，颜回请孔子吃饭，孔子假装没看见颜回抓饭吃的事情，孔子起身说："刚刚梦见我的先人，我自己先吃干净的饭然后才给他们吃。"颜回回答道："不是那样的，刚刚炭灰飘进了锅里（弄脏了米饭），丢掉又不好，就抓来吃了。"孔子叹息道："按说应该相信眼睛看见的，但是眼睛也不一定可信，应该相信自己的心，自己的心也不可以相信。你们记住，要了解人本来就不容易啊。"

缺陷心智模式之八：掩盖无知

基本假设：暴露自己的无知是令人尴尬甚至是可耻的行为。

秉持这样的心智模式，在很多问题面前，不懂装懂，丧失了真正探究和学习的机会。其实暴露自己的无知，是一种勇敢的求知行为。中国古语就有"不耻下问"之说。

丹麦作家安徒生的作品《皇帝的新装》就是通过一个皇帝被两个骗子愚弄，穿上了一件看不见的——实际上根本不存在的新装，赤条条地举行游行大典的丑剧，深刻地揭露了皇帝的无知昏庸而又想掩盖自己的无知的本质。

缺陷心智模式之九：固守经验，不善总结

基本假设：过往让我成功的经验，未来一定还可以让我成功。实际上过去的成功往往是阻碍你成长的最大障碍。

人类很容易神化自己的经验，认为过往成功的东西，未来一定成功，认为过去是赢家，未来一定是赢家。在变化很慢的社会，这样的说法有一定的合理性，但现在是一个飞速变化的社会，经验的有效期限越来越短。组织转型的50：50法则表明，过往成功的经验，在组织转型后，往往有50%会成为成功的绊脚石。因此那些固守经验的人，不但难以学习，而且很可能成为自己经验的牺牲品。有时候，你过去的成功正是你失败的根源。

缺陷心智模式之十：不思进取，随波逐流

基本假设：我做的已经可以了，无论再怎么努力，也不会取得什么好结果。

做任何事情，差不多就行了，没有超越自我之心。实际上人类之所以能够步入今天这样科技和文化高度发达的社会，都是靠着一代代人不断进取、不断超越前人的努力得来的。故步自封，甘于平庸只会浪费自己的大好年华，错失自我的完善和发展机会。

以上十大心智模式误区，严重制约了人的学习与发展。在行动学习的过程，最先反思的就是障碍学习与发展的心智模式，这些障碍解除了，发展就是一个自然而轻松的事情。

（四）十二个优势心智模式

从管理上讲，彼得·圣吉指出，心智模式不仅决定我们如何理解世界，而且决定我们如何采取行动。因为人们在成长和发展心智模式的过程中，会逐渐总结规律、发现模式，形成一些对世界的概括性的看法，即价值观和世界观，这会影响人们的判断和行为。举例来讲，相信X理论的管理者会将员工视为懒惰的、千方百计谋求个人利益而不顾公司利益的，从而更倾向于采取严格的管控措施；而相信Y理论的管理者会将员工视为积极的、能自我约束和激励的，因此更倾向于采取授权、激励等管理措施。这里，Y理论所代表的心智模式通常被认为是优势心智模式。

下面也给读者列出好的心智模式十二个，对于行动学习而言，我们称之为优势心智模式：

优势心智模式1——【辩证思考】

解读：这是关于思考的托利得定理：测验一个人的智力是否属于上乘，只看脑子里能否同时容纳两种相反的思想而无碍于其处世行事。

提出者：法国社会心理学家H.M.托利得。

点评：思可相反，得须相成。

优势心智模式2——【多用提问】

解读：关于指导的波特定理：当遭受许多批评时，下级往往只记住开头的一些，其余就不听了，因为他们忙于思索论据来反驳开头的批评。

提出者：英国行为学家L.W.波特

点评：多提问，少批评。

优势心智模式3——【经常自省】

解读：关于提示的吉尔伯特法则：工作危机最确凿的信号，是没有人跟你说该怎样做。

提出者：英国人力培训专家B.吉尔伯特

点评：真正危险的事，是没人跟你谈危险。

优势心智模式4——【质疑权威】

解读：关于反思的权威暗示效应：

一化学家称，他将测验一瓶臭气的传播速度，他打开瓶盖15秒后，前排学生即举手，称自己闻到臭气，而后排的人则陆续举手，纷纷称自己也已闻到，其实瓶中什么也没有。

点评：迷信则轻信，盲目必盲从，反思很重要。

优势心智模式5——【换位思考】

关于改变的定位效应：

社会心理学家曾作过一个试验：在召开会议时先让人们自由选择位子，之后到室外休息片刻再进入室内入座，如此五至六次，发现大多数人都选择他们第一次坐过的位子。

点评：凡是自己认定的，人们大都不想轻易改变它，所以，要学会改变。

优势心智模式6——【碰壁回头】

关于激励的马蝇效应：

再懒惰的马，只要身上有马蝇叮咬，它也会精神抖擞，飞快奔跑。

点评：一个人的肉体要受痛苦和思想要受刺激才会改变前行

优势心智模式7——【跳到圈外】

关于心智的隧道视野效应：

一个人若身处隧道，他看到的就只是前后非常狭窄的视野。

点评：

- 不拓心路，难开视野。
- 视野不宽，脚下的路也会愈走愈窄。

优势心智模式8——【先有计划】

关于计划的列文定理：

那些犹豫着迟迟不能做出计划的人，通常是因为对自己的能力没有把握。

提出者：法国管理学家P.列文。

点评：如果没有能力去筹划，就只有时间去后悔了。

优势心智模式9——【闻过则喜】

关于反思的小池定理：

越是沉醉，就越是抓住眼前的东西不放。

提出者：日本管理学家小池敬。

点评：自我陶醉不易清醒，自以为是，不喜欢别人批评。

优势心智模式10——【深度辩论】

关于思辨的波克定理：

只有在争辩中，才可能诞生最好的主意和最好的决定。

提出者：美国庄臣公司总经理詹姆士·波克。

点评：无摩擦便无磨合，有争论才有高论，真理越辩越明。

优势心智模式11——【不动待机】

关于决策的福克兰定律：

没有必要做出决定时，就有必要不作决定。

提出者：法国管理学家D.L.福克兰。

点评：当不知如何行动时，最好的行动就是不采取任何行动。

优势心智模式12——【问题明确，解决一半】

关于问题的吉德林法则：

把难题清清楚楚地写出来，便已经解决了一半事情。

提出者：美国通用汽车公司管理顾问查尔斯·吉德林。

点评：杂乱无章的思维，不可能产生有条有理的行动。

毛泽东在年轻时就意识到心智模式在行动中的重要性，他曾写过一篇文章《心之力》来阐述此问题，因为写得太好了，他的老师杨昌济先生曾为此文打出105的高分。我摘录其中片段，希望读者明白强化心力的重要性。

“天之力莫大于日，地之力莫大于电，人之力莫大于心。阳气发处，金石亦透，精神一到，何事不成？夫闻三军可夺其帅，匹夫不可夺其志。志者，心力者也。

人活于世间，血肉乃器具，心性为主使，神志为天道。血肉现生灭之相，心性存不变之质，一切有灵生命皆与此理不悖。盖古今所有文明之真相，皆发于心性而成于物质。德政、文学、艺术、器物乃至个人所作所为均为愿、欲、情等驱使所生。

故个人有何心性即外表为其生活，团体有何心性即外表为其事业，国家有何心性即外表为其文明，众生有何心性即外表为其业力果报。

孔子明之故说修心，知止而不怠；释迦明之故说三乘，明心而不愚；老子明之故说无为，清静而不私。

心为万力之本，由内向外则可生善、可生恶、可创造、可破坏。由外向内则可染污、可牵引、可顺受、可违逆。修之以正则可造化众生，修之以邪则能涂炭生灵。心之伟力如斯，国士者不可不察。

故吾辈任重而道远，若能立此大心，聚爱成行，则此荧荧之光必点通天之亮，星星之火必成燎原之势，翻天覆地，扭转乾坤。”

说得通俗点，心智模式对于人的行为和事业成功至关重要。成功源于相信！你相信什么，就会吸引到什么，这叫心想事成；你怀疑什么，什么就会与你擦肩而过，这叫不信则无；你抱怨什么，什么事就在你身上发生，这叫怕什么来什么。面对机会和挑战，你相信你能与不能都是对的，不一样的意识决定不一样的结果。在这个世界上，我们唯一需要突破的就是自己内心的障碍。所有目标的实现，都是潜意识的推动，所有成功都是来自于相信和自信！这就是“心之力”的强大！

三、阳明心学对心智模式的改变

（一）阳明心学简介

王阳明，真名王守仁（1472—1528），字伯安，号阳明，浙江余姚人，是中国历史上罕见的全能大儒，也是中国历史文化长河里为数不多的“立功、立德、立言”三不朽之人。他是陆王心学之集大成者，明代最著名的思想家、哲学家、书法家、军事家、教育家和文学家，官至南京兵部尚书、都察院左都御史。

王阳明于明武宗正德元年，因反对宦官刘瑾，被廷杖四十，谪贬至贵州龙场当驿丞。这使他对《大学》的中心思想有了新的领悟。王守仁认为心是万事万物的根本，世界上的一切都是心的产物（心即理），认识到“圣人之道，吾性自足，向之求理于事物者误也。”

心外无理：王阳明反对程颐、朱熹通过事事物物追求“至理”的“格物致知”方法，因为事理无穷无尽，格之则未免烦累，故提倡从自己内心中去寻找“理”，认为“理”全在人“心”，“理”化生宇宙天地万物，人秉其秀气，故人心自秉其精要。

王阳明哲学的精髓是他的“四句教”，即他用来表述自己思想精华的四句话：

无善无恶性之体　　有善有恶意之动

知善知恶是良知　　为善去恶是格物

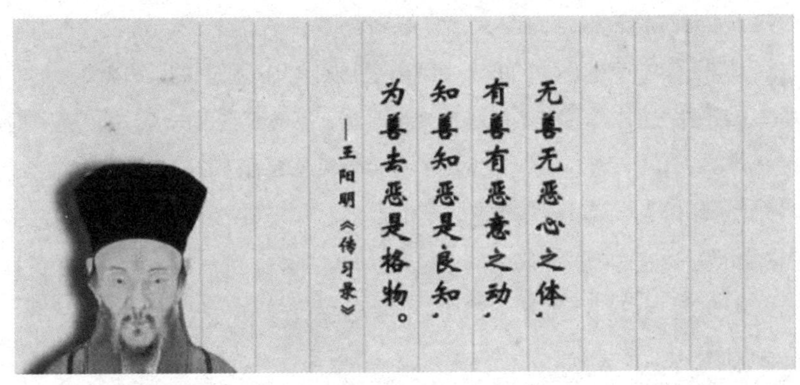

图3　王阳明《传习录》

他明确指出：心的本体晶莹纯洁、无善无恶；但意念一经产生，善恶也随之而来。能区分何为善、何为恶的这种能力，就是孟子所说的“良知”；而儒学理论的重点之一“格物”，在这里就是“为善去恶”。下面先对关于心学的四句教逐句做解释。

（二）四句教于心性的释义

无善无恶心之体——世界观

王阳明说过这样的话：“在心体上不能遗留一个念头，有如眼中不能吹进一丁点灰尘。一丁点能有多少呢？它能使人满眼天昏地暗，这个念头不仅是指私念，即便美好的念头也不能有一点。例如，眼中放入一些金玉屑，眼睛就不能睁开。”

我们于此可以知道，无善无恶就是本心最自然的状态，它是心的本体。

由于心即是理，心外无事、心外无物，心的本体是无善无恶，所以天地万物也应该无善无恶。这就是王阳明的世界观——天地万物无善无恶，我们对待天地万物的态度也应该是无善无恶。

善与恶本来是一对道德范畴，在没有认识之前，是无法界定善恶的。这句话的意思也就是说，人心作为一个客观存在的主体，本来无善恶可言，是一本来空灵清净之物，就心体本来而言，是没有善恶的。还有一层意思，就是说心一定要保持本真，不能有善恶之偏，如果有善恶之偏，心体就会失去本色，丧失了它的本来面目。

有善有恶意之动——人生观

人人皆有良知，为何有人会流芳千古，有人则遗臭万年？为何有人出类拔萃，有人却碌碌无为？为何有人是善人，而有人就成了恶人？

这些问题的答案很简单：他们的人生观出了问题。用王阳明的话讲就是：他们的心，失去了本体。所谓失去本体，其实就是良知被遮蔽，不能正常工作了。所以王阳明说，有善有恶意之动。良知一旦被遮蔽，所发出的意（念头）就有了善恶，而有了善恶之后，又不肯为善去恶，所以人生观就有了善恶。

良知是如何被遮蔽的呢？王阳明的结论是：习气所染。习气就是我们身处的社会，王阳明不无遗憾地说，由于不是每个人都自动自发地去致良知，所以由众人组成的这个社会不是完全真诚的。

意是指意念，意念就是心动。善恶是与人的意念同时出现的。一是说心本无善恶，善恶是由于心动产生的。人只要有意念心就动，心动就不可能是中性的，心动产生意念，意念不是向善就是向恶。二是指人的心中一旦有“善”或“恶”，心就不再平静了，就会有“动”。这是因为“善”和“恶”都是有“意”的，心一有“意”，就有所指，就将产生欲望。所以，人只要心动，只要一有意欲，就必然相伴而出现善或恶。

知善知恶是良知——价值观

当善恶已经存在的时候，分清善恶就非常重要。如果能分清孰善孰恶，这就是良知；如果不分孰善孰恶，就是没有良知。这里提出两个概念：一是知，就是要有判断力，能分出有善有恶，何善何恶，而不能善恶不分。二是良知，这是一个判断的标准问题。良知的观念原出于《孟子》。孟子说：“人之所不学而能者，其良能也。所不虑而知者，其良知也。孩提之童无不爱其亲者，及其长也，无不知敬其兄也。”只有把善作善，把恶当恶，才叫良知。如果只“知”，而没有“良知”，虽然能分清善恶之别，但有可能会把“善”当“恶”，或者把“恶”当“善”。只有良知，才能以“善”为善，以“恶”为恶。

如果说“有善有恶意之动”是纯粹理性的话，“知善知恶是良知”不但强调纯粹理性，而且还强调实践理性，也就是具有道德的含义。因此，“知”只是客观的、纯粹的认识问题，而“良知”就有了道德的、社会的含义，有了价值取向的问题。王阳明继承了孟子的思想，他说：“心自然会知，见父自然知孝，见兄自然知悌，见孺子入井自然知恻隐，此便是良知，不假外求。”

良知作为先天原则，不仅表现为“知是知非”或“知善知恶”，还表现为“好善好恶”，既是道德理性原则，又是道德情感原则。良知不仅指示我们何者为是何者为非，而且使我们“好”所是而“恶”所非，它是道德意识与道德情感的统一。一个人的价值观受他的环境影响，因此，良知不是天生的，这就提出了“致良知”的问题。

为善去恶是格物——实践论

格物在这里概括地说，就是改造客观世界，就是人生实践的目的。为善去恶就是人类改造客观世界的目的和标准。阳明先生在这里用了格物这样一个内涵抽象模糊而内容非常丰富的词，给后人留下了想象空间。可以说，“格物”二字可涵盖人类的一切行为，人类对自己、对他人、对社会的一切活动都可以“为善去恶”为标准。

从“知善知恶是良知”到“为善去恶是格物”，通过“致良知”达到“知行合一”的境界。“致良知”和“知行合一”是阳明思想的精粹和核心，这是认识和实践的统一。

阳明的“四句教”，从逻辑上是一个从认识到实践的过程。从“心”到“物”，从“无”到“有”，从“知”到“行”，从主观到客观，再到“知行合一”，达到物我同体的境界。尤其需要指出的是："知行合一"的过程，并不是自发地就能实现，而是需要一个"致"的"工夫"。程颢说："涵养须用敬，为学则在致知。""致"的过程，既是一个认知的过程，也是一个磨炼修习的过程，因此需要下艰苦的"工夫"。"工夫"在阳明心学中是一个十分重要的范畴，是一个不可或缺的环节和过程。没有"工夫"的过程，就无法从"知"到"良知"，从"良知"到"知行合一"。

把在实践中磨炼和静思中体悟作为"学问"的范畴，这是阳明为学治学的一个特点，也为中国学术开辟了一个新的境界。这种思维方式和哲学理念对三百年后王夫之的"经世致用"、"在事中磨炼"的治学思想的提出有很大的启迪作用，从而使中国传统学术走出了宋明理学空谈论道的窘境。

（三）阳明心学是中华文化集大成者

实际上中国的文化主要是儒释道三家，这三家的文化都在探寻人性善恶这个问题。释迦牟尼的佛家提出以"明心见性"为宗旨，道家提的是"修心炼性"，儒家提的是"存心养性"。这都是心跟性的问题。什么叫明心呢？就是找出我们人的感觉、知觉、情绪、思想是怎么来的。那么中国文化讲明心见性，心跟性如何去感知呢？刚才提到阳明心学的四句教里的"知"，"知善知恶是良知"，人性有这么一个知觉，而这个知觉又从哪里来？现在西方文化从生理、医学来看，认为是脑的问题，现在研究脑的科学，正尝试与认知科学、生命科学接轨，但目前研究尚浅。那么这个知性究竟是什么东西？人有没有灵魂？有没有前生后世？这个在中国哲学中，是属于明心见性的问题。当我们看到庙子就拜拜烧香，那是宗教形式，在宗教背后，释迦牟尼佛、孔子、老子的学问，追寻的都是人性的问题。

心怎么去明，性怎么去见？中国禅宗文化里有个非常有名的故事，"释迦拈花，迦叶微笑"。唐朝的时候，禅宗刚开始兴盛发展，禅宗的文化在中国叫"教外别传"，属于南宗顿教，在佛教的宗教形式以外，另走了一条路子，采用更加直接的办法明心见性，叫"直指人心，见性成佛"。换句话说，这是印度文化跟中国文化的碰撞产生出了新的中国佛教。

禅宗都讲传承，传到了第五代弘忍禅师，现供奉于湖北黄梅的五祖庙。后来禅宗又分南北两派。北宗讲渐悟，指通过一定的修炼过程，逐步达到明心见性的境界。南宗讲顿悟，即顿时领悟，立刻明心见性、立地成佛，不分男女老幼，每个人都可以瞬间通达，人人都可以得道，众生生来都是平等的。

当时广东出了一个人，就是有名的禅宗六祖惠能禅师。五祖年纪大了，想把这个心要传下去，于是吩咐弟子们，每人写个偈子来汇报所学。五祖有位大弟子神秀，学问很好，修持工夫也很高，他就写了一个偈子，题在回廊墙壁上：

身是菩提树　　心如明镜台
时时勤拂拭　　勿使惹尘埃

"时时勤拂拭"，心境像玻璃镜子，镜子上的渣子要时时擦干净，"勿使惹尘埃"，永远保持清明，像每天早晨刚睡醒一样；在每天早晨将醒未醒、有知性没有情绪的刹那，保持那个心境，就是最高的修养，像镜子一样干净，不可以使情绪、心理感觉落到上面。

这位大师兄写了这个偈子以后，传到正在做劳动舂米的六祖那里，六祖说我也有一偈，可是我不识字，正好旁边有位江州别驾，就替他在墙上题下这首偈子：

菩提本无树　　明镜亦非台
本来无一物　　何处惹尘埃

人与万物的自性，本来是清净的，"菩提本无树，明镜亦非台，本来无一物"，什么东西都没有，十分空灵自在的，"何处惹尘埃"！我们提到六祖的偈子，回到王阳明的"无善无恶性之体"，和六祖这首偈子有异曲同工之妙。六祖后来被称为禅门南宗六祖，供奉于广东南华寺。实际上，人的心智模式就如同一个明镜，生来本是一尘不染，童真无邪，能够真实地看待眼前的世界，但随着生活阅历的增加，这个镜面开始变得凹凸不平，对世上万物的解读也出现了偏差，在生活工作中轻则焦虑生气，重则产生犯罪行为。我们常说一个罪犯是"扭曲的心灵"就是此意。记得原重庆公安局长文强在被政府正法前告知他的儿子"千万不要仇视社会"，实际他是不想其子的心智模式变为因为其被杀而怀恨社会或政府，这样的心智模式早晚也会扭曲其子的心灵，使之成为罪犯而悔恨终生。

讲到这个心性的本体，提到王阳明，再讲到中国文化禅宗所提倡的明心见性以及儒家的存心养性，道家的修心炼性，都涉及人心和人性的问题，可见人心和人性问题是中国文化中一个很重要的问题。西方新兴的认知科学与生命科学，就是在研究生命的本源，究竟有没有前生后世？生命以什么为本？又从何而来？研究人的认知的问题，提到"知"或"识"，我们的认知、知道、思想，被现在的科学认为是脑的关系，是脑电波，是脑的反应。如果从佛学来看，这绝对不是脑电波的问题，而是阿罗耶识，在佛学中，阿罗耶识是八识（眼、耳、鼻、舌、身、意、末那、阿罗耶等识）之一，旧译作无没识，新译作藏识，或第八识。无没识表示执持诸法而不迷失心性，以其为诸法之根本，故亦称本识。此识为宇宙万有之本，含藏万有，使之存而不失，故称藏识。又因其能含藏生长万有之种子，故亦称种子识。此外，阿罗耶识亦称初刹那识、第一识，因宇宙万物生成之最初一刹那，唯有此第八识而已，故称初刹那识。而此识亦为能变现诸境之心识，故亦称初能变。由本向末数为第一，故称第一识。

佛经说一刹那者为一念，二十念为一瞬，二十瞬为一弹指，二十弹指为一罗预，二十罗预为一须臾，一日一夜有三十个须臾，即一天一夜有4800000个刹那。计算机一刹那之间有多少电信号的变动？计算机的电信号变动、信号的传输速率比心思的转动快吗？那个速率还是有数字统计的，我们人的心思闪念的速度比那个快多了。比方你在写一封电子邮件的时候，或者看稿子的时候，你一边在看，一边想到别的事，乃至想到中国、日本、加拿大、美国……转了一圈了，还不到刹那之间，你看多快！所以写文章，或用计算机，都赶不及自己的心思闪念。

当今科学界，具体说是物理学界，自打有了量子科学以来，对心思闪念的速度终于可以在量子层面做出解释了。

一个是和牛顿同时代的英国主教贝克莱，提倡主观唯心主义哲学。贝克莱认为，世界只存在于我们的感知中，离开了我们的感知和经验，根本找不到一个外面的物质世界。

有趣的是，19世纪的唯物主义学者狄德罗，曾经非常气愤地说："贝克莱的观点，是人类历史上最荒谬的观点，但是在逻辑上却根本无法推翻。这不能不说是人类理性的一个耻辱。"其实，狄德罗不小心说出了一个事实：既然贝克莱的观点，逻辑上无法推翻，那恰恰说明，它的背后，一定隐含着某个更深刻的真相，只是我们的智慧还没有做好迎接这个真相的准备。这不是人类智慧的耻辱，而是人类智慧的一道曙光。而这道曙光恐怕就是量子力学所带来的"波粒二象性"。所以现在有人开始提到"科学自从有了量子，哲学就不需要了"的说法，该说法越来越接近心学所揭示的真相，那就是：心体为人之主宰，而不是大脑。

有关这个知性，王阳明的心学讲的是"知行合一"。阳明心学到了现代，还在影响中国，影响东方。阳明心学的重点是"即知即行，知行合一"，意思是说，我们能知之性，有个思想，有个知道。知道哪个对的就该去做，不需要有分别心去考虑，即知即行。也就是所谓"直指人心，见性成佛"。日本人采用了他这个知行合一的原则，融合了西方、东方文化，成就了日本的明治维新，开创了一个新的时代。章太炎曾说："日本维新，亦由王学为其先导。"梁启超说："日本维新之治，心学之为用也。"看到日本的中兴，后来蒋介石创办黄埔军校，提倡的也是阳明心学，要求学员人手一本王阳明的《传习录》，在晚年，他败退台湾把所居之山原名"草山"改名为"阳明山"，可以看出蒋介石对阳明心学的推崇。

以上讲了这么多，不外乎是想告诉读者把行动学习作为绩效提升落地的一个逻辑，那就是：

提升绩效——就要搞行动学习（有意无意地）——就必须改善心智模式——就最好知道中华文化集大成者阳明心学——就要把阳明心学依据工作场景具体操作落地。

这就是笔者书名上所提示的：从心始，行必成。换句话说，就是：不从心开始，行动成不了。

（四）“从心始，行必成”的八大操作心法

谈到心法，是为了给读者一个套路，好照搬照用，避免落地时又找不到套路。这就和武术套路一样，刚学拳的人，你首先得搞清楚是什么拳法，比如少林拳、南拳、咏春拳等，并且要知道有哪几个具体套路，比如降龙十八掌的具体手法、身形和步法。比如谈到要学会“感恩”万物，那么为什么要感恩？感恩要如何去做？要懂得“舍得”之道，如何才能做到真舍得？这背后的道理是怎样的？还有如何叫作“放下”？如何才能放下，放下什么东西？似乎佛家的、儒学的这些说法，于今人，于普通人看起来，总有点莫测高深的味道，所以笔者把这些总结为八大操作心法，然后通过书中的大量案例来诠释来落地，这样读者就容易弄懂，容易实践了。

行动学习的近代鼻祖是瑞文斯先生，古代鼻祖是苏格拉底和中国的孔子，阳明心学来自中国的儒家哲学中陆九渊的心学一派，有别于程朱理学一派和浙东吕祖谦的社会一派。心学一派到明代王阳明先生这儿发扬光大，后被打入唯心主义的冷宫，传到日本受到推崇，至现代中国，方又重新拾起，再登大雅之堂。但无论是先生瑞文斯还是先祖王阳明，所流传文字，要么高深莫测，要么艰深难解，据阳明先生言，少言身教的意思就是怕后辈误读误解，我想瑞文斯先生也是一样，好歹人家也是物理学家出身，就一个简单的P+Q的公式还把众人搞得七荤八素，解释起来各有千秋，更何况阳明先生来自明代，用的还是文言文，所以误传恐怕难免。笔者所编《从心始，行必成》虽也是今人注解，然所用心法总结都是阳明先生主旨，可以考证，不敢随意僭越；所用之典，全是心学基石，不敢平添一砖，只是略加编撰和解释，行文只望说得通透，至于说是否会违背愿意，只能仁者见仁，智者见智了。但还都是基本道理，辅助以阳明先生事例，自以为总不至于说到沟渠里去。

操作心法一：【万物和】——万物和谐，万物一元

【万物和】解读：这个心法，实际上是要告诉我们，为人处世要和周边环境和谐共生，融为一体。比如与人相处，不可自傲，不可孤立，孤立自己就会无援，人类和自然相处，要和谐生息，不可破坏生态。

但仅仅就此点来看，我们今人有能有多少人做到呢？满眼的雾霾蔽日，遍地的物欲横流，动物物种绝灭，水土污染殆尽，作为人类扪心自问：这是和谐还是不和谐？有人说科学造就人类的进步，当今的人类已步入科技发达的时代，但社会焦虑依旧，又有多少人真正地感到幸福？

人对大自然要常怀感恩之心，感谢万事万物造化自然，对和我们朝夕相伴的同类也要常怀感谢之心，感谢父母给予自己生命和馈赠，感谢同事在工作上的扶助和支持，感谢朋友和同学在生活上的照顾和理解。有几句俗语说得好，“贵人可以相助，亲人可以相护，名师为你指路，小人使你进步，连对手都可以让你少犯错误”。有感谢和感恩，就会想到如何回馈自然和社会，而不是一味地索取，这就是在某种程度上去做到“戒”，有了这个戒，就会阻止人的贪欲，不至于用私欲迷住自己的心灵，再然后，自身的心灵的智慧之光就开始点亮。

王阳明事例：此心光明，亦复何言？用尽一生，追求心地的光明磊落

1528年阴历十一月二十八日夜，王阳明从梦中醒来，他问弟子：“到哪里了？”弟子回答：“青龙铺。”王阳明又问：“船好像停了？”弟子回答：“在章江河畔。”王阳明笑了一下：“到南康还有多远？”弟子回答：“还有一大段距离。”王阳明又是一笑，说“恐怕来不及了。”

他让人帮他更换了衣冠，倚着一个侍从坐正了，就那样坐了一夜。第二天凌晨，他叫人把弟子周积叫进来，周积匆忙地跑了进来，王阳明已倒了下去，很久才睁开眼，看向周积说：“我走了。”

周积无声地落泪，问：“老师有何遗言？”船里静的只有王阳明微弱的呼吸声。王阳明用他人生中最后的一点力气向周积笑了一下，说：“此心光明，亦复何言？”

一般人人死前要立遗嘱，尤其是对家人要嘱咐后事，这是常理。对政治家，可能是政治遗嘱；对企业家，可能是商业授权；对普通人，可能是家财分割。这说明这个人至死还放不下尘世之念，物欲之心。实际上，对普通人来讲，世界多你一个不多，少你一个不少什么，你有什么放不下的？人都是尘土，也必归于尘土。你是世上万物中的一粒细沙，一滴水，沙终究归于沙漠，水终究归于大海。

坦荡必光明，光明必坦荡，所以说坦荡荡光明磊落。生当如此，死亦如此。阳明先生死时都已经做到了，而我们连生时都还做不到，这就是差距，也是方向。他帮我们指出的人生道路的方向，就是追求心地的光明磊落，将个人内心融入万物之中，“不以物喜，不以己悲”亦同此理。

毛泽东曾言，“要做人民的先生，先做人民的学生”，说的也是同样道理，做老师要首先把自己融入学生之中，去了解学生之所想，去了解学生之所学，方能够成为好老师。毛主席提出的“为人民服务”思想是要把共产党执政扎根于人民之中，这也是“万物和”。有了军民鱼水情，共产党才有了今天的成功，如果只顾自己家族的利益，类似蒋介石一样，心中只有四大家族，最后只会招致人民的唾弃，以致他带领的那个政府被赶上了小岛。

王阳明说：“身之主宰便是心，心之所发便是意，意之本体便是知，意之所在便是物。”心是身体和万物的主宰，当心灵安定下来，不为外物所动时，本身所具备的巨大智慧便会显露出来。

当我们仰望星空时，会感觉到宇宙的无穷无尽，感觉宇宙越大，地球和人类就越小；当我们往身边细处看时，你会发现原子、分子、质子、粒子、细胞核可以无限细分，乃至到物理上的最新成果——量子。从这个角度上看，每个人都是一个小宇宙，只是你意识到没有，爆发了没有？

所以，每个人都是太阳，只是有时你被云层遮挡。你自己的心不发光，旁人又奈你如何？回到王阳明生前所言的最后一句话“此心光明，亦复何言？”，笔者把这句话背后的意思说出来，就是“我的心已阻隔私欲，和整个自然融为一体，它会永远闪耀着智慧之光，我还需要再说什么吗？你们有见过大自然在说话吗？”

所以，万物一元，常怀感恩，戒欲生慧，此心才明。**“万物和”**这个心法作为阳明心学以及“从心始，行必成”的第一法，实不为过。

操作心法二：【心即理】——圣人之道，吾性自足

【心即理】解读：圣人之道原本就存于每个人心中，故不必向心外去求什么，“吾心即道”，求理于吾心，就是“圣人之道”。王阳明就此开启“心即理”的哲学命题。

王阳明事例：你未看此花时，此花与汝心同归于寂，你来看此花时，则此花颜色一时明白起来

有一年春天，王阳明和他的朋友到山间游玩。朋友指着岩石间一朵花对王阳明说：你经常说，心外无理，心外无物。天下一切物都在你心中，受你的心的控制。你看这朵花，在山间自开自落，你的心能控制它吗？难道是你的心让它开，它才开的，你的心让它落，它才落的？

王阳明的回答很有味道：你未看此花时，此花与汝心同归于寂；你来看此花时，则此花颜色一时明白起来，便知此花不在你的心外。

阳明洞王阳明顿悟的“道”是吾心之道，也就是，我们每一个人都具有“本心”，这一本心实际也就是我们生命的本原。我们之所以具有各种各样的生命活动，如感知外物、分辨善恶、判断推理，就在于我们具有这样一个“本心”。

花当然是自开自落的，可是能不能扰动我心，却是由我来决定的。哪怕天崩地裂、洪水滔天、电闪雷鸣、暴雨大作，只要我心中安然，便永远是在桃花源、艳阳天。

这就是佛所说的“万法唯心造”。心灵的一切问题，追到根子上，其实都只是自己内心的问题。

心外无理：王阳明反对程颐、朱熹通过事事物物追求“至理”的“格物致知”方法，因为事理无穷无尽，格之则未免烦累，故提倡从自己内心中去寻找“理”，认为“理”全在人“心”，“理”化生宇宙天地万物，人秉其秀气，故人心自秉其精要。

对于个体来讲，所谓**心即理**，是讲吾性自足，不假外求。搞明白自己的内心，一切事理皆明。第一心法我们讲到**万物和**，就是说每人也是一个小太阳，每人既有其独立自主性，又有其个性和能量。他本身具有解决问题的一切能力。举个例子，希腊哲学家苏格拉底曾对美诺悖论有过一次精彩的实验。所谓美诺悖论，就是：怎么可能把所有的知识都学到手？它的含义是：如果你不知道自己要学的是什么，那么即便你遇见它也还是会与它擦肩而过。但是，如果你已经知道了，那何需费力去寻找呢？美诺悖论意指任何尝试都是没有结果的。

苏格拉底对这个问题的回答是：“我告诉你一个圣人都信奉的传说吧。他们说灵魂是不朽的，所以能看见并了解了世间的万物。因此，其实人们的内心深处早已了解了所有的一切，但是因为在尘世间停留的时间短暂，把它们全忘却了。如果人们的精力允许，就应该克服这种无知，重新了解一切。”读者会发现，这段话和王阳明的**“心即理”**说的是一回事。

希腊哲学家苏格拉底做了一个有趣的实验，用了一个只对小奴隶（看起来无知的人）提问的方法，就使小奴隶证明了他没有学过的几何定理。这个几何定理就是毕达哥拉斯定理在等腰直角三角形情况下的形式：以某个正方形的对角线为边构成的正方形的面积，是该正方形面积的两倍。苏格拉底让这个没有受过任何数学训练的奴隶小孩在沙子上一步步画出图形，并让美诺仔细听好并进行监督，以防止苏格拉底加进任何数学信息，以保证这个小孩最终得到的结论“只是被他自己回想起来的”，而不是被别人灌输进来的，以此证明我们要的结论**“心即理”**。

实验过程如下：

第一步，“知道什么是正方形吗？”苏格拉底在沙上边画边问，“是像这个，四条边都相等的图形吗？”奴隶小孩说，“是的。”

苏格拉底又问：“那你知道怎么把正方形的面积变成之前的两倍大小吗？”

“当然知道了，”奴隶小孩回答，“把边长都变成原来的两倍就行了，很显然的事情！”

这自然是错的，不过苏格拉底仍然不露声色。当奴隶小孩把正方形所有的边都变成了原来的两倍后，马上就发现自己错在哪里。新的大正方形的面积是原来的四倍，而不是两倍。

而苏格拉底只是说：“再试一试。”奴隶小孩就把边长变成原来的1.5倍。苏格拉底画出图形之后，小孩马上发现自己又错了。

第二步，苏格拉底于是再问小孩：“知不知道怎么才能把正方形的面积变成原来的两倍？”小孩说：“我不知道。”

苏格拉底利用了小孩的困惑。他擦去了先前的图形，重新画了一个正方形，边长为2英尺。他又在正方形的右边、上边共画了三个相同的正方形，组成了一个边长为4英尺的四方形。之后苏格拉底在图形上画了连接两个对角的线。对奴隶小孩来讲，对角线并不是全新的东西，他之前在地板的马赛克和墙面设计上已经看到过，现在只是回忆一下。但在这里对角线却变成全新的了，问题一下子就被置于更加广泛丰富的场景中，问题的答案变得显而易见。

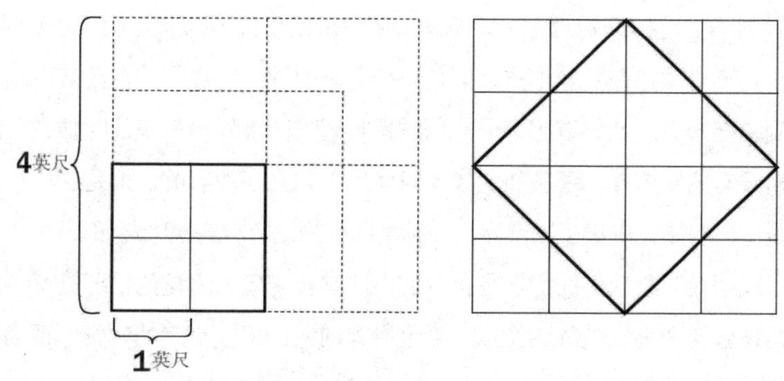

图4　正方形的变换

第三步，苏格拉底继续追问：“知不知道怎么才能把正方形的面积变成原来的两倍？”奴隶小孩立即指出以对角线为边构成的正方形的面积是原来正方形面积的两倍。

一般人觉得把学习看作回忆是很荒谬的。他们认为，真正的学习是把新的信息“下载”到大脑中，之后辅以作业练习进行强化。但是如果仔细去体会，就会发现奴隶小孩的学习才是真正的学习，他学习的所有内容都能回归到最基本的知识。苏格拉底保证所有新的认识都是基于奴隶小孩已有的经验。

第四步，苏格拉底让奴隶小孩第一次发现了自己知识的有限，让他知道了还有自己不知道的事情。在第二步，他摧毁了小孩的自信心。小孩之前认为自己什么都知道，然而现在他明白了事实并非如此，而是他不知道。当然，奴隶小孩也并非一无所知，他知道的并不少——问题的答案限定在一个很小的范围之内，比1英尺边长要大，比边长的1.5倍要小——这一点小孩虽然知道，可无法表达出来，这给他一种不好的感觉，但答案已经有眉目了，可就是无法表达。这是因为奴隶小孩并不知道描述答案的语言，他起先认为自己有能力理解这样一个问题，可现在却发现事实并非如此，这令他很不舒服。这种困惑激起了好奇心，而好奇心是学习所必需的。他渴望自己能得到指引，他渴望去发现和思考。在结论诞生的过程中，读者将会反复看到这种渴望所起的作用——引导人们去探索新的事物。有时候引发这种渴望的只是一个偶然事件，比如落下的一个苹果、随口说出的一句话、难以理解的数据，或是两个理论间的不一致等。苏格拉底使小孩变得困惑，令他想要自己探索了。

实际上，人类获取知识是一种在部分和整体之间不断反复的过程，基于已知发现新事物，扩大人们赖以理解和认知的世界。

在这场“戏中戏”中，我们能看到很多。人生其实也是在一场学习旅途中。

我们看到毕达哥拉斯定理在一个奴隶小孩面前产生；我们看到了奴隶小孩的学习过程；我们看到苏格拉底在引导小孩，但是小孩可被引导的前提是他自己有主动性；看到小孩从无知到掌握知识。我们看到了求知的过程：遇到困难停滞下来的时候，可以添加新的元素，丰富原有的知识库。那条新的线（对角线）起先是没有的。但是它一旦出现，就变得和其他线一样明显，丰富了知识库，令解决问题的途径变得清晰起来。

这出“戏中戏”给我们的提示是：我们自己其实与奴隶小孩的情况类似，然而却未有幸得到苏格拉底这个高级教练的指点——没有人向我们提出正确的问题，帮助我们学到正确的新知识。在一定程度上，人类的处境会激发出隐含的问题，令自己产生不舒服的感觉。幸运的话，机会就会像对角线那样出现，但是，要对答案加以描述，往往需要一种之前不为人知的语言。这样一来，就得预先设计好这种更加精细的语言，去学会怎么去添加那条对角线。

这个“戏中戏”还告诉我们，要不断地提问题。人们一般习惯于把学到的知识固定下来，所以总是存在着道理变成俗套，俗套变成真理的危险。这就是苏格拉底公开抨击《斐德罗篇》（Phaedrus）的原因所在。他把《斐德罗篇》几卷书称为已经无法答话的“鲜活语言的遗孤”，唯一的办法就是不断提问，不断对经验提出质疑，并保持好奇心。在这里先哲苏格拉底和瑞文斯先生一样，提倡要对过去的知识俗套进行大胆质疑，中国教育大家孔子早在二千年前就在《礼记·中庸》中就提倡“博学之，审问之，慎思之，明辨之，笃行之”，看来古今教育家都是英雄所见略同，这也是行动学习过程中要不断提出深刻性问题的道理。

我们之所以花了这么大篇幅，用了苏格拉底问奴隶小孩的例子，就是告诉读者**“心即理”**到底是怎么回事？那就是：你的心只要想知道什么道理，它马上就会知道。当然辅助的学习，思考，搜索过程是必不可少的，那这不是困难事，反而是趣味事，可以解答你的好奇心。

实际上笔者在行动学习过程中采用的提问法的原理也是如此，只要你的问题架构是好的，有利于引导学员去思考，从第一步我知道我已知道的东西，到第二步发现我知道我不知道的东西，再到第三步我不知道自己实际上知道的东西……这样自动自发走上一条探索客观世界的过程。

“心即理”命题是阳明心学中较难解释的部分，为了方便读者理解，所以我们再谈及团队和管理。我们一般讲管理，有管理之道与管理之术，总会说“道法术器”这四个字，简单说，想做成一件事，首先要明白道理，也就是工作方向，大道如何走。其次是方法，方法会更具体些，比如营销有顾问式方法，有电话沟通方法等。术就更具体了，比如营销话术、网络技术、办公软件技术等，再谈到器，古代指的工具、器皿，现在工作中我们一般指工具模板、表格、裁纸刀等具体工具。你想做成一件事，这些东西，从道开始，到法、术、器，实际上缺一不可。

实际上，在道之上还有心。道由心生，道在心之内。如孔子讲仁爱，这种爱就在心中，很难用语言表达，但它却是真实的，也是旁人可感知的。

所以管理不应该只是四个元素“道法术器”，而应该是五个元素，即“心、道、法、术、器”。心生道、道生法、法生术、术生器，而心能一以贯之。对企业管理而言：

心：首先指企业人的心志心气，俗话说“有志者，事竟成”。企业的长期愿景是什么？作为企业的员工，大家的共同心愿是什么？这个至关重要。有了共同心愿，才会形成中短期的工作目标。在此基础上，才有与成大志相应的心性，高层要有事业心，才有强大的使命感；中层要有上进心，才能不断进步，形成合力；基层员工要有责任心，才能造就责任感，才能提高效率完成任务；大家有自信心，才能百折不挠、屡败屡战；团队有包容心，所谓“君子和而不同”才能容纳各种各样的人才，麾下高手如云；每人有虚心，才能不断学习提升能力，不断进取和超越自我；每人有强大的内心才能练成强壮的身体，才有了事业的本钱。这些都是从心开始的，这也总称为企业的文化和价值观，属于企业精神层面，它看起来高高在上，但实际上它无时无刻不影响着企业，又是最实实在在的，影响着每天每时的员工行为，最终影响到企业的业绩。

道：指道路，指方向，是企业战略、商业模式等。方向如果错了，在错误的道路上奔跑，只会离目标越来越远。

法：是方法、章法，对章法而言，无规矩不可成方圆。企业的法如国家宪法一样，是对总章法的表达，例如“华为基本法”等。章法是公司的重要规章制度，尤其是决策机制、用人机制、财务制度等。

术：是技巧。在操作和执行的过程中是一定要有技巧的。在不同行业，在企业不同的发展时期，在不同的地域文化环境下，技巧又是不同的，正如“甲之良药，乙之砒霜”。术主要指两个方面：一是治人之术，二是理事之术。治人之术是管理人的技巧和方法，很多领导者是技术人员出身，对如何与人打交道没有任何经验和技巧，只是凭本色行事，还自诩“较真”。殊不知“世事洞明皆学问，人情练达即文章”。理事之术是对事对物的管理，这是所谓的“对事不对人”。例如对财的管理，对物的管理，对生产制造过程的管理，等等。

器：是指硬件和软件，所谓“工欲善其事，必先利其器”。器也可分两类：一类是硬的，一类是软的，硬的是指硬实力，如办公大楼，厂房，设备和先进技术产品等。软的是指把管理之术工具化、软件化，例如HR性格测评软件、客户关系管理系统（CRM），模式化的企业工作流程和会议流程等等，这些也是企业文化的一种体现。

“心、道、法、术、器”，从心开始才是关键，心没有抓对，后面都可能走偏。对企业而言，所谓**“心即理”**就是说企业必须从员工的人心抓起，建立共同心愿，树立共同愿景和目标，这是基础。无此基础，所有往后的道和理都是有问题的。心、道、法、术、器是一脉相承、相辅相成的，是有内在逻辑的。我们在为企业做调查咨询时经常看到企业的规章制度与企业文化理念不一致。

心、道、法、术、器本身是一条河流。心是上流，水往下流的时候，会产生不同变化的道法术器，会产生不同层面的各种问题，那是因为每个企业的性质、发展阶段、所在地不一样，其变化也可能不一样。但归根结底，都是心上的问题。这个问题解决了，后面的都不是问题，因为“心即理”，这个问题不解决，后面的一切都会成为问题。

为什么古代两国为了求得和平，即使相安无事也要进行通婚呢？因为通婚造成夫妻的事实，形成血缘关系，于是“打虎亲兄弟，上阵父子兵”。这在很大程度上解决了立场问题，解决了是否一条心的问题。

这个问题，对企业管理者而言，不可不察。管理管理，理都搞不清从哪里来的，你如何管？

“心即理”这个说法，“心中包含一切道理”，看似说得很绝对，笔者觉得是王阳明故意这样说的，用以强调心的重要性，前面刚通过管理讲到心对于组织的重要性和逻辑性，平时我们也谈到团队，团队和团伙有什么差别？实际上，心不在一起叫作团伙，心在一起叫做团队。团伙一般都是因为利益才在一起，而大家一条心的就是团队。

毛泽东带领的组织就是团队，因为其核心成员周恩来、朱德等虽然居功至伟，但大家谁也没有争功和不服从组织意见，同样有事大家商量定，以团队组织意见为最后意志。毛主席当年要出兵朝鲜，常委们意见不统一，毛主席还开了半个月的会来统一团队思想，没有一个人说了算。蒋介石一贯就是校长为大，商量事情也是不尊重团队成员的意见，当年杜聿明在淮海战役的战前会议上好不容易让蒋介石同意自己的主力撤出徐州，不落入解放军的包围圈，可在第二天蒋又发电要杜去救援黄维兵团，杜只有仰天长叹，以至于终被解放军大军围于陈官庄，造成冻饿待毙的困境，全军被歼。

这就是圣人之道，吾性自足的“心即理”道理，这也是“独立自主，自力更生”的道理。“万物和”排在第一，因为它是世界观，人类相对宇宙来讲是渺小的，把“心即理”心法排在第二也是名至实归，这是阳明心学的基石，后续诸法，皆由前二法衍生得来，总结为八法，是希望不至于一下子学太多乱了阵脚，太少又会觉得参不透，望读者自悟。

操作心法三：【致良知】——顺应自己的本性，保持自己的良知

【致良知】解读：人的一生，常树利他之心，多做好事善事，积善行德。

王阳明事例：这和尚终日口巴巴说甚么！终日眼睁睁看甚么！

王阳明在一座寺庙中看到一个枯坐的和尚，据说已不视不言静坐三年。王阳明笑了笑，就绕着和尚走了几圈，像是道士捉鬼前的做法。最后他在和尚面前站定，看准了和尚，冷不防地大喝一声：“这和尚终日口巴巴说甚么！终日眼睁睁看甚么！”

不知是王阳明的禅机触动了和尚，还是王阳明的大嗓门惊动了和尚。总之，和尚惊慌地睁开眼，“啊呀”一声。王阳明盯紧他，问：“家里还有何人？”和尚答：“还有老母。”王阳明再问：“想念她吗？”和尚不语。一片寂静，静得能听到和尚头上的汗水流淌的声音。最后，和尚打破了这一死寂，用一种愧疚的语气回答：“怎能不想念啊！”

王阳明露出满意的神色，向和尚轻轻地摆手说：“去吧，回家去照顾你的母亲吧。”第二天，和尚离开寺庙，重回人间。

这个打坐的和尚明明不言不视已经三年，王阳明为什么偏偏问他口巴巴说什么、眼睁睁看什么？

因为他看到了和尚表面不说、不看，心里却终日在说、在看。说和看的，正是思欲与人的天然良知之间的冲突。

王阳明其实就跟他说了一句话：顺应自己的本性，顺从自己的良知，己所不欲，勿施于人，才是人，才合道。绝不是要在别处再求一个凌驾于人心万物的道。那也不是道，是妄念。

听到自己内心善的声音，听从自己内心的良知召唤，为人处世，将心比心，为善去恶，才是正道。

如果我们用现代心理学来描述“良知”，就是这样的：当我们面对一个情境时，它不会导致我们的直接反应，而会让我们不由自主地产生一个快速感知，这个评价感知不是深思熟虑或理性推理的结果，而是自动闪现，迅如闪电，这个评价感知就是良知。

比如得到一笔确凿的不义之财，我们脑子里最先出现的是对这份不义之财的是非评价，而不是行为、情绪和生理上的反应，这个是非评价就是良知。它先天而来，自动自发，不受你控制。

通俗而言就是良知，是人与生俱来的道德与智慧的直觉，或是直觉的道德和智慧判断。见父自然知孝是道德，何尝又不是智慧？见强凌弱所以义愤填膺，因为我们判断这是错的，这是智慧，何尝又不是道德？

王阳明对“良知”的推崇几乎无以复加，他说：“乾坤由我在，安用他求为？千圣皆过影，良知乃吾师。”他又说：“良知是造化的精灵。这些精灵，生天生地，成鬼成帝，皆从此出。”他还说：“良知学是千古圣贤相传的一点真骨血，譬之如行舟得舵，平澜浅滩无不如意，虽遇巅风逆浪，舵柄在手，可免没溺之患。”

此心法看似简单，不用多解释，但做起来可不易。

“一个人做点好事并不难，难的是一辈子做好事，不做坏事，一贯地有益于广大群众，一贯地有益于青年，一贯地有益于革命，艰苦奋斗几十年如一日，这才是最难最难的啊！我们的吴玉章老同志就是这样一个几十年如一日的人！”（《毛泽东文集》第2卷，人民出版社1993年版）

这是20世纪40年代，毛泽东亲临吴玉章六十寿辰所做的祝词。主席对“致良知”已做了解释。

操作心法四：【事上练】——越是艰难处，越是修心时

【事上练】解读：心性的修炼就必须拿日常的事情来磨炼，否则修身养性就成了一句空话。

王阳明事例：人须在事上磨炼做功夫，乃有益

王阳明的弟子陆澄有个困惑，他说："静坐用功，觉得此心异常强大，甚至想着如果我们遇到某某事，必能轻松解决。可一遇事就蒙了，真是烦躁。"王阳明针对此症，对陆澄说："人须在事上磨炼做功夫，乃有益。"

人生中会遇到很多的艰难困苦，越是在这种时候越能体现人的心性修养。寻常人往往慌乱悲戚，唯有修养深厚者能做到泰然处之。如何才能拥有这种自觉和修养呢？王阳明还有一句话，道出了所有：人须在事上磨，方能立得住；方能静亦定，动亦定。艰难困苦，正是对心性的最好磨砺。

事上磨炼，通俗而言，就是要参与社会实践，在纷繁复杂的具体事务中锻造自己的心理素质，做到动静皆定，泰山崩于前而色不变，麋鹿兴于左而目不瞬，以此沉着冷静，正确应对，最后就进入"不动心"境界。

事上磨炼就是存天理、去人欲，就是让自己的喜怒哀乐恰到好处，不可过分，这就是"和"，就是良知本体。我们在事上磨炼，就是要到人情事变上去练心，喜怒哀乐是人情，富贵、贫贱、患难、生死是事变，事变也只是在人情里，只要能在人情事变上致良知，那就是最好的练心，自然就是最好的事上练。

再举近人，也是三不朽的候选人曾国藩的"一勤天下无难事"为例。曾国藩提倡的观点和阳明先生的【事上练】都是一个道理。

"以勤治事"，勤有五解，分别是：身勤、眼勤、手勤、口勤、心勤。说的不仅是为官之道，亦是为人处世之道。

「身勤」险远之路，身往验之；艰苦之境，身亲尝之。

"身勤"，即身体力行、以身作则。

曾国藩在军中要求自己早起，不论是什么样的天气，不论是什么样的环境，他一定"闻鸡起舞"，练兵督训，办理各项事务。曾国藩对军中将士说："练兵之道，必须官弁昼夜从事，乃可渐几于熟。如鸡孵卵，如炉炼丹，未可须臾稍离。"言传不如身教，曾国藩就是这样影响手下的幕僚、将领的。

「眼勤」遇一人，必详细察看；接一文，必反复审阅。

“眼勤”，是从细微之处识人。

曾国藩指派李鸿章训练淮军时，李鸿章带了三个人求见，请曾国藩分配职务给他们。刚好曾国藩散步归来，对李说无须召见，并说：“站在右边的是个忠厚可靠的人，可委派后勤补给工作；站在中间的是个阳奉阴违之人，只能给他无足轻重的工作；站在左边的人是个上上之材，应予重用。”

李鸿章惊问道：“您是如何看出来的呢？”

曾国藩笑道：“刚才我散步回来，走过三人的面前时，右边那人垂首不敢仰视，可见他恭谨厚重，故可委派补给工作。中间那人表面上毕恭毕敬，但我一走过，立刻左顾右盼，可见他阳奉阴违，故不可用。左边那人始终挺直站立，双目正视，不亢不卑，乃大将之材。”

曾国藩所指左边那位“大将之材”，就是后来担任台湾巡抚、鼎鼎有名的刘铭传。

曾国藩从细微之处识人，练就了他的一双慧眼，曾府幕僚鼎盛一时，幕僚在曾国藩平定太平军的过程中出谋划策，帮助曾立下了赫赫功勋。

「手勤」易弃之物，随手收拾；易忘之事，随笔记载。

“手勤”，就是要养成一个好习惯。

曾国藩一生养成了三个好习惯：

一是反省的习惯：曾国藩每天都写日记，曾国藩通过写日记进行修身，反思自己在为人处世等方面的不足。

第二个好习惯就是读书习惯：他规定自己每天必须坚持看历史书不下十页，饭后写字不下半小时。曾国藩说：“人之气质，由于天生，很难改变，唯读书则可以变其气质。”

第三个好习惯就是写家书：据说曾国藩仅在1861年就写了不下253封家书，通过写家书不断训导教育弟弟和子女，在曾国藩的言传身教之下，曾家后人中人才辈出。

「口勤」待同僚，则互相规劝；待下属，则再三训导。

“口勤”，是他与人的相处之道。

曾国藩认为同僚相处，“两虎相斗，胜者也哀”。

据说曾国藩开始同湖南巡抚骆秉章的关系并不好，咸丰三年，曾国藩在长沙初办团练时，骆秉章压根儿就没把曾国藩放在眼里。当绿营与团练闹矛盾时，他总是偏向绿营。但曾国藩并没有逞口舌之勇，而是采取曲意忍让的态度，在他结束为父守孝，第二次出山之时，还特意拜访了骆秉章。这让骆秉章大感意外，骆当场表态："以后湘军有什么困难，我们湖南当倾力相助。"

"已预立而立人，已欲达而达人"，曾国藩"口勤"不仅仅是对同僚和上级，对下属也会耐心地训导，曾国藩秉持的这种为人处世之道，不仅让他成就了自己，也成就了如李鸿章、左宗棠、张之洞、刘铭传、胡林翼等名臣，实现了清末短暂的中兴。

「心勤」精诚所至，金石亦开；苦思所积，鬼神迹通。

"心勤"，即坚定的意志品质。

曾国藩不管是从科考还是在平定太平军时"屡败屡战"，都有一种精诚所至的信念在支撑他。从各方面下足功夫，功到自然成。

所以，曾国藩说："天下古今之庸人，皆以一惰字致败。"

人生就要受苦受累，没有苦累感觉的人都已经躺在坟墓里了。

你是否在拼命锻炼之后感觉吃饭格外香？你是否在劳动后出了一身大汗再去喝水感觉水更甜？你是否在经过艰苦努力后达成你的最初目标才感到特别充实幸福？

举例说明，曹雪芹正是因为雍正皇帝对曹家的查抄，至家族没落，遭遇童年的苦难才造就了千古名著《红楼梦》。有人说《红楼梦》真是曹雪芹童年的苦难之梦，笔者认为并不为过。

曹家经济的巨大亏空是曹家被抄的主要原因。而曹家的亏欠，主要是在曹寅任上逐渐积累起来的。曹寅任内曾经四次接驾康熙，每次的排场自然极其奢华，曹家不断修建和扩建行宫、花园，甚至开挖河道供皇帝的游船出入，花费已经远远超出了曹家的承受能力。

然而，到了曹雪芹的父辈这一代，曹家已经显露败迹，先是曹玺的长子曹寅病逝，改由曹寅之子曹颙继任，可是曹颙不久也病亡了。康熙皇帝不忍其乳母之家如此衰败，就特许曹寅的弟弟曹宣的孩子曹頫过继给曹寅，继任江宁织造。此时曹頫尚小，而康熙已经到了晚年，大厦将倾，曹家的命运岌岌可危。

曹家亏欠的数额可能是巨大的。曹頫在康熙五十二年的奏折中说："窃奴才父寅去年身故，荷蒙万岁天高地厚洪恩，怜念奴才母子孤寡无依，钱粮补欠未完，特命李煦代任两淮盐差一年，将所得银共五十八万六千两所以织造各项钱粮及代商完欠，李煦与奴才眼同具已解补清完，共五十四万九千六百余两。"到康熙五十五年，又发现还有曹寅在世时的债务拖欠，而这些亏空是当时的曹家根本无力偿还的。如李煦奏折称"曹寅应完二十三万两零，而无赀可赔，无产可变，身虽死而目未瞑……曹寅寡妻幼子，拆骨难偿。"

曹家的亏欠，在康熙时已是十分严重的问题。只要康熙在位，靠老皇帝的恩典曹家还能勉强过关，但是康熙驾崩雍正即位后，曹家就难逃被抄家的厄运了。

对曹家来讲，被抄家是个重大的转折，从奢华到赤贫境况改变之大，非亲身经历难以想象。

曹雪芹遭家变时，年纪尚小，但正是失去了正规教育的可能，也就少了管教、约束，有了更多凭自己兴趣爱好来选读各类书籍的机会。对于一个要反映广阔生活画面的小说家来说，具备渊博的杂学知识，远比能写一手漂亮时文重要得多。人们常惊讶于曹雪芹三教九流无所不晓，不能不说正得益于此。

幼小的曹雪芹随家人迁至北京崇文门外菜市口的平民生活区后，生活是困苦的。但因他祖上与康熙有着特殊关系，故与京城高层有姻戚关系或世交旧谊者必定不少。虽说曹家获罪，在京不能或不便走动，但尚为孩童的雪芹，是无须避嫌地被人领着进那些王府侯门豪华的大宅深院的。眼前所见，竟是自家的昨天了，感受刺激定会很深。再看他后来交往的周边人物，不乏没落的敦敏、敦诚兄弟，即努尔哈赤第十二子——被赐死的阿济格的五世孙，以及康熙十四子永忠，如此等等。今昔的巨人荣枯变化，雪芹是知之甚多、看得不少的。这些都会给他的小说创作提供极丰富的素材。

童年是最富于幻想的多梦年代，而且最好发问，什么都想知道。适逢此际，家遭巨变。这真是老天爷的安排！家族亲友们内心都有巨大的伤痛，也正想有个可以谈谈的地方，于是这个半懂不懂事的可爱的孩子，便成了他们倾吐的唯一对象。其中数奶奶经历最丰富，她会绘声绘色地给小孙子讲述往昔他爷爷的时代的种种有趣的故事；母亲当然也能说出不少来；还有为“赡养两代孀妇”而发还的老奴婢，也会闲坐给他谈谈往事。这一切在他幼小的心灵中所产生的影响是难以估量的。

曹雪芹的不幸童年，实在是他的大幸，苦难造就了这位伟大的文学家。

海明威的名言“不幸的童年是作家的摇篮”，说的就是此理。

人必须在事上磨炼，在事上用功才会有帮助。尤其是在事上练心，磨炼自己的心性。“宝剑锋从磨砺出，梅花香自苦寒来”说的就是此理。人生不止，须坚持不懈，奋斗不止，于是：

- 苦才是生活
- 累才是工作
- 变才是命运
- 忍才是历练
- 容才是智慧

- 静才是修养
- 舍才会得到
- 做才会拥有

一切困苦，皆是磨砺。唯有靠世间种种难处的磨，乱心才能得以调伏。

操作心法五：【自省改过】——不反思，无学习

【自省改过】解读：始终保持谦虚谨慎，虚心学习，总在反思反省自己。

王阳明事例：你看满大街都是圣人，满大街的人看你也是圣人

有一天，个性极强的弟子王艮出游归来，王阳明问他："都见到了什么？"王艮以一副异常惊讶的声调说："我看到满街都是圣人。"王艮这句话别有深意，他来拜王阳明为师前就是狂傲不羁的人，拜师后也未改变"傲"的气质。

王阳明多次说："人人都可以成为圣人。"王艮不相信。他始终认为圣人是遥不可及的，所以他说的"我看满街都是圣人"，这实际上是在讥笑王阳明。

王阳明大概是猜透了王艮的心意，于是就借力打力："你看到满大街都是圣人，满大街的人看你也是圣人。"最有深意的就是王阳明的最后一句话——"你看满大街都是圣人"，表明你心中有着无限的包容、友爱和善意；而这样的人，谁不愿亲近？谁不会爱戴？自然"满大街的人看你也是圣人"。而能做到如此，也确实已经是真正的圣人。

自省是一次自我解剖的痛苦过程，就像拿刀亲手割掉自己身上的毒瘤，需要巨大的勇气。认识到自己的错误不难，但要用一颗真诚的心去面对它，却不容易。懂得自省，是大智；敢于自省，则是大勇。割毒瘤可能会有难忍的疼痛，甚至留下疤痕，却是根除毒害的唯一办法。君子的过错就像日食和月食，人人都看得见，但是改过之后，就能得到人们更大的尊敬。

学习应该返身自省。如果只去指责别人，就只能看到别人的错误，就不会看到自己的缺点。若能返身自省，就能看到自己有许多不足之处，哪还有时间去指责别人？

看见有德行或才干的人就要想着向他学习，看见没有德行的人，自己的内心就要反省是否有和他一样的错误。这样就不会过分地责备别人，而对自己要求严格。

自省是一面镜子，能够照见心灵上的污点，继而照亮前进的路途。工作中，有很多人经常怨天尤人，就是不在自身上找原因。一个人只有不断地反省，才会不断地提高；进步的能力、学习的能力，也体现在反省的能力上。自省还能帮助自己找到自身优势。有时候，人生的悲剧不在于没有用好自己的优势，而是连自己的优势是什么都没找到。

如果听到了别人说自己的过错，立即反思自己是否有思想行为不当之处，如有，采取行动改正。因为旁人说自己的错误往往会比较隐晦，不直截了当，所以自己的悟性一定要高，别人看你，说你的观念不一定是正确的，但如果你不反思而一味否定其他人对自己的观点，则会丧失改正自己的机会。忠言往往逆耳，良药总是苦口，说的就是此理。

王阳明说“你看满大街的人都是圣人”，是在反讥王艮，因为王艮说的这个话明显他自己都不信，那好，既然你自己认为满大街不是圣人，满大街的人也认为你不是圣人，既然满大街看你不是圣人，那么你就应该反思自己哪里做得不够。王阳明一语双关，既说出了一个人应该具有的修养，也说出了教化世人的最好方式——以身作则，感化世人。所以别再怨天尤人，你只是修养不够深，做得不够好。不是这个世间亏欠你，是你自己亏欠了自己，是你自己反思自己不够，闻过必改之心不够而已。

简言之，始终保持谦虚谨慎，虚心学习，经常反思、反省自己，有个“每日八思”，自我反省心之善恶，录在下面，供读者参考：

心缺良善，言行必恶毒；
心缺美德，言行必下流；
心缺自尊，言行必卑贱；
心缺诚实，言行必虚妄；
心缺涵养，言行必粗陋；
心缺教化，言行必无礼；
心缺敬畏，言行必随便；
心缺知识，言行必愚钝。

图5　虚心学习

操作心法六：【责人向善】——没有一无是处的人，人人都有良知，人人都可以向善

【责人向善】解读：此处的责，不是指责之意，而是责成，尽责之意，是要影响自己和他人向好的方面走。

王阳明事例：你死都不怕，还在乎一条内裤么

王阳明在庐陵担任县令时，抓到了一个罪恶滔天的大盗。这个大盗冥顽不灵，面对各种讯问顽固抵抗。王阳明亲自审问他，他一副死猪不怕开水烫的架势说："要杀要剐随便，就别废话了！"王阳明于是说："那好，今天就不审了。不过，天气太热，你还是把外衣脱了，我们随便聊聊。"大盗说："脱就脱！"

过了一会，王阳明又说："天气实在是热，不如把内衣也脱了吧!"

大盗仍然是不以为然的样子："光着膀子也是经常的事，没什么大不了的。"又过了一会，王阳明又说："膀子都光了，不如把内裤也脱了，一丝不挂岂不更自在？"大盗这回一点都不"豪爽"了，慌忙摆手说："不方便，不方便!"

王阳明说："有何不方便？你死都不怕，还在乎一条内裤吗？看来你还是有廉耻之心的，是有良知的，你并非一无是处呀!"

有人觉得自己一无是处，从而自暴自弃，破罐子破摔。王阳明则告诉我们，没有任何一个人是一无是处的，每个人身上都有美好的东西、珍贵的品质。所以人要对自己有信心，坚信自己的价值。

有人感叹人心险恶，可王阳明告诉我们，哪怕是罪恶滔天的罪犯，心中也是有良知的。明白了这一点，就能明白他们最需要的不是惩罚，而是去感化去引导其向善。

觉得他人一无是处，喜欢蔑视、贬低和打压别人的人，自身的修养品行往往也不高。修养精深、境界高明的人，往往能看到别人身上的优点和长处。为人，一方面要看到别人的长处，可以取长补短；另一方面，也要看到其短处，责其向好的方向努力，大家共同营造一个和谐社会，方是正途。

操作心法七：【不动待机】——我心不动，待机而动

【不动待机】解读：不要被平常的外界环境困扰，造成自己的情绪低迷，保持内心平静，仔细观察环境变化，在有利于自己行动时，一动制胜。

王阳明事例：我以落第动心为耻

1496年，王阳明在会试中再度名落孙山。有人在发榜现场未见到自己的名字而号啕大

哭，王阳明却无动于衷。大家以为他是伤心过度，于是都来安慰他。王阳明脸上掠过一丝沧桑的笑，说：“你们都以落第为耻，我却以落第动心为耻。”

王阳明事例：胜负之决，只在此心动与不动

有弟子问王阳明，用兵是不是有特定的技巧？王阳明回答：哪里有什么技巧，只是努力做学问，养得此心不动；如果非要说有技巧，那此心不动就是唯一的技巧。大家的智慧都相差无几，胜负之决只在此心动与不动。

王阳明举例子说，当时和朱宸濠对战时，我们处于劣势，我向身边的人发布准备火攻的命令，那人无动于衷，我说了四次，他才从茫然中回过神来。这种人就是平时学问不到家，一临事，就慌乱失措。那些急中生智的人的智慧可不是天外飞来的，而是平时学问纯笃的功劳。

感性的情绪波动要尽可能少，那样只会使你心力交瘁。

为什么“此心不动”是唯一的技巧呢？因为心不动才能冷静，冷静才能沉着，沉着才能在危机面前正常甚至超常发挥，所谓急中生智，如阳明先生所说，这不是天外飞来的。

事事讲技巧，看着似乎聪明，其实都是投机者的小聪明。只有真正的智者，才会从大本大源上找依靠，老老实实做功夫。这就是老子所说的“大巧若拙”。

心之本体，原本不动。心之本体即为性，性即理。性原本不动，理原本不动。集义就是恢复心之本体。

世间的事，纷至沓来，只有做到不动心，才能得到真正超然物外的洒脱。在生活中，同样多的事情，有人焦头烂额，有人却泰然处之，就是因为生活的智者懂得在忙碌的生活之外，存一颗闲静淡泊的心，寄寓灵魂，即使因忙碌而身体劳累，仍然能够洒脱自在。

《乔布斯传》作者艾萨克森曾问过乔布斯，1974年的印度之旅究竟对他产生了多深远的影响？以下是乔布斯的回答：

“我回到美国之后感受到的文化冲击，比我去印度时感受到的还要强烈。印度乡间的人与我们不同，我们运用逻辑思维，而他们运用直觉，他们的直觉比世界上其他地方的人要发达得多。直觉是非常强大的，在我看来比思维更加强大。直觉对我的工作有很大的影响。

西方的理性思维并不是人类先天就具有的，而是通过学习获得的，它是西方文明的一项伟大成就。而在印度的村子里，人们从未学习过理性思维。他们学习的是其他东西，在某些方面与理性思维同样有价值，那就是直观和经验智慧的力量。

在印度的村庄待了7个月后再回到美国，我看到了西方世界的疯狂以及理性思维的局限。如果你坐下来静静观察，你会发现自己的心灵有多焦躁。如果你想平静下来，那情况只会更糟，但是时间久了之后总会平静下来，心里就会有空间让你聆听更加微妙的东西——这时候你的直觉就开始发展，你看事情会更加透彻，也更能感受现实的环境。你的心灵逐渐平静下来，你的视界会极大地延伸。你能看到之前看不到的东西。这是一种修行，你必须不断学习。

禅对我的生活一直有很深的影响。我曾经想过要去日本，到永平寺修行，但我的精神导师要我留在这儿。他说那里有的东西这里都有，他说得没错。我从禅中学到的真理就是，如果你愿意跋山涉水去见一个导师的话，往往你的身边就会出现一位。"

乔布斯在这次朝圣的经历中收获最大的东西一定是静心，其次是经由静心而获得的洞察力——直觉，一眼看穿用户需要的本领。当时PC业务正在蓬勃发展，很多从事IT行业的先驱，尤其是另一个巨人——微软，他们都在不断地填补空缺的市场。微软的思路大概是，透过系统的调研找到用户需要的东西，然后集成到操作系统中。而乔布斯则绝不会这么做，他通过这种洞察力发觉了用户想要但他们自己也没有发觉的功能。这种洞察力，不经过佛教那种生活模式的洗礼，是不能够被开启的。

这种不断的反思、禅宗式的冥想让乔布斯收获新的启发。这种力量，甚至在乔布斯被公司撵出来，在他最脆弱的时候，支撑着他。他因着佛性而反思，领悟，并像凤凰一样浴火重生。

在现代社会，我们往往认为哲学是智力活动，但对古希腊时代的人来讲，哲学其实是一种全身心的练习，苏格拉底被认为是雅典军队中最强壮的士兵，柏拉图是一个著名的摔跤手（他的名字的意思是"宽肩膀"），斯多葛派的克里安西斯是一个拳击手。他们都认为：哲学如果不融于实践训练，或者称为修行，就没有价值，这也是西方哲学家认为的"事上练"。

苏格拉底认为人有三性，即动物性，感性和理性。分别由身体，心和脑带来。笔者认为对待事物，人的身体首先产生"觉知"，然后是心里的"感知"，再到脑的"认知"，最后到行为的"行知"。如下图：

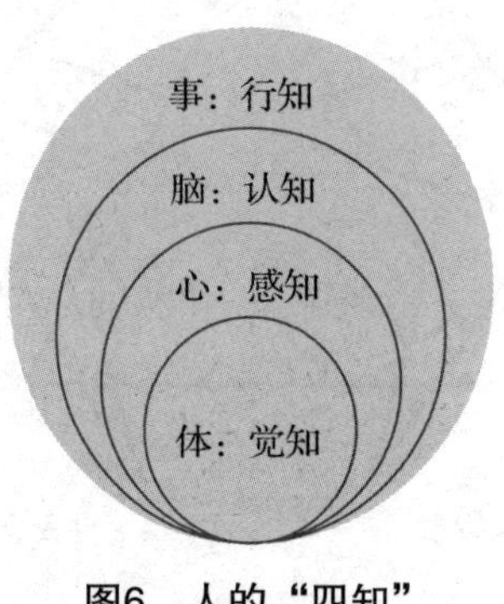

图6　人的"四知"

一般来讲，人的“觉知”都是差别不大，当然也还是有差别，例如湖南人不怕辣，那对吃辣椒来讲，一般湖南人的“觉知”就和外省人有所不同。但看到一件事情发生，人们眼中所见到的景象是差不多的（除非有色盲等情况），所以我们一般认为知行的第一场景即发生在心的“感知”这里，第二场景是在脑的“认知”这里，第三场景则发生在行为的“行知”这里。由于人的活动总能量是一定的，要想使行为更有效，就必须在第二、三场景发生能量，而不能在第一场景，即心这块消耗过多能量，这就是“不动待机”的物理原理。详见下图：

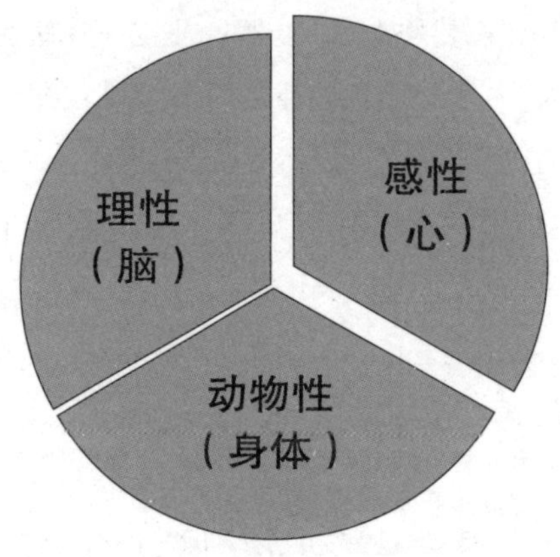

图7　不懂待机的物理原理

在著名的九型人格划分中，把人类分为了九种类型，其中又把2、3、4型归为“心中心”型或“感情中心”型，把5、6、7归为“脑中心”型或“思想中心”型，8、9、1归为“体中心”或“本能中心”型，这也是对人类在使用其身体，心和脑这三者时哪个更为偏重的一种划分，见下图：

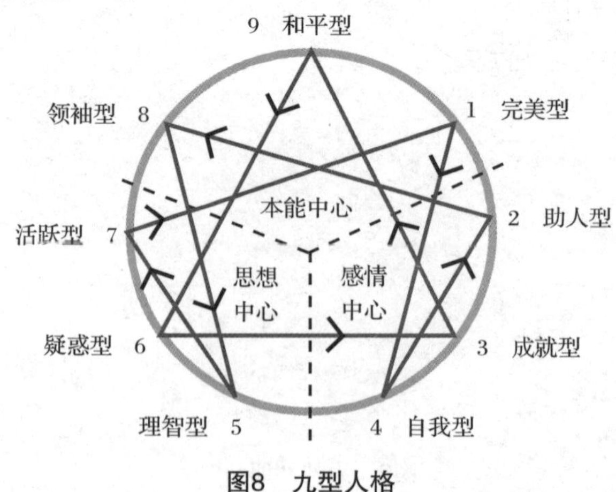

图8　九型人格

苦行僧斯多葛派相信：焦虑源自我们害怕也许会发生的事情与我们希望会发生的事情之间的差距。差距越大，情绪的起伏和困扰越大。为了重获冷静，我们应该系统地、智慧地打碎最后一点希望。斯多葛派主张，与其用乐观的假想抚慰自己，不如勇敢地想象并忍受最坏的情况，然后安之若素。当我们直面恐惧，想象如果发生我们会怎样，我们会有重要发现：我们能对付。即使要坐牢，即使千金散尽，即使当众受辱，即使爱人离去，我们能对付。智者应努力达成心静如水的状态，任何事都不会突然惊扰到他。所有灾难都应该已经被认真预料到。“何必为部分生活而哭泣？”塞内加问，“君不见全部人生都催人泪下。”

斯多葛派是热心的天文爱好者，他们对天宫沉思。傍晚漫步于星空下，抬头仰望，你会看见金星和木星闪耀在苍穹中。夜色渐深，你会看到其他星座——金牛座、白羊座等。它们提醒你在太阳系之外还有你想象不到的更大空间。斯多葛派热衷于观察星星，这让人心境平和，因为与此相比，我们那些麻烦、失望和希望统统不值一提。

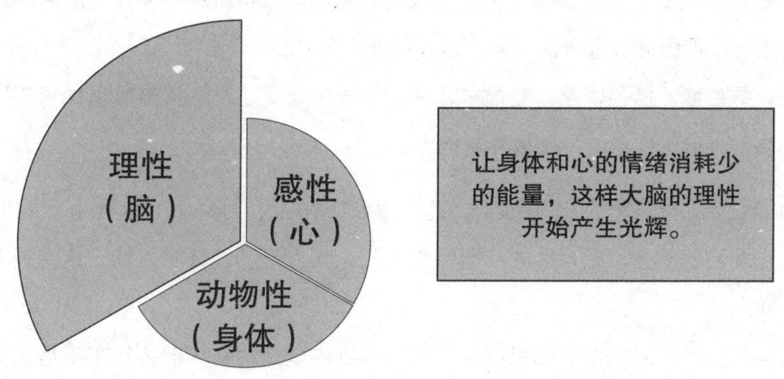

图9　人的“三性”

“身是菩提树，心如明镜台”，这是智慧，此心要平静，没有杂念妄想，没有情绪。但是人的思想、情绪、感觉随时会发生，忧闷、痛苦、烦恼、自卑、傲慢各种情绪，多得不得了，所以要随时抚平自己心里的情绪、感觉。对于苏格拉底们所解释的心智模式A-B-C而言，就是说这个解读B要不含感情色彩，要平静似水，当你不能控制一件事的发生的时候，你唯一能够控制的是你对事情的反应，这样才能解读出事情的真相，明白事物的发展道理，掌握其规律，从而不犯错误，少犯错误。

操作心法八：【勿执一念】——不要一根筋

【勿执一念】解读：实事求是要随时随地去做，实事求是是从事上说的，而“勿执一念”是从心法上说的，更易理解，更易操作。

所谓“实事求是”是说对于事物你总要探求其内在规律，而事物不是一成不变的，它时时刻刻在变化，你看事物的角度也要变化，你的观念也要更新，你的心态，你的念想，你的思路也要随着事物的变化而变化，不能只是固执己见，这样你就能找到事物发生的原因和发展的规律。

王阳明事例：光不仅在烛上

一个叫徐樾的弟子，在岸边如信徒朝圣一样虔敬地希望和王阳明见面，王阳明答应了。

徐樾还处于王阳明心学的初级阶段——静坐。他确信在静坐中理解了王阳明心学，得到了真谛。王阳明就让他举例子说明，徐樾就兴奋地举起例子来，他举一个，王阳明否定一个。这样举了十几个，已无例可举，徐樾相当沮丧。

王阳明指点他道：“你太执着于事物。”徐樾不理解。王阳明就指着船里蜡烛的光说：“这是光。”在空中画了个圈说：“这也是光。”又指向船外被烛光照耀的湖面说：“这也是光。”再指向目力所及处：“这还是光。”

徐樾先是茫然，但很快就兴奋起来，说：“老师我懂了。”王阳明说：“不要执着，光不仅在烛上，记住这点。”徐樾拜谢而去。

蜡烛能发光，光却不仅在蜡烛上，还可以在太阳上、月亮上、火把上。如果心中有光，那么光便无处不在，因为你的心已经是太阳，正大光明，普照万物。这就是王阳明要告诉我们的。

反过来我们也可以推导，如果一个人眼中看到的全是阴暗，那么其实不是这个世界出了什么问题，而是他的心里没有光明，是他的心态出了问题。看到这点，力求扭转，那么光明便已不远。

举例：笔者曾执着于身体锻炼，在零六年因工作繁重，身体感到疲倦，但依然坚持游泳锻炼，没有实事求是地调整自己的作息时间，于是发现话音难以发出，经检查肺部有阴影，医生认为是癌症，做了右肺部分切除手术，后来用切除的片块再查，发现是炎症引发的脓肿，造成白丢了一叶肺的结局。在这个过程中，笔者犯了两次执着于一念的错误：一是执念于要锻炼，认为锻炼对人身体好，不知道那段时间自己的身体已疲劳应该多休息；二是执念于医疗仪器是对的，认为医院医生的看法都是科学的，而事实是只是炎症并非癌症，没有仔细感受自己身体的变化。实际过往还有一次做完手术一段时间后，游完泳说话较困难，如果当时自己仔细体察，是应该识别出医疗设备的不当之处的，本来吃中药可好，反而白挨一刀。

所以，虽然有些执念一般是正确的，但到用的时候也要看场合和时机，绝不可执念于一时一事，讲出自己的血的教训，就是想让读者不犯笔者类似的错误。

据说，人分三等，上等人看到别人犯错，自己吸取教训不犯同样错误；中等人，无视别人的教训，以身试错，吃亏后再吸取教训；下等人，无视别人教训，自己犯错的教训也不吸取，一错再错下去。

好了，现在把阳明心学的八大操作心法总结如下，方便读者理解和对号入座：

表4　八大操作心法

操作心法	哲学范畴	和心相关的通俗描述	勾选你是否知道	勾选你是否做到
1.【万物和】	世界观	对万物感恩之心，对他人有包容心，利他心，光明磊落心		
2.【心即理】	人生观	对自己自信心，对事业有进取心，大志雄心		
3.【致良知】	价值观	正义心，良心，善心，恻隐之心，孝心，克己之心		
4.【事上练】	实践论	待人处事有恒心，有耐心，有诚心，匠心，专心		
5.【自省改过】	方法论	内省之心，虚心		
6.【责人向善】	方法论	帮助他人有责任心，爱心		
7.【不动待机】	方法论	遇乱能有平常心，静心，心平气和，决心		
8.【勿执一念】	实事求是	改变心，灵活心，心明眼亮		

实际上心法远不止此八种，但读书做人讲究抓住重点，此八法如能运用自如，

已是高人。

如果在上表中，你的“知道”勾选项总数大于“做到”勾选项总数，你需要开始读第四章。因为知道做不到就是不知道！

为什么这么说呢？实际上你认为的“知道”只是晓得那组词的汉字表面意思，比方说你能把本书名的《从心始，行必成》这六个字认全，并不代表你知道它的含义。那么，如何把“知道”变成“做到”？请看下回分解。

四、场景化行动学习

（一）什么是场景化行动学习

谈到场景和行动学习的关系，本书首先要分清楚“物理场景”和“心中场景”两种情况。先从王阳明的“知行合一”道理讲“心中场景”的道理。

有一次，当弟子徐爱问王阳明“知行合一”的道理时，徐爱举了个例子：好比大家都知道要孝顺父母、尊敬兄长，可实际上往往却不能孝不能悌，可见知道是一回事，能不能实行是另一回事，知跟行是两码子的事。徐爱当时的见解跟一般人一样，把知解释知识的知，把行解释成行为的行，所以知跟行就不一定是在一起。这就像国人起先把瑞文斯先生关于行动学习公式中的“P+Q”中的P按字面意思去理解成“程序化知识”一样，是不对的。

“知行合一”的第一场景究竟在哪里?

王阳明认为“知行合一”的知指的是知觉的知，不是知识的知。天下的道理，科学的原理，这些是知识的知。什么是知觉的知？譬如手碰到茶壶，觉得是热的或冷的，这跟知识无关，跟感觉有关，叫作觉知，也是我们俗称的五种觉知，即视觉，听觉，味觉，嗅觉，触觉。觉知有身体的觉知和内心的觉知，为了区分，这里我们也称为感知。如知痛知痒是身体的感觉，而喜悦、焦虑、烦恼则是内心的感知，感知比觉知又深了一层，内心的感知不受控制，在我们内在仿佛有一个自然的机制，自然而然常常产生很多感知，温暖、感动、仁慈、愤怒等等，七情六欲大多在感知层面，感知上来后我们就有了喜欢不喜欢的好恶区分模式，喜欢到不行或厌恶到不行，这就是所谓的“行”。

王阳明认为知行是合一的，知跟行是一体的，不是分开的。王阳明对知和行的定义，跟一般人所认为的不同。王阳明对徐爱说，为什么知道却不能做到呢？这是因为我们的内心被私欲隔断了，也就是说我们的良知被私欲隔断了，我们的内心不是知行的本体了。王阳明心学所探讨的是心，心即是理，心外无物，一切的学问都是讲在心上。当我们被私欲隔断的时候，那个心已经失去了天良的本貌，所以不是知行的本体。知行这两个字是讲在本体上的，什么本体呢？就是心的本体，简单地说，知行的“知”指的是心里面的知，行指的先是心里面的行，这是行的第一场景，脑的思考，我们称为认知则是行的第二场景，行为动作则是第三场景的事。

为什么这么说呢？因为心即理。外在的行为是源自于内心有一个欲望、渴求和期盼，所以外在的行为还没有发生之前，在哪里先行了呢？在内心先行了！当我们的七情六欲贪嗔好恶、我们的期盼、想要如何的那种冲动上来的时候就是行的时候。

也就是说当我们产生好恶贪嗔的时候，已经决定了我们的眼神、表情、行为的动作，这是知行的第一场景。如果一个人犯罪了，警察办案讲究的是首先要确定第一场景而不是其他场景。当我们说错了话做错了事，做了不可理喻的事，最主要的是第一场景出了问题，这是起源，第一场景在哪里？就在心里面。当我们的内心被私欲阻断的时候，就做不到对人体贴关怀，这是因为内心本有的善意被当下升起的私欲隔断了。虽然我们的良知本来是时刻存在的，但是当私欲起的那一刹那却被阻断了，这个意识的阻断有点类似神经的阻断，本来如果是好的神经联结，则感觉就会自然传导，现在私欲一起，就把良知阻断了，拿神经做比方，如果神经被阻断，轻则人的手臂四肢会麻痹，重则就是全身瘫痪。一个心智模式出问题的人，就是心魔缠身，他的行为就会失调，做出不可理喻的事。

这里的“欲”就是我要或不要的欲望，而不是脑中的想法，欲是一种情绪，是内心里的欲求，是真正内心里面的东西。这个必须搞清楚，因为这个“欲”字搞不清楚，就没有办法读通读懂王阳明的心学。

当我们内心被私欲隔断，贪嗔好恶一起来的时候，也就是我们的情绪起来的时候，心中必定有一种感受感知，这是贪嗔痴的第一场景，当它升起的时候，甚至我们的理智、知识都不管用，言行就会离了正理。人世间经常看到有夫妻因为一点鸡毛蒜皮的小事发生口角之争，情急之下动起手来，造成一方伤害，后来反思起来又后悔不迭的事例比比皆是。这说明什么？就是一时心念忽起，不经大脑思考，造成恶果恶行，王阳明之所以认为知行是合一的，就是这个原因。如果我们要扫去心里的私欲遮蔽，恢复我们内心的良知，也就是内心本有的仁义礼智信，只能从心里这个第一场景着手去做，这就是王阳明认为“知行是合一的”的奥妙深义之所在。

上面解释了知行的第一场景概念，心思非要先到第一场景，才有可能到达第二、三场景。心动才能转化为行动落地。在行动学习中，往往通过提问来对第一场景进行发动，笔者云“闪念不发动，一切没有用”说的就是这个道理。对于团队组织来讲情况会更复杂一些，因为涉及的人较多，要统一大家的思想更难一些。有个“场景规划”（scenario planning）方法，抑或称为“情景规划”，是改变团体心智模式的一个有效的方法。有一个著名的例子，讲的是1973年壳牌石油公司的事。

壳牌石油前资深企划人员瓦克回忆壳牌石油在探索心智模式方面的情形：“除非我们

能够影响重要决策者对于实际状况所持的心智印象，否则我们对未来的各种看法就像是撒在石头上的水一般，四散而无法凝聚。”

那是石油输出国组织成立的前一年，也是能源危机开始的前一年。在分析石油生产与消费的长期趋势之后，瓦克发现，壳牌石油的管理者所熟悉的稳定、可预期的市场情况正在改变。当欧洲、日本与美国正日益依靠石油进口时，伊朗、伊拉克、利比亚、委内瑞拉等石油输出国家的石油储备量正逐日下降。沙特阿拉伯甚至已达到石油生产的极限。这些趋势暗示历史性稳定成长的石油需求和供给市场，终将转变为慢性的供给不足、需求过多，由石油输出国家控制的卖方市场。壳牌石油的企划人员预见到石油输出国家组织终将带来改变。然而瓦克等人无法真正说服绝大多数壳牌石油的管理者，使他们认知这个即将来临的巨变，而在决策上有所改变。

壳牌石油的企划部是整个集团的中央企划部门，负责全球企划活动的协调工作。这时候他们发展出了一套名为“场景规划”的新技术——一种整理未来可能的变化趋势的方法。他们于是开始将未来可能突然转变的状况，拟定成几种场景，然后将这些场景告诉所有的管理者们。然而，由于这些新的场景和管理层多年来所预测的市场会稳定地成长的经验迥然不同，管理者因此对企划部的见解毫不重视。

这时，瓦克和他的同事终于明白自己彻底误解了本身的工作。瓦克说从那一刻开始，“我们领悟到我们的工作不是为公司的未来写企划书，而是重塑公司决策者的心智模式。我们现在要设计一些未来场景，让管理者会质疑自己相对于实际状况的心智模式，并在必要的时候改变它。”企划人员过去的工作是将信息交付给决策者，现在他们明白，自己的工作是帮助管理者重新思考他们所习以为常的看法。在1973年1—2月间，企划部发展出一套新的、未来可能的场景，迫使管理者认真思考未来公司能够顺利营运的所有必要条件。这时大家发现一些以前从未注意到的必要条件，也就是隐藏的假设。

这些未来可能的场景经过精心的设计，由壳牌石油管理者现有的心智模式出发，先让大家看到目前大家习以为常的“石油业将像往常那样继续下去”的看法，它是以对全球地缘政治与炼油工业特质所做的假设为基础；然后他们说明这些假设在不久的将来不可能站得住脚。他们请这些管理者彻底思考，在这个新的场景中，自己必须如何处理可能的状况，以协助管理者开始建立新的心智模式。譬如，如果价格上升、需求减缓，炼制厂的扩建就必须慢下来，同时长期的石油勘探必须扩展到新的国家。此外，如果石油价格愈来愈不稳定，各国将有不同的反应。有些具有利伯维尔场传统的国家，将让价格自由上涨；而采取市场管制政策的国家，将努力维持低价。因而，必须进一步地使壳牌石油在各国的子公司加强适应当地状况的能力。

虽然壳牌石油有许多管理者仍然抱着怀疑的态度，他们还是认真地思考新的未来可能场景，因为他们渐渐开始看清自己目前的看法很难站得住脚，经过相当长的一段时间的反复演练，壳牌石油的管理者开始解冻原有的心智模式，而培养出新的心智模式。当石油输出国组织突然在1973年至1974年冬季宣布石油禁运政策时，壳牌石油与其他石油公司的反应不同。其他竞争者对危机的普遍反应是，限制各分公司的权限，实施集中控制。壳牌石油所做的恰好相反，它给了各地分公司更大的营运空间，各地分公司因而较竞争者有更机动的调度能力。

壳牌石油努力的成果十分显著。1970年时，壳牌石油还只是世界七大石油公司中最弱的一个。富比士杂志（Forbes）称之为“七姊妹”中的“丑丫头”。但到了1979年，它却成为最强的一个；它的产品与艾克森（Exxon）石油公司并列第一级。壳牌石油发现心智模式也可加以管理，且其效力强大。到了20世纪80年代初，检视心智模式成为壳牌石油企划过程中的一个重要部分。

讲述这个例子，实际上就是让管理者在第一场景获得新知，改变原有的心智模式。我们用下图来表示一下这个过程。

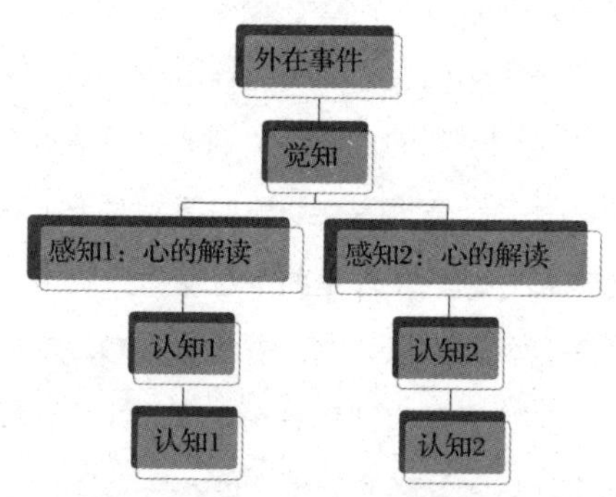

图10　心的解读决定行为走向

“知行合一”说的中心是“行”，而不是“知”，这是一种实践主义的思想。所谓的“行”，并不是与“知”对应的“行”，也不是局限于具体的实践行动。王阳明曾说：“一念发动处即是行。”可以看出，“行”包含的范围很广，心中萌发的意念也可以看作是“行”。上图中的感知、认知皆是行，笔者有意把这个“知行”拆分成几个场景，也就是把这个快如闪电的“知行”变成慢动作回放，好让读者理解。

针对徒弟徐爱不能理解“知行合一”，王阳明还解释道：“见好色是知，喜好色是行。在见到好色时马上就喜好它了，不是在见了好色之后才起一个念头去喜好。闻到恶臭是知，讨厌恶臭是行。闻到恶臭时就开始讨厌了，不是在闻到恶臭之后才起一个念头去讨厌。”

这样我们再来看王阳明的著名思想“知行合一”说：

“知是行的主意，行是知的工夫。知是行之始，行是知之成。”

“知而不行，只是未知。”

“行之明觉精察处，便是知。知之真切笃实处，便是行。若行而不能精察明觉，便是冥行，便是‘学而不思则罔’，所以必须说个知。知而不能真切笃实，便是妄想，便是‘思而不学则殆’，所以必须说个行。”

这样学下来，估计就能够了解通透了。

简单粗暴地说，就是：“知道”做不到，就是不知道！

所谓“知道”，也即是说知晓做事的道理和方法，但是你如果做不到，也就是不“知道”。

你明知道杀人害命是不对的，但你却害了命，哪怕是因你一时性起，这也就证明你是不“知道”，没有控制自己的心性，没有做到修炼身心，没有做到心态平和，从而铸成大错，再悔也晚。

如上例读者还不甚了了，再举平常人的例子：为什么虽然央视广告都在播抽烟酗酒的坏处，却还是有人不肯戒烟戒酒，那些烟民酒徒就不知道烟酒伤身这个道理吗？笔者的回答是：他们从心里并不知道，并不认同。因为烟民酒徒们（包括笔者自己）常说：“抽烟伤肺，喝酒伤肝，打麻将熬夜伤神，不这么干就伤心！”看到没有，这就是烟民酒徒的心中实际所想，这就是烟民酒徒的心智模式。他们做不到戒烟戒酒，因为他们从内心上觉得不这样做会伤心，会觉得生活没有意思，没有快乐感，当然就不去做戒烟戒酒的事。那些吸毒上瘾者他们不知道吸毒这件事对人不好的道理吗？同样不是的。因为吸毒给他们带来一时的快感，一旦停止吸毒，这种快感就再也找不到了，人生都没有意义了，心都伤透了，他还会戒毒吗？所以心里出了问题，再多的道理也是无理，这就是：

知道做不到，就是不知道！

本书中谈到的“场景化行动学习”，就是通过工作上的几大典型“物理场景”，如服务场景，零售客户营销场景，高净值客户营销场景，对公客户营销场景，管理场景等场景里发生的实际案例，用“心中场景”中的第二、三场景来回溯发现“第一场景”，并用“截断点评”（后文有详细介绍）来标注，以引起读者关注，发动读者的闪念，探讨心智模式和行动之间的关联，从而打通从心到行的任督二脉，这就是书名“从心始，行必成”的来龙去脉，也是“场景化行动学习”概念的由来。

实际上，凡工作上有成绩、有进步、有效果案例都是从心开始发端，从心开始，行动才成；同样地，行动效果好，一定是心法用得好。所以，学习操作心法，就是掌握杠杆原理，找到支点来撬动地球。

（二）从场景抽离到经验总结

如果只是看场景，看案例，看故事，会有什么不好呢？

培训业态从哈佛的案例教学，发展到体验式的沙盘模拟，再到目前的行动学习，实际上贯穿着一个从理论、书本，到实际、实践的自然发展过程。

学习就是要把理论、案例这些书本上的俗套内容，放在现实中，让学习者能够加以运用去解决实际问题，这个学习过程才真正有用。

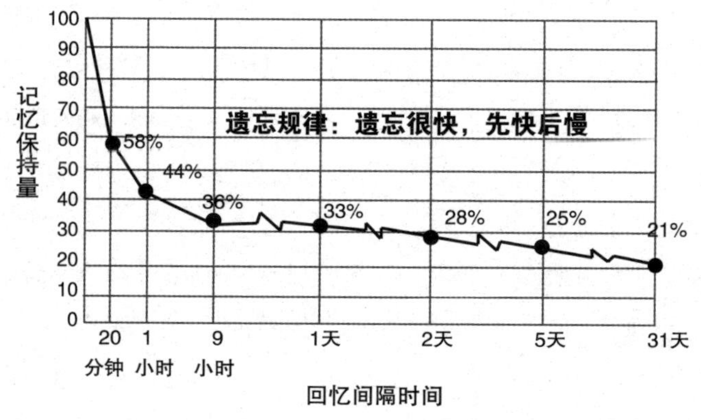

图11　艾宾浩斯遗忘曲线

这个艾宾浩斯遗忘曲线也告诉我们，当一个人学习的时候，如果不去运用所学知识，只是靠记忆的话，1天后只会记得33%，一个月后只指剩下21%，这也是为什么有再好的老师教，学员的行动效果也不佳的道理所在。

对行动学习项目来讲，对不起，老师教不了或教得很少。为什么？原因就在于，那些知识俗套，学员可以查资料，可以上网搜索得到，可以向同行同事请教得到。项目教练关注的是学员把这些知识案例结合自身的实践的结果如何，从学习到行动，从行动再到学习，学员在这个循环过程中学到了什么，做了什么，体会到什么，转化成自己的学识有多少，知道的有多少，不知道的又有多少。这个过程的关键就是要从场景中抽离出来，总结经验。

讲一个案例：毛主席是靠什么吃饭的？

1965年7月26日，程思远同李宗仁先生从海外回到祖国怀抱不久，这一天上午，程思远和李宗仁先生数人，正在北京东郊国棉二厂参观，到10时许，忽然接到通知，说毛泽东主席在中南海等候他们。在中南海游泳池的休息室，毛泽东接见了程思远和李宗仁先生。见面后毛泽东与二人互相问候，谈了一会儿，毛泽东又提议去游泳。游了一阵，程思远上岸了，正准备更衣，一个警卫走上前对程思远说："毛主席请你。"程思远跟随着警卫走到毛泽东面前，见他正坐在藤椅上晒太阳。警卫搬来另一只藤椅，于是程思远就在毛泽东身边坐下。

毛泽东问程思远的学历和工作经历，程思远扼要地说了。后来，谈到美国，程思远说美国总统肯尼迪在办公桌上摆着一部《毛泽东选集》，影响之广，以至于学习毛泽东思想蔚然成风。一个国民党人曾对程思远说，他也用毛泽东思想办事，他还把毛泽东思想概括成两句话："调查不够不决策，条件不备不行动。"

毛泽东笑了，他忽然问程思远："你知道我靠什么吃饭吗?"

"不知道。"思索良久，程思远茫然不知所以。

"我是靠总结经验吃饭的。"毛泽东盯着程思远说，"以前我们人民解放军打仗，在每个战役后，总来一次总结，吸取过去正反两方面的经验。发扬优点，克服缺点，然后轻装上阵，继续前进，从一个胜利走向另一个胜利，终于建立了中华人民共和国。"

（三）本书的独特写法就是行动学习的实践环节

LBS（location based services），基于地理位置的服务，消费者在特定的地方，想做什么事，有怎样的需求都和具体的场景有关，放到银行这个商业领域也一样，银行的营销和服务的"物理场景"无处不在。本书就是通过不同的银行场景，如厅堂服务，对公客户营销，零售客户营销和管理的案例，来为读者解剖每个当事人心中的知行关系，告诉读者如何从觉知到行知，如何做到知行合一，如何把行动学习和绩效提升关联起来。

本书与普通书相比有两个独特的地方，一个是截断点评，一个是反思环节。

什么是"截断点评"？在后面的各个场景案例中，插有笔者独有的点评。对于后面所有案例，读者会发现其标题几乎都和"心"有关。采用截断点评的办法，把何处"是从心开始，从念发端"点出来，并尽可能指出用的是何种操作心法，好让读者从心智模式上来体会案例行动的第一场景，以便自己学习运用。这样做可以让读者觉察行动产生前的心的感知，由此领悟心学奥秘，领会心智模式对行动的决定性影响，从而引发自身的觉悟和行动。凡在案例中看到类似【笔者点评：心即理】这样的形式的内容就是"截断点评"。

什么是“反思环节”？也就是读者在读本书的过程中，会发现笔者时时处处“强迫”读者写下自己的反思、心得，以及行动计划。我们把行动学习后的反思环节放在书中，留出大段空白，提出几个涉及读者的问题，要求读者填写，落实笔者提倡的“不反思，无学习”的理念，因为你一旦做不到，就是不知道。这是让读者对行动学习有一个管中窥豹的机会，这也是本书的最大特色。当然我们也给读者一些小“甜头”，就是读者可以通过扫描书后的二维码来参与答题，把你就某个案例写的反思发到微信中，以获得抽奖机会，用此来检视落实读者自身的行动学习。

【反思环节】：

1. 类似这个案例，你过去是如何做的？请写到下面。

____

____

2. 通过这个案例你学到了什么？

____

____

3. 你的反思是什么？

____

____

4. 你准备采取的改进行动是什么？

____

____

本书的这两种独特写法就是行动学习的实践环节，就是行动学习的一个落地方法。

五、服务提升绩效场景案例二十四例

案例5-1

柜员李黎：天道酬勤的天心人

在农行天心区黑石铺支行，有这样一个人。你说他是主任吧，他却经常在三尺柜台办理着各类柜台业务，十足的一个里手柜员。你说他是柜员吧，他经常出现在市场里，走访客户，上门安装机具，俨然就是一个优秀的客户经理。你说他是一个客户经理吧，他却每每在下班后，整理员工档案，绩效考核打分，完全就是个负责任的主任。他出现在私行客户的答谢会上；出现在行动不便的待核查客户家中；出现在泥泞市场的小商铺内；出现在窄小的柜台。他出现在所有你想得到的，想不到的银行工作场所，【笔者点评：事上练】以惊人的效率，亲切的服务，专业的素养迅速刷新着人们对于90后浮夸、懒散的负面印象。他就是农行黑石铺支行低柜柜员李黎。

【用不气不馁的心态，收获客户的赞赏】

李黎戴着眼镜，斯斯文文，初进行以来，他勤勤恳恳地为客户办理每一笔业务。即使是最让人头痛的挂失和账户重归业务，他都从未推托。他甚至摸索出了一套有效针对挂失客户的方法，于轻松聊天谈笑风生间就判断出客户是否为本人办理，效率之快让人咋舌。同事们往往喜欢就某个疑问发表各自看法，但他从不咄咄逼人，而总是以实际操作坚守他的看法，对了从不锐利骄傲，错了也绝不沮丧泄气。平和得就像涓涓细流，让人信服。三个春秋过去，正是这种不骄不躁，不气不馁的心态，【笔者点评：心即理】让李黎收获了许多客户的赞赏，他用青春谱写着自己对工作的赤诚。

【只要细心，其实不难】

在平日工作中，他善于总结和整理，举一反三更是平常。众人认为复杂的业务只要经过他手，都变成了“只要细心，其实不难”的业务，他多次自发学习对公、信贷、运营管理等不同岗位的知识技能。也是因此，他成了网点的业务能手。刚刚学习办理ETC业务时，紧张、焦虑的心情，客户的催促无一不成为一般员工战战兢兢的原因，几乎每一步操作都恨不得把正在打电话的他扒开让他指导。他每次都会耐心解答，为了缓解求助员工焦躁的情绪，他还会认真的告诫他们“客户越催，越要淡定”。【笔者点评：不动待机】

【保持初心，不能在日复一日的工作中懈怠】

一年的十二个月份都能见证他奉献的轨迹。现任黑石铺支行杨主任在提到李黎时，总会说起一个场景。周六上午，她来到网点加班，空荡荡的营业大厅颇有些懒散的氛围，每个人都在做自己的事，只有李黎一个人，标准地站在网点大门叫号机旁，双手握拳交叠在身前。当天本应是他轮休，但听到大堂经理有事外出后，他没有丝毫犹豫就主动来到网点，担起了大堂经理的职责。即使人很少，即使很枯燥，他也未曾有任何抱怨。2016年下半年，一位同事的突然离职让整个黑石铺支行陷入了空前的人员紧张状态。众所周知，黑石铺地处中南地区最大的冻库市场，对公业务多，零售业务更是繁重不堪。李黎主动从低柜弹性到高柜，现金业务多时，他是严肃认真的高柜点钞员；对公业务多时，他是细致踏实的低柜对公柜员；大堂客户嘈杂时，他又变成了井井有条、有问必答的大堂经理；主任外出走访时，他是有担当可依靠的网点副主任。为了网点的有序发展，同事间的和谐进取，他总是主动放弃自己的休假时间，一个电话就飞身来到网点加班，法定节假日时也从不例外。用他的话说就是：“我的目标就是为了让农行的明天更好，所以要保持初心，不能在日复一日的工作中懈怠。”【笔者点评：事上练】

【能者多劳，天道酬勤】

“能者多劳，天道酬勤”并不是说因为做得多而得到的多，而是因为认真付出了，贴心服务了，所以能收获未曾计较过的丰硕果实，李黎就是如此。在他眼里，所有的客户都是VIP。他在钢城担任低柜柜员期间，经常看到一众对公客户围着他的柜台，左一句“我的网银过期了”，右一句“我要对公开户”。那种滋味，直教人头昏脑涨。但他没有丝毫不耐烦，反而效率越发高地一边左手找到《电子银行业务申请表》，一边右手递出《对公单位开户申请书》，还不忘贴心叮嘱客户哪些地方需要盖章，哪些地方暂时不用填写。井井有条，整齐有序。客户焦躁的情绪也一一得到温柔安抚。不是没有暴怒的客户的，但面对这类客户时，他总能很快地引导客户按照规矩一步步来，而不是一味地体贴、道歉、安抚。因为他知道，客户真正需要的并不只是道歉，他们需要的是解决方法，是高效的执行力。所以他即使下班了，也会亲自来到客户家中为他们处理电子承兑汇票问题，也会不辞辛苦来到市场为他们上门安装机具。在他贴心的服务下，越来越多曾经对农行有抱怨的客户开始对农行刮目相看，主动将数百万的存款放在他所在银行。在今年春天行动打响的第1天，他的客户就爽快地购买了100万的保险。这是对他工作的肯定，更是对他服务的无言

支持。【笔者点评：不动待机，万物和】

李黎的事迹，会让年轻人去反思：不要总想着得到了什么，不要再着眼于当下的点滴得失，而要更多地思考自己究竟付出了什么……

李黎，无私奉献、认真学习、贴心服务。就是这样一位普普通通的银行员工，用他的真诚和奉献做好每一件事，给我们展现了银行人最踏实、最可靠的风姿。

【反思环节】：

1. 类似这个案例，你过去是如何做的？请写到下面。

____

____

2. 通过这个案例你学到了什么？

____

____

3. 你的反思是什么？

____

____

4. 你准备采取的改进行动是什么？

____

____

案例5-2

时间和硬件有限，静心思变天地宽

——网点行长杨迎红

环境差，挑战自我，不让服务质量水平随之落后

在外界看来，银行的工作环境是相对比较优越的。而对广大的客户而言，不仅需要银行能提供安全周全的环境“硬件”，更需要有舒心周到的“软件”。而由于区域发展水平的差异，对于环境“硬件”，上难免在同一家银行不同网点间有所差距。

2011年4月，杨迎红临危受命，从“高大上、白富帅”的高云支行调至“雨天一身泥、晴天一身灰”的钢城支行。面对网点工作环境的强烈反差，以及网点在地理位置上与同在钢城的另两家银行相比处于劣势状态的情况，刚开始她自己也是“一筹莫展”！所谓“观念一变天地宽”。当她静下心细心思考如何在钢城的三家银行中脱颖而出时，想到的是“当硬件环境无法改变时，就该从软件环境着手形成优势，而且这还是低成本的投入”！【笔者点评：勿执一念】

一次，杨迎红去一力社区外拓，一位社区客户满脸不屑直指她说：“你那个网点我知道，服务好差！”尽管只是个别指责，但客户的话还是深深刺到杨迎红心里，【笔者点评：自省改过】杨迎红清楚，让客户不满意的还有网点卫生环境。

回去之后，她马上分片划分卫生责任区，每天检查员工完成情况。为提高网点整体服务水平，自那以后，每次出去跑市场、跑客户，杨迎红都会做一件事，她把客户对网点服务评价的话记录下来，在次日晨会绘声绘色地表演给员工看。私下里，对相关员工严肃批评教育。

当想法化为现实的行动，到钢城支行来办业务的客户逐渐感受到网点的点滴舒心变化：走进大堂有工作人员细心进行引导；办理业务中遇到困惑有工作人员耐心进行讲解；办完业务离开还有工作人员贴心进行道别……服务质量水平的提升，使网点在钢城赢得了“好口碑”，也为网点业务开展奠定了良好基础。在杨迎红在钢城支行的将近1400个日子里，网点累计为近30万人次办理业务和提供金融服务，网点人员累计拜访客户1.5万人次，为新网点开展业务积累了大量有价值的客户。

时间有限，超越自我，真情待客做贴心保姆

多年的工作经历，特别是负责网点运营以来，杨迎红最大的感受是：建立良好的客户关系，关键是如何做到“急客户之所急，想客户之所想”。而此话说来容易做来难，更有“睡眠、吃饭、陪家人”等事情要占据一天非常有限的1440分钟。【笔者点评：致良知】

在杨迎红2011年接手管理“软件和硬件”均差强人意的钢城支行时，网点在“如何建立良好的客户关系”方面的问题尤为突出。从把维护客户关系当作是应尽的义务，到在维护客户关系中享受乐趣，再到真情待客做客户的贴心保姆，一路走来也是一段超越自我的历程。【笔者点评：致良知】

有位李爷爷是一个国营大厂的退休干部，平时来网点办理存取款，一来二往就和杨迎红熟络了，李爷爷向杨迎红透露了自己的一桩心事：原来老人因为老伴去世后在老家找了一个老伴，生活几年后，因李爷爷年纪大了，奶奶身体患病被儿女接回了老家，从此他和

奶奶天各一方，彼此思念却又无法相见，此事他与儿女提过多次，但子女们不是以老人的身体受不了长途颠簸为由，就是以自己的工作忙走不开为借口，始终没有达成老人的心愿。杨迎红知道老人的心事后，2015年底的一个周末，杨迎红在征得李爷爷家人同意后，利用难得的休息时间，自己驾车将李爷爷送回来了他魂牵梦绕的故乡，让李爷爷见到了他日夜挂念的老伴，圆了李爷爷的回家梦。李爷爷拉着杨迎红的手感动地说："你真比我的孩子还会心疼人！"由于以心换心，真诚服务客户，杨迎红在周围社区收获了一大批铁杆粉丝，当得知杨迎红生病时，大妈们总是热情地熬好滋补的汤给她送到网点来，杨迎红就是这样默默耕耘着，一年又一年，粉丝越来越多，当她因工作调到不同区域的网点后，她的不少客户依旧要找她理财和咨询。【笔者点评：万物和】

"只要客户来网点办理过业务，就是潜在有价值的客户，就是我应该自始至终真情对待的客户，就应该'急他所急、想他所想'，不论他以后是否还来网点办理业务。"这是她自己摸索出的如何将总行倡导的"客户至上、始终如一"观念更好地贯彻到实际工作中的心得。所谓"赠人玫瑰，手有余香"。真情待客换来的是钢城"社保老年客户和钢贸生意客户"两大类客户的忠实信赖。长沙5712厂的一位退休干部，体验到网点的贴心服务后，不仅把所有的业务转到了钢城支行网点来，还主动当起了网点在社区的义务宣传员，甚至在网点人流高峰期间会来网点引导分流。【笔者点评：万物和】

【反思环节】：

1. 类似这个案例，你过去是如何做的？请写到下面。

____

____

2. 通过这个案例你学到了什么？

____

____

3. 你的反思是什么？

____

____

4. 你准备采取的改进行动是什么？

____

____

案例5-3

以心相交，方能成其久远

2015年5月，我行一名金卡客户来我行进行咨询代理金业务，当时，客户经理经过耐心询问，了解到此客户对黄金市场十分关注，也对贵金属交易非常感兴趣，但自己以前从未做过这方面的投资与交易，仅仅在我行购买过二次理财产品。

客户经理非常重视和尊重来我行办理业务的这位金卡客户，但考虑实际风险情况，在与客户细心解说后，客户经理坚持而严谨地提出代理金业务的风险非常大，并主动打印出建行代理金签约协议书与风险评估书给客户做细致解说，解说后，语重心长地与客户说："周先生，了解到您的实际情况，我暂时不建议您开这个代理金业务，您看这样行吗？您先把我给您的这份资料拿回去，如果您看了后，了解深了，再把我给您的这些课件都看完了，也有把握了，我们再聊开户的事，您看可以吗？"【笔者点评：致良知】

我们本以为客户会为此生气，但对于客户经理语重心长的劝告，客户接受了。在接下来的两天时间里，客户经理在了解客户确想开通此业务后，帮客户开立了我行代理金业务。

2015年6—7月，客户进行代理金业务操作，总计亏损45万元，客户来到我行，起初以为客户会对我行严加指责，结果客户却告诉我们其亏损的原因与其炒金失败的全过程，语气中没有半点责备之情。了解到客户情况后，客户经理提出让客户加入到我行的专属服务群中，里面有一些与黄金相关的知识点、国际相关动态等，希望对其有一定的帮助。客户欣然接受，但客户经理还是再三强调：再全面的言论都只能作为次要的参考，一定要非常注意风险，希望客户区分投机与投资的概念。【笔者点评：责人向善】

行动后总结：

1. 客户经理对其进行了风险提示，换位思索客户真正想要的是什么，怕的是什么，要正视的是什么，从而从细节出发，为客户细心准备了资料，为客户提供更专业、贴心的服务，以客户为中心，而非以产品为目的。客户在半年的时间内，为客户经理所在网点创造20万产品买单，客户自己半年内净赚62万元，成为该行高端客户。

2. 此位客户经理以高度的责任感、悉心专业的服务、与时俱进的学习精神，用心、真诚地为其客户服务。他懂得换位思索客户想要的，也懂得分析客户的风险所在，从而提前做提醒，在与客户接触的过程中，他将他的客户当成了自己真正意义上的朋友，将与客户的关系长期而永久地维系下去。服务源于交心，服务学问深远。

【反思环节】：

1. 类似这个案例，你过去是如何做的？请写到下面。

____

____

2. 通过这个案例你学到了什么？

____

____

3. 你的反思是什么？

____

____

4.你准备采取的改进行动是什么？

____

____

案例5-4

留住客户靠细心

小宋是一名大家公认的挽卡之星。挽卡业绩一直名列前茅，每月可成功挽留600张左右的卡片，挽卡成功率超过50%，常常领先于第二名10到20个百分点，获得2009年信用卡中心“服务明星”的称号。她有什么秘诀呢？

要打消客户销卡的念头必须通过快速介绍卡片的特色服务及业务亮点来吸引客户，这就对挽卡专员的业务知识水平提出了很高的要求。小宋平时注意钻研挽留技巧，创新挽留方式和方法。她将业务知识分门别类，加强记忆重点卡片及其特色权益的业务知识，并将其融会贯通，付诸实践，跟踪效果。比如话术，她总是根据产品的相关权益，认真思考总结如何快速而清晰的表达，让客户理解并接受；她喜欢尝试多种表达方法，【笔者点评：勿执一念】根据不同类型的客户变换使用，从而提高话术的针对性和有效性。同时，小宋利用业务时间，将自己和同事的录音进行复听，并与其他挽卡专员进行探讨，分析成功亮点或不足之处，【笔者点评：自省改过】从而探索优化方法，力争在下一次的服务中尽善尽美。

丰富的业务知识是挽卡工作顺利开展的基础。汽车卡是我行重点推出的特色卡片，提供较多的特色权益与服务，因此相对容易挽留。小宋自己办理了一张汽车卡，充分体验所有相关的服务和权益，【笔者点评：心即理】并且善于发掘细节，找出容易引起客户不满的环节。同时，她更善于换位思考，通过结合自身案例给客户提出的解决建议，也更具有说服力。

苏州一位客户因为洗车点少且偏僻等问题而要求销户，小宋首先对客户进行安抚；“其实我家人也有汽车卡，您说的情况我和家人也讨论过。我行的服务还有很大的提升空间。”由于曾认真分析过各个地区洗车点的分布，因此她话锋一转：“但是，事实上在您的单位和住所附近，有多家我行指定洗车点，如果您前往那里洗车，将会非常便利。”然后结合自己的经验，根据官网公布的洗车点，建议客户怎样可以比较方便地享受最佳的洗车服务。在挽留过程中，她发现客户对其他增值服务有所忽视，【笔者点评：责人向善】并没完全发挥出该行汽车卡的优势，因此，她又详细地为客户介绍了该行汽车卡提供的车辆紧急救援服务、代办年检、加油优惠、积分换油、保险购买优惠及机场贵宾厅等增值服务，经过全面的讲解，客户被该行卡片的多种权益深深吸引了，从而打消了销户的念头。

在服务客户时，小宋能让客户明白该行已在现有的条件下提供了最佳服务；让客户相信，随着该行的发展，他们的服务水平将不断提高。

在工作中小宋不仅熟练掌握了业务知识和高超的服务技巧，而且在职业素质和工作态度方面也严格要求自己。她积极乐观的工作，用心把枯燥和单调的工作做得有声有色，努力把工作当成一种享受。【笔者点评：事上练】她微笑接听每一通电话，善解人意的表达带给客户信任感，容易让客户敞开心扉。她那种朋友式的沟通方式，对客户的不断肯定理解，让客户感受到被尊重、被认可。比如，查询到客户用卡时间很长，她会对客户表达谢意“非常感谢您长期以来对我行的支持”。如果来电当天是客户的生日，她便立即为客户送上生日祝福。于是，客户像对自己的朋友倾诉一样，告诉她销户的真正原因，如某次的服务不到位，产品权益没有达到预期水平等等，正是这些信息，对小宋有针对性地打消客户销卡的想法有极大的帮助。

行动后总结：

1. 突出产品亮点和服务特色来打消客户销卡的念头。

2. 运用亲身体验增强说服力。

3. 树立积极乐观、享受工作的心态。

【反思环节】：

1. 类似这个案例，你过去是如何做的？请写到下面。

2. 通过这个案例你学到了什么？

3. 你的反思是什么？

4. 你准备采取的改进行动是什么？

案例5-5

精致服务，让人心动

某支行是一个有30多名员工的单点型支行，作为城区支行，该支行不算大，但这里的服务让人耳目一新，可谓精品网点、精致服务。很多客户宁愿跑远一点也要到该支行办业务、买产品。今年前三个季度该支行个人业务KPI排名均居全市19个支行第一位，其中一半以上产品排名全市支行前5名。业绩的背后，是该行能主动换位思考，让小创意带来新变化。

大堂管理轮流“坐庄”

为深化“大堂制胜”策略，支行安排了两位大堂管理人员。一位面对正门迎宾，另一位站在大门边，面向柜台。当有客户光临时，负责迎宾的一位就上前打招呼，并带客户到指定场所办理业务。这时另一位马上顶替到迎宾的位置，两人轮流“坐庄”管理大堂，使大堂时时保持有人迎送的状态，避免冷落客户。两人手里还拿着文件夹，里面夹着各种空白凭证、理财宣传折页等，接待客户时随手就可以拿来让客户填，既节省时间又方便客户。

设立专窗提供特殊服务

该行专门安排一个窗口，配备一位责任心强的员工负责发卡等方面的业务。虽然其他三个窗口都可以办卡，但最终发卡的就这一个窗口。这样设置是为了避免出现客户申请办卡后不知什么时候办好卡、也不知道问哪一位柜员的状况。【笔者点评：心即理】而集中一个窗口发卡，办卡过程中每个环节都有人盯，每个环节要多长时间完成也能明确。从领卡到短信、手机银行、个人网银套餐的签约，教会客户使用卡片业务，让客户现场体验并愿意当场激活，可谓一条龙服务。这个窗口还有个特殊任务，就是“整合”客户的卡。现在很多客户手中都有几张基本用不到的废卡，这个窗口的柜员会帮助客户梳理，销掉不大用到的卡，最终整合后留下三张常用的：结算通卡、信用卡、理财卡，使客户皮夹“减肥”，精装上阵。

贵宾室里的流动“哨兵”

贵宾室安排两位员工，其中一位可以机动到普通窗口当班。业务忙时，两人同时同班，而不忙时有一位可以流动到普通窗口办理业务、营销产品或帮客户解决难题。【笔者点评：勿执一念，动态调整】由于与客户交流的机会多，进行产品营销的机会也多。

建立工作室提供专业服务

支行设立了XX工作室、XX工作室两个用员工命名的工作室，安排精干的客户经理为客户提供资产类和负债类业务的服务。工作室式服务既激励员工全力经营好自己的品牌，也体现出支行的专业性，更赢得了客户信赖。

安排停车位解决“前顾”之忧

如今客户到银行办理业务，停车是一个难题。为此，支行特地招了一位保安，管理支行大楼前客户的停车问题，做到客户未到，服务先到。【笔者点评：致良知】为方便管理，该行给客户发放停车卡，客户要到该行，可事先给客户经理打电话预约停车位。

体验室让客户体验增值服务

支行与健康保险公司合作，推荐客户购买一定数量的保险产品，保险公司在该行大厅设立一间健康管理体验室，并安排专人负责免费给支行指定的客户做健康管理体验，时间大约5分钟左右。客户在这里实实在在感受到支行的用心，体验到增值服务，还无形中“减少”了排队等候办理业务的时间，【笔者点评：勿执一念，一举两得】自然愿意到这里来办业务。

行动后总结：

1. 合理做好大厅分流工作，专人负责，轮流上阵。

2. 特殊服务设置专用窗口。

3. 有效利用停车位，提供预约服务。

4. 增值服务网点就可体验。

【反思环节】：

1.类似这个案例，你过去是如何做的？请写到下面。

____

____

2.通过这个案例你学到了什么？

____

____

3.你的反思是什么？

____

____

4.你准备采取的改进行动是什么？

____

____

案例5-6

切换心情的“黑脸守则”

“小韩，办完这笔业务后出来一下，我得跟你商量一下这事。”

“请您稍等。”

“快点吧，我还得赶紧去办呢。”

“下班后再说好吗？”

这是某支行柜员小韩当班时，其男友找她需当面商量事情时两个人在柜台内外的对话。

小韩为自己定下一套当班时间“黑脸守则”，并一直严格坚守：不接亲朋电话，不接待好友，个人物品从不带入工位……为了不耽误客户办业务，小韩硬是让她男朋友在外面等了一个多小时。一开始男朋友大为不解，两人闹出矛盾。但后来得知这是“守则”规定，且小韩多次获得“服务明星”，该支行多次被评为标准化服务示范网点时，其男友主动向她道歉并与她重归于好。

小韩今年25岁，进入支行工作仅五年便以精湛的业务能力傲立群芳——在近三年该省“神秘人”服务暗访中次次满分且还有加分，获得该省分行授予的唯一“年度金牌服务明星”荣誉称号。

工作中她不仅独创了上述的当班时间“黑脸守则”，还悟出了颇具特色的“情绪调整十分钟”：无论情绪多么低落，决不能把自己的情绪带到工作中，【笔者点评：不动待机，心平气和】当一个人的心情坏到极点时，一定会影响到对客户的服务；每每此时就找一个隐蔽的地方，跳绳、喊叫、转移注意力，利用十分钟的时间调整心态，再以饱满的热情面对客户。这种心态的调整法后来被支行采纳并取名为“情绪调整十分钟”，在全行推广。

近年来，该分行持续推进“优质服务系统工程”建设，开展“服务明星”“服务标兵”“服务先进”评选活动，激发员工服务热情，全行涌现出了大批服务明星以及独到的“服务法则”，小韩的“黑脸守则”“调整十分钟”就在其中。

行动后总结：

1. “黑脸守则”是一种爱岗敬业的表现，更是对自己工作态度的严格要求，有助于树立网点良好的形象。

2. 积极对抗不良情绪，用小方法“调整十分钟”，换个心情工作。

3. 优秀网点建设靠个人，每个员工都需要学会自我调节、自我约束。

【反思环节】：

1. 类似这个案例，你过去是如何做的？请写到下面。

____

____

2. 通过这个案例你学到了什么？

____

____

3. 你的反思是什么？

____

____

4. 你准备采取的改进行动是什么？

____

____

案例5-7

理财资格为中心，理财业务上台阶

优质的客户资源是银行发展的前提和基础。如何对优质客户进行开发和维护，是各家金融机构都在思考的首要问题。

在武汉某银行的个人理财中心，所有的理财人员都是行内的业务精英，绝大部分都是大学毕业后一直从事一线工作，对银行业务不仅非常熟悉而且工作认真细致、表现出色。

随着国际注册理财师进入国内，该理财中心的理财师们都参加了国际注册理财师的学习，不仅在专业知识和技能方面得到了更好的提升，在与客户的沟通和交流方面，也更能站在客户的立场着想。【笔者点评：心即理】该理财中心的各项指标在行里都是名列前茅。

该理财中心位于武汉市新兴的开发区，周边的大型小区较多，刚开始该中心在小区的影响还不是很大，特别是周边早已有中信银行、农业银行、光大银行等银行，存款形势并不是很好。针对这种情况，该中心通过对周边的调查研究，发现周边的小区是一个高档社区，有潜力的优质客户较多，于是决定从存款源头入手，大力发展VIP客户。【笔者点评：勿执一念】该中心首先在网点内制作张贴了“乐当家理财”的宣传海报，介绍了成为该行VIP客户可享受到的差别化服务。同时，积极与小区物业联系协商，在每栋楼的固定宣传栏里张贴该行最新的产品宣传海报，并在去年年初的时候联合出纳、卡部、房信等部门，在小区中心位置搞了一次大型的社区营销活动，反响热烈。通过这些措施，该行迅速扩大了影响，树立了形象。随之而来的是存款业务量激增。【笔者点评：万物和】

高兴之余该中心又在考虑新的问题——现在客户有了，如何留住客户？唯一的办法就是提高服务质量。于是“争做明星柜员”的活动热烈开展起来，该中心在大堂悬挂起“社区银行，您的银行”横幅，大力开展家园文化建设，使每个来网点办业务的客户都有一种回到家的感觉。每个员工以身作则，对客户面带微笑，热情服务，对客户的问题耐心讲解，百问不厌。对待VIP客户，服务细致入微，站在客户的角度讲解产品的特点及功能，深受客户的好评，并且和许多VIP大客户建立了深厚的友谊。【笔者点评：万物和】通过大家的不懈努力，该中心的VIP数量和存款余额有了较大幅度的增长。当年该理财中心的综合贡献度在分行排名第二，成为分行系统内的明星网点。

去年该中心策划、组织了多次大型营销活动。还数次深入一些高薪企业，进行理财讲座。在这些活动中通过对该行理财理念的宣传和产品的营销，提高了该行理财品牌的知名度，扩大了影响。特别是在大客户答谢会上的主题演讲，反响热烈。会后有多家企业的领导前来咨询该行的理财产品和服务，并推荐了多名优质客户成为该行忠实的VIP客户。

在维护大客户方面，以感情为纽带，以产品为工具，十分注意客户关系的维护。凡事都从客户的角度考虑问题，注意细节。一次偶然的机会，当工作人员得知一名VIP客户的父亲病重的情况后，主动前去看望并多次打电话问候，客户很感动，在她父亲去世后，将父亲近100万元的遗产全部转存在了该行。【笔者点评：致良知】类似这样的事情还有很多。

当然理财中心并不满足于现状。在维护现有VIP客户的过程中，还要深度挖掘客户潜在需求，加大产品营销力度，提高存款质量；深度挖掘潜在VIP客户，扩大该行个人理财业务在高收入人群中的知名度；加强公私联动，与对公业务部门合作，充分发挥对私业务的优势及特点，抓住企业中高收入人群的理财需求，增加企业对该行的忠诚度。

行动后总结：

1. 扎实的业务知识，为个人理财工作打下坚实基础。

2. 网点营销凸显个人能力，个人理财带动存款增长。

3. 客户维护重在方法，小投入大产出成效显著。

【反思环节】：

1. 针对该案例，你过去做了哪些工作？请写到下面。

____

____

2. 通过这个案例你学到了什么？

____

____

3. 你的反思是什么？

____

____

4. 你准备采取的改进行动是什么？

____

____

案例5-8

新支行，用“心”计

优质的服务是一家银行的核心竞争力所在，也是一家银行成功的关键因素。我们的服务水平、服务质量是留给客户的第一印象，在一定程度上决定了客户是否愿意把自己的资金交由我们代为保管。

作为一家新建支行，怎样才能让周边的邻居知道XX支行，走进XX支行，从而更进一步了解兴业银行的产品，享受兴业银行优质、便捷的服务呢？要让客户走进来，我们就要先走出去。【笔者点评：自省改过】

前期，在分支行领导的带领下，支行上下利用休息时间外出宣传活动；后期，支行以业务二部为主，建立宣传小分队，根据周边居民的生活习惯、年龄特点、工作性质的不同，进行分时段、分重点、分区域宣传。真正做到客户在哪里，我们的热情服务就在哪里，真切地让居民感觉到我们的热情和诚恳。功夫不负有心人，经过一段时间的大力宣传，现在很多居民看见我们就亲切地招呼说：“来啦，我去你们那里办业务了，你们大厅的小姑娘服务真不错，不仅热情还特别周到。”

我们在外出宣传活动中还结识了一位大姐，她曾与我们多次碰面但还没有来我行办理过业务。有次，家里电脑坏了，她打电话给电脑城，想让他们上门给维修。电脑城张口就要200块钱上门费，且维修费还要另算。那天正好我们的宣传小分队在她居住的小区里做宣传，她就咨询我们有没有熟悉电脑的，能不能便宜点。当时我们小分队成员中就有一个电脑水平比较高的，立即就跟着这位大姐回家进行维修。【笔者点评：致良知】经过几个小时的努力，这名员工把电脑修好了，在准备回来的时候，大姐一定要给他工钱。员工放下钱，亲切地对大姐说，“大姐您要真感谢我，多去我们行办业务就成了。”没过多久，这位大姐把她自己和她爱人，还有女儿的所有存款都存入了我行。

刚开始时，开展宣传活动只是对周边小区挨个走访。后来经过更深层次的挖掘，我们和周边多个街道居委会建立了良好关系。比如，10月1日，附近居委会举办国庆联欢会，我们精心自制了兴业银行产品——国庆贺卡，受到了大爷、大妈的欢迎。我们的员工先后往返于支行和演出会场三次赶制贺卡。我们自创的“兴业欢迎您”歌曲表演更是受到社区大爷、大妈们的高度评价。该居委会在举办2014年的新年大联欢活动时，主动邀请我们参加。我们自编自演的兴业产品介绍“三句半”也收到了极好的效果，以至于演出完毕后，每个员工都被居民热情包围着，咨询我行产品。【笔者点评：万物和】有位大妈激动地拉着我们一个员工的手说道：“就需要你们这样为我们着想的银行，以后我去办业务就找你了。”看来我们的付出初见成效了。

为了更好地融入周边居民的生活圈，经过多方调查，附近居民对我们的“国球”非常感兴趣。很多小区都有自己的乒乓球活动中心。为了更好诠释“服务源自真诚”的服务理念，【笔者点评：事上练，理念都要靠行为去落地】我们聘请原国手作为周边小区的场外指导，在活动中心建立服务站。打累了，喝口“兴业人”准备好的茶水，听听兴业银行的产品介绍，已经成为他们的一种生活习惯。在同事们的共同努力下，XX支行已经成功举办两届“兴业银行杯”乒乓球邀请赛，在周边小区中树立了良好的口碑，并取得了非常好的营销效果。

业务量增加后，后期跟进工作接踵而来，我们利用绩效考核系统和贵宾客户服务系统，根据客户存款量、业务品种的需求进行细分，做到每个阶段的客户都有专门的营销模式，每个业务品种都有专门人员进行辅导。每到重大节日和客户生日的时候，我们都要精心地为贵宾客户准备礼品，并亲自送到客户手中。【笔者点评：心即理】此外，我们还积极联系支行周边某体检中心，争取到了该体检中心的一批免费体检卡，免费提供给那些暂时没有达到黑、白金卡级别的潜力客户，让这些客户也享受我行的贵宾服务，从而让他们支持我行，信赖我行，最终成为我们真正的贵宾客户。

行动后总结：

1. 要让客户走进来，首先我们应该走出去。
2. 外宣工作，必须做到小区居民心中　。
3. 客户营销工作根据客户存款量、业务品种细分，专人负责跟进。
4. 特殊的日子，精心为贵宾客户准备有意义的礼品，对客户以心交心。

【反思环节】：

1. 针对类似该新建支行服务营销的案例，你过去做了哪些工作？请写到下面。

____

____

2. 通过这个案例你学到了什么？

____

____

3. 你的反思是什么？

____

____

4. 你准备采取的改进行动是什么？

____

____

案例5-9

服务好客户，不忘警惕心

去年7月，县支行三门分理处成功堵截了一起以“账户存在洗黑钱嫌疑”为由的电信诈骗，为客户挽回了至少5万元的经济损失。

当天下午4点30分左右，一名年轻女子走进网点，表示要办理一笔50000元的无卡存现业务，期间还在不停接电话，该女子用普通话与对方交流，沟通中对方表示要女子迅速将钱汇过去。

该分理处主管了解情况后，告诉该女子对方存在电信诈骗的嫌疑，并提醒若对方是自己不熟悉的人，千万不可轻易地将钱汇给对方。但该女子并没有理会，而是将汇款单填好后，直接走向柜台，示意柜员要将钱汇给对方。

此时主管将情况与受理柜员周某进行了交流，凭借职业敏感性以及多年经验，立马断定这是一起电信诈骗。在交谈中，该女子表示这笔钱是汇给远房亲戚用以支付购房款。

周柜员当即指出其中的矛盾所在：如果对方是远房亲戚，为何要用普通话来进行交流呢？【笔者点评：心即理】又为何需要寻问对方的开户名称呢？该女子支支吾吾地答不上来。周柜员见女子出现动摇后，遂开导女子，并晓之以理，动之以情，【笔者点评：责人向善】仔细地为其剖析骗子的诈骗方式。

期间，骗子再次打来电话并催促女子，周柜员当机立断表示要求接听骗子电话，此时骗子感觉情形不对，便立即挂断了电话，当该女子再次回拨电话时，电话就一直处于无人接听状态。此时该女子才恍然大悟，意识到遭遇了电信诈骗，道出了实情：骗子自称为公安机关，并准确地报出了女子的姓名、出生年月，以及身份证上的住址，告知该女子的账户存在洗黑钱的嫌疑，要想摆脱嫌疑，就要先汇款50000元到指定的“安全账户”上，在“安全账户”上存放一星期后这笔钱就会自动解冻，返还到女子账户内，并威胁女子不能将此事告知任何人，否则立马会有公安机关人员来逮捕她。

事后，该女子对周柜员为她资金安全着想的服务态度和工作的专业性表示了高度的赞扬，并当场将50000元存作了三年定期存款。

行动后总结：

1. 用现身说法的形式，引导客户加强自身风险防范意识。

2. 柜员认真负责的工作态度以及较强的职业敏感性。

3. 风险防范无处不在，不仅包括对内，也包括对外。除了注重自身风险意识的增强，还要注重引导客户增强风险防范意识。

【反思环节】：

1. 类似该案例，你过去做了哪些工作？请写到下面。

____

____

2. 通过这个案例你学到了什么？

____

____

3. 你的反思是什么？

____

____

4. 你准备采取的改进行动是什么？

____

____

案例5-10

诚心服务，无“心”营销

与往常一样，大丰支行的杨经理正在营业大厅协助大堂经理进行客户分流。这时，有一位身体微胖的男性客户急匆匆地走向大厅自助设备区，出于职业习惯，杨经理径直走近这位客户。

从询问中得知，这位客户姓黄，黄先生想将自己农行卡里的30万转到它行外地卡中，在进一步询问中了解到黄先生是位个体户，这30万是货款，需要当天到账，对方才答应发货。

为更好、更快地为黄先生办理转账业务，杨经理在超级柜台上为其开通了电子银行业务，将黄先生带到自己的办公室进行电子银行激活操作，并成功为客户办理了转账业务，送走了满意办完业务的黄先生。在本应该挽留客户存款的时候，杨经理考虑到客户需求，为客户选择了最便捷、最实用的电子银行。【笔者点评：心即理】

事情过去了一个星期之后，黄先生再次来到大丰支行，径直走到杨经理办公室，在简单的寒暄后，杨经理了解到黄先生如今已经能很熟练地使用电子银行办理业务了，这次来的目的是因为经常看到掌上银行的理财板块，有点兴趣，但是自己却不了解，想起上次杨经理热情的服务，于是怀着忐忑又好奇的心情来到大丰支行，咨询关于理财的业务。其实，上次为黄先生办理电子银行之后，杨经理发现黄先生是我行的潜力客户，办理业务种类相对较少，当天在自己的工作日志上就记下了一笔，提醒自己注意客户维护。【笔者点评：自省改过】

通过与黄先生十几分钟的谈话，杨经理了解了黄先生的基本财务状况后，并让其填了一份风险承受能力调查表，杨经理向其推荐了一款30万的适合黄先生接受范围的短期理财产品。因为是初次购买理财产品，杨经理了解这类客户的担心，通过使用金融计算器为黄先生算了算预期的收益，并在自己的客户档案组里为黄先生建立了一个理财提醒页面，将自己的联系方式留给了黄先生以便联系。

过了一段时间，通过理财提醒页面，杨经理及时地对黄先生进行了一次电话回访，并提醒对方可以在到期日到网点进行产品赎回。一来二往，经过三个月的时间，黄先生在理财方面的认知也不再是简单的定期存款和国债了，理财产品使他的收益比以前多了很多，同时他也更加信任杨经理了。有时他会和妻子两人一起来到支行办理业务，购买理财产

品。【笔者点评：责人向善】

由于黄先生是从外地搬来这座城市的外地人，夫妻两个人朋友很少，黄妻和杨经理建立起了真挚的友谊。平时有小事大事都会和杨经理聊，一起打球、一起跳广场舞，有时碰到紧急事情需要帮助也会打电话给她，每次杨经理都并没有因为非工作而拒绝或者敷衍她。【笔者点评：致良知】

在一次聊天时，黄先生问道，听说银行都有抵押的固定资产拍卖，自己在外地的还有些存款，想做些固定投资，问杨经理是否有什么消息。通过这段时间的接触，杨经理才发现自己维护的客户不仅是优质客户，还是一位私行级优质客户！黄先生已经持有300万的理财产品，还有从它行陆陆续续转过来的流动活期存款200万。杨经理向黄先生解释到，目前还没有听到过这方面的消息，不过一有消息，一定会通知他。

几天之后，黄先生从外地转了1000万到支行，打电话给杨经理，希望她给予自己一些理财建议。

行动后总结：

1. 以十分的服务维护客户，不以产品为导向地进行客户营销。
2. 她营销的不是产品，而是服务。
3. 服务转型，赢在大堂，在如朋友般的关系中进行。
4. 厅堂管理及时、不功利。

【反思环节】：

1. 类似该案例，你过去做了哪些工作？请写到下面。

____

____

2. 通过这个案例你学到了什么？

____

____

3. 你的反思是什么？

____

____

4. 你准备采取的改进行动是什么？

____

____

案例5-11

服务从内心开始　信任从细节建立

小陈之前是一名乡镇网点的小柜员，每天接触的都是叔叔阿姨辈的，他们有人待她如孩子，也有人对她持有强烈的怀疑。我行与保险公司一直有合作关系，也相应推出了很多的产品，然而我们很多员工在与客户营销时，都忽略了产品的某些弊端，导致引起了许多误会，因此在我们网点出现了一个奇怪的现象：很多之前购买过保险的客户对保险都避之不及。

2015年一季度，保险公司推出了“开门红”特别产品，该产品是储蓄型保险产品，到期一年便可支取，并相比当时的银行存款，利率更高，是一款对银行、对客户双赢的产品。产品自推出便受到客户的热烈欢迎。

这天，一位叔叔来窗口办理定期存款，而且金额比较大，小陈跟往常一样向他推销我们这款产品，小陈以为他会像其他客户一般欣然接受，然而并没有，他直接拒绝了。

起初小陈以为是不是这笔钱临时需要用，因为这款产品虽然可以一年后支取，可是最低保证要存足8个月才能提前支取，他又摇摇头，小陈想客户可能不够信任他，当时客户很少，小陈便跟这位叔叔聊起了家常，【笔者点评：不动待机】小陈说：“叔叔看起来跟我爸妈差不多年纪，家里孩子应该也跟我差不多吧，都在哪上班呢，是不是考虑到要买房子呢，如果要准备要买房，这可是家里的大事，还是存定期会比较灵活一些。”

叔叔看小陈态度很诚恳，也终于放下戒心，跟小陈聊了起来，说家里孩子的房子都已经买了，这点钱就是他们的养老金准备，他之所以不愿意存保险，主要是担心保险公司，前几年他们也存过一款保险公司的产品，当时说满三年可以支取，可是最后拖了五年才取，所以不敢再买保险公司的产品。

了解到真相后，小陈才恍然大悟，笑着对叔叔说：“原来是这种情况，那您大可放心，【笔者点评：心即理，理解客户心中的真实想法，再做比较】之前可能是销售人员没跟您说清楚才导致了这种误会，可是这款产品您可以放心，在我们的合同上都清楚说明了可以支取的时间跟支取时的利息，我们的利息都是固定的，也不会产生争议，我现在便可以帮您算一下，也可以对比一下其他产品的利息。”

最后小陈还详细地跟这位大叔解说了各个产品的特点与适用性，因为每个产品都有其各自的优势与劣势，最重要的还是要选择一款能满足个人理财目标的产品，大叔终于被小陈的真诚打动，放下芥蒂，选择了这款产品。

临走前，大叔说："小姑娘不错，人很真诚，我是因为相信你才选择相信这个产品。"

这件事给小陈的触动很大，起初她或许并没有抱着一定要把这款产品营销出去可以拿到更多的提成的想法，而是把客户当朋友，当亲人，发自内心地为客户考虑，用最好的服务赢得客户的信任，为客户做最好的理财规划，小陈想，这才是一名银行人，更是一名理财规划师最最需要的品质吧。【笔者点评：自省改过】

行动后总结：

1. 对比产品优劣势，找出吸引点。
2. 营销自己，跟客户做朋友。
3. 分析客户排斥的真实原因，寻找突破口。

【反思环节】：

1. 类似该案例，你过去做了哪些工作？请写到下面。

____

____

2. 通过这个案例你学到了什么？

____

____

3. 你的反思是什么？

____

____

4. 你准备采取的改进行动是什么？

____

____

案例5-12

只有付出真心，才能赢得真心

客户黄某，在县城经营一家大型电器超市，一直是我行的贵宾客户，但资产留存总是不多，经了解，客户的主要资产并不在我行，因电器供应商的账户开在其他银行，黄某的资产也主要在他行，在我行的几十万资产主要存定期。客户经理小邹曾多次和黄某沟通，希望他能将其他行资金转存我行，但黄某说转过来以后向供应商汇款不仅需要手续费，而且比同行转账麻烦很多，遂一直拒绝。见黄某态度坚决，便不再提起转款一事。【笔者点评：不动待机】

2014年10月，正值市分行为高端客户筹备体检活动，通过和市分行沟通，小邹考虑到黄某潜力较大，在黄某没有达到相应级别的情况下，还是为其申请到体检名额一个，正想通过体检活动加强与客户的联系，不料客户回复说已在他行享受了免费体检，客户跟踪又一次陷入僵局。

2015年4月的一天，小邹接到黄某的电话，问能不能马上取50万现金，他的货铺急用。小邹查看库存，最多能取30万元。但小邹还是回复他说："没问题。"黄某说："那好，20分钟之后，我来取钱。"小邹马上联系我行其他网点，看是否有现金库存，联系到一个网点后，小邹把自己准备买理财的20万现金取了出来，存到自己的网点，【笔者点评：勿执一念，本不容易解决的事，被化解】几分钟后，黄某到了网点，小邹为他办理了取款的手续，他连说谢谢，欣然离去。（后来了解到，黄某先致电他行要求取款50万元，可是对方说没有预约，办理不了，后来才打电话给我行求助，本以为取不到现钱，但小邹却顺利为他解决了，他很感动和满意）【笔者点评：致良知】

后来，我行又通过高端客户养生讲座的活动加强了与客户的联系，黄某对我行的认可度慢慢得到提升，并将他行资金转100多万过来。但是主要结算和资金还是在其他行，黄某直言不讳地说："我不是不愿意把所有的钱转过来，关键是我转过来，打款不方便，而且还需要手续费。"考虑到客户最大的疑虑还是在手续费上，小邹随即向上级行反映了这个情况，可是因为客户在我行的级别不够，没办法享受免手续费的优惠，客户跟踪停滞不前。

2016年，我行的系统升级上线，新增了客户白名单功能，我们马上为黄某申请了白名单，【笔者点评：不动待机，一动即成】这样，客户可以享受3个月手续费减免的优惠服务，考虑到3个月后就要取消优惠，我们马上做工作，要他把主要资金转到我行，提升在我行的客户等级后，就可以继续享受优惠，通过这个契机，客户的主要资产转到了我行，目前黄某是我行稳定的高端客户。

行动后总结：

1. 及时为客户解决现金难题，赢得客户的好感。尽管跟踪一度受挫，仍然不放弃机会，通过活动加强和客户的联系。

2. 有好的产品或优惠活动及时告知客户，解决了客户的顾虑，也让客户感觉受到尊重。

3. 想客户之所想，急客户之所急，客户可能不在乎锦上添花，但是一定记得雪中送炭。对客户的维护和跟踪是持续的，不能因为一时受挫，就放弃，应该持之以恒。

4. 真诚待客。活动是很好的纽带，有助于找到共同话题，加强客户联系。

【反思环节】：

1. 类似该案例，你过去做了哪些工作？请写到下面。

____

____

2. 通过这个案例你学到了什么？

____

____

3. 你的反思是什么？

____

____

4. 你准备采取的改进行动是什么？

____

____

案例5-13

以铜为镜知兴替，业精于勤荒于嬉

私人银行专家顾问服务，是为了充分发挥我行内部具备各种特长的“能人”们的作用，支持私人银行业务的发展而推出的一项特色业务。我行青铜器专家冯顾问说：“我是总行聘请的青铜器专家顾问，在多年客户维护的实践中，我深深认识到：作为私人银行专家顾问，要对客户需求顺势而为，而其中赢得客户信任最为关键。”

私宅鉴宝逞眼力，铜镜为媒说产品

青铜器作为中国古代文明的一个高峰，深受全世界瞩目；铜镜作为青铜器中一个存量较大的门类，因为其制型规范、图案精巧、铭文瑰奇而备受世人关注。

冯顾问的朋友T君，供职于事业单位，朋友圈极广。闲暇之余，常常喜欢购买青铜类的文玩。他们认识10余年，常常聊天，时间久了冯顾问觉得T君虽然喜欢，但是圈子里的朋友多是古玩商，说话云山雾罩，所售卖铜镜、铜器真假混杂，因此感觉T君始终未得收藏精要之道。

冯顾问正考虑怎么将T君引上正确的收藏之道时，机会来了。某天T君邀冯顾问到他的府上欣赏他拟买下的几件铜镜。冯顾问上手一看，认为这几个镜子都没问题，是汉代的，但都有修补，是精修，外行基本看不出来。【笔者点评：致良知】从价格上说修补品较全品铜镜是大打折扣的。

冯顾问指出修补位置、把看法与T君一说，他不相信，说：“卖我东西的也是老朋友，眼力很好，不会骗我。”于是冯顾问说：“您医院有朋友吧？把这几件铜镜拿去，拍X光片，如果我说的有误，我主动从您朋友圈消失。”T君将信将疑，但仍去拍了X光片。没出医院就给冯顾问打电话：你的眼跟X光机一样厉害……

从此，T君把冯顾问作为第一知音，问他收藏知识；时常将冯顾问推荐给他的朋友，为冯顾问介绍了很多机构类客户和企业客户。冯顾问也适时把公务员卡、基金、理财产品等介绍给他的朋友们。他们的交往非常融洽。

把握商城众人脉，整体营销有成绩

SD是文化大省和文物大省，因此文化市场遍布每一个城市。ZB作为齐文化的发源地，更是荟萃了历代文物，仅在中心城区，就有5处文化市场出售各类文玩藏品。其中某文化市场，商铺众多，商品品质较高，在国内享有一定的知名度。

冯顾问作为一个有20多年“票龄”的文玩票友，是这里的常客。在与商家的交流和闲谈中，常常被问及你们农行的转账电话怎么申请办理？你们那个透支卡怎么办理？你们什么样的贵宾卡能在ZB火车站享受贵宾厅待遇？

被问多了，冯顾问觉得这里的商家基本是同样的需求，可以进行整体营销。于是和市场附近一家分理处的主任合计了一下，针对贷记卡、网银、转账电话、POS机进行营销。冯顾问首先找到市场办公室，想了解各家商户情况，却被告知市场的商铺基本全部出售，经营者与所有人大多不是同一个人，情况掌握不全。

于是冯顾问与分理处主任挨家营销，【笔者点评：事上练】从熟人开始，从熟悉的几家售卖钱币铜镜的商家开始，逐家扫店，推销电子产品。营销效果不错，短时间内，具备条件的客户便全部开始使用贷记卡、网银、转账电话、POS机等产品。到现在几家规模较大的商家已经达到白金卡的条件，贷记卡额度也屡次提升。

目前由于市场疲软，部分商户闲置资金不敢贸然入市，冯顾问在逛市场之余，与商户们交流本利丰、天天理财、基金等产品，提高商户资金收益，深受商户欢迎。

开诚布公待客户，提示风险防损失

ZB某上市公司，规模大、发展稳健、资金丰裕，多年来一直是由农行扶持发展，银企关系较好。但近年来由于小股份制银行的渗入，我行业务份额有所下降。冯顾问与该企业董事长、财务总监也认识多年，与该企业财务总监曾经谈到过收藏品市场的一些情况。

2012年上半年，ZB某艺术品投资公司因涉嫌非法集资，引发资金链断裂，在当地政府有力疏导下，并未上升为群体性事件。由于涉及金额巨大，公安部门将该公司艺术品如数封存，准备变现后兑付集资款。该公司旗下原有一家私营博物馆，藏品丰富，其中古代钱币孤品、精品比例很高，整体展藏品估价上亿元。因此政府部门拟将该博物馆藏品整体转让，作为偿还集资的重要资金来源。

众所周知，2012年我国实体经济已经出现下滑态势，大部分企业资金吃紧。因此，能够从流动资金中抽出上亿元闲置资金购置艺术品的企业少之又少。该上市公司由于资金丰裕，成为当地政府拟打包出售对象，各路领导轮番游说，大谈该宗馆藏品的珍贵与增值潜力。

2013年的一天，该董事长突然打电话给冯顾问。因为算是熟人，所以开门见山。问：XX博物馆的东西你看过没？冯顾问答曰：看过。

问：怎么样？

冯顾问回答：很好。

问：可接盘否?

冯顾问反问：您要开博物馆?

答：否。

冯顾问反问：那就是要待价而沽，搞投资？有没有长期关注艺术品市场?

答：有这个打算。没关注过艺术品市场。

于是，冯顾问为该董事长分析了艺术品市场的下滑趋势，并详细说明了收藏品的变现难度，提示这笔交易的风险。不到1年的时间，艺术品市场急剧下滑，商品成交价较高峰期下滑40%以上。

再后来该公司财务总监见到冯顾问说：“你厉害，一个电话，让我们少损失几千万。”冯顾问说：“就是，农行人实在，没有花言巧语，你赶紧把钱都放农行来，我给你看着！”后来在全行各部门努力下，该企业在我行份额大有提升。

文玩市场的兴衰还是遵从那句老话：兴于百业之后，衰于百业之前。目前的文玩市场，除个别门类尚且能支撑价格和成交量，大部分商品价格均惨遭腰斩。也有很多商户关门大吉，商户跑路的不在少数。前几年手里有点钱，大肆收藏的企业家，很多人在偷偷地低价抛售藏品；甚至国内知名的某青铜器研究会长，也因资金链断裂，将藏品折价抵押给别人。以目前国内经济的发展前景，冯顾问判断三五年内文玩收藏品市场整体上很难有大的起色。在这种市场情况下，冯顾问觉得我们私人银行专家顾问不要再高谈某些藏品的增值潜力，不要随意推介藏品，而要提醒客户收藏确实有风险。同时，私人银行兼职专家还需要担负起一项额外的工作，即利用自己的渠道，在合适的机会下，以合理的价格，帮助资金困难的客户将藏品变现，实现客户主业的正常经营。但这句话，说起来容易，做起来很难：一是有些客户对藏品打心里喜欢，难以割舍。二是折价售让，心里总是不爽的。但市场就是这样，所以必须告知客户，要自觉面对现实，服从市场规律。【笔者点评：责人向善】

行动后总结：

1. 业精于勤荒于嬉，行成于思毁于随。
2. 从专业的领域对市场进行分析，以真心实意的专业态度服务客户。

【反思环节】：

1. 类似这个案例，你过去是如何做的？请写到下面。

____

2. 通过这个案例你学到了什么？

____

____

3. 你的反思是什么？

____

____

4. 你准备采取的改进行动是什么？

____

____

案例5-14

多一份关心，多一份保障

故事主人公小侯是入行两年多的研究生，这一年，她被派到了城区支行的一个乡镇网点良田支行进行轮岗锻炼。2015年10月份的一个阴雨天，良田支行同往日一样照常营业。小侯正值大堂经理的班，在大堂有序地引导客户、指导客户填单办理业务，分流客户到自助机具上进行存取款、转账等业务。

下午四点多的时候，网点临近下班，小侯在大堂听到自助服务区那边传来一个妇女打电话的声音，声音有点急促，像是在给对方转账，小侯凭着职业的敏锐性，快速地跑到了自助服务区，一看客户正在使用ATM机英文转账界面汇款，已经到最后确认的一步了，来不及向客户解释了，小侯凭着专业的本能帮客户快速点击了Cancel（取消）键，【笔者点评：心即理】客户疑惑地望着她，小侯帮客户取出银行卡后，才慢慢地跟客户解释："您知道您刚刚在操作什么吗？您认识ATM机上的英文吗？"因为小侯知道这是在一个乡镇网点，学习过英文的本地人不多，且客户完全没有必要使用英文界面进行转账。客户一脸疑惑地回答："我农村出来的书都没读几个，更别说认识英文了，我是在ATM机上连接市财政局的系统呀。"这反倒把小侯说糊涂了，咱们银行的ATM机还能连接到市财政局的系统？这让她更加确定客户被骗了，小侯将客户拉到一旁，耐心地听客户慢慢地解释，原来这位客户姓吕，前不久刚生了个儿子，中年得子，一家人都非常开心，前几天接到一个自称市计生委的电话，说国家为了鼓励优生优育，对优生优育的家庭可以补贴8000元，让吕姐尽快申请，然后到银行ATM机上连接财政局的系统，财政局会将8000元补助资金转到其银行卡上，今天是截止日期。对方让吕姐到银行后尽快给他回电话，他会教她如何在ATM机上连接财政系统。就这样，吕姐按照所谓的“计生委工作人员”的提示一步一步地进行转账操作，将自己账上的15000元转给对方，而吕姐完全不清楚自己在操作什么。当吕姐被告知自己是在使用ATM机的英文界面给对方转账时，直冒冷汗，庆幸地说道：“小妹子，今天幸好是碰上你，反应迅速及时，不然我这血汗钱被别人骗走了都不晓得呀，现在细想哪有这么好的事呀，骗子真是狡猾啊。”吕姐连声感谢，小侯说道：“这是我应该做的，保护客户的财产安全是我们的职责，希望您日后多留个心，多些警惕性，识破骗子狡猾的骗术。”最后，在征得客户的同意后，小侯协助吕姐将骗子的电话号码及骗术告知了良田镇派出所的工作人员，以防更多的老百姓上当受骗。

几天后，吕姐在丈夫的陪同下，提着20多万的现金来到良田支行找到小侯存定期，吕姐说，她把其他行里的钱都取来了，以后有钱了都会存到这里，存在这里他们一家都放心、安心。

行动后总结：

1. 以银行工作人员高度的敏锐性和专业性保护客户的财产安全，赢得客户信赖。
2. 很真诚地对待客户，向客户普及防骗知识。
3. 可以教育启迪更多的人，增强他们的警惕性，防止客户上当受骗。
4. 厅堂管理及时，警惕意识强。

【反思环节】：

1.类似这个案例，你过去是如何做的？请写到下面。

____

____

2.通过这个案例你学到了什么？

____

____

3.你的反思是什么？

____

____

4.你准备采取的改进行动是什么？

____

____

案例5-15

善心常有，客户常在

年底的一天，张某正准备关上分理处的大门按时下班，一个人急匆匆地跑进营业厅，就近一看，原来是网点附近的徐大叔。他焦急地解释：父亲被摩托撞伤送进医院，急需2000块钱交住院费。张某一听，这可怎么办呢，钞箱已经运回市里了，钱根本取不出来。看大叔急得满头大汗，总得想办法帮帮他吧！张某翻包一看，自己带了卡，里面还有1200块钱，那就先借给徐大叔应应急吧！张某拿出钱，对大叔说，这个钱先拿去应急，剩下的自己再想想办法！徐大叔很感激，双手颤抖着接过张某递过的钱，然后郑重其事地把他的存折交到张某手里："张会计，真不知道怎么感谢你！存折先放你这儿！"第二天一大早，分理处还没开门，徐大叔就赶过来在外面等着还钱。后来，徐大叔逢人就说起那次取钱的事，直夸：农行的员工就是仁义，钱存农行放心！【笔者点评：致良知】

又是一个很普通的日子，一位中年妇女拿着未到期的12 000元定期存单到网点来办理提前支取，张某在为她办理完业务后十分钟，该客户又来到柜台前，把钱和手机递进来说要按照短信上的卡号汇过去。张某翻开短信，因为发现发信人和收款人的户名不一致，感觉有些不对劲。张某仔细询问客户事情的原委，才得知该客户昨天接到一个陌生人打来的电话，对方自称是她的侄子，回家的途中被警察抓了，不敢告诉父母，请求姑姑帮忙汇一些钱过去。听完客户的述说，张某果断地提醒客户可能是受骗了，并让客户马上按短信的号码拨打过去，让她"侄儿"说出他父母的名字，对方支支吾吾，后来直接挂了电话。骗局因此被戳穿。这个客户感激不已，把存在建行的钱全部转了过来。【笔者点评：心即理，凭直觉识破骗局】

行动后总结：

1. 日常工作中极其普通的小故事能折射出一个员工的专业和素质。

2. 有时候服务没有目标，但是达成目标却因为服务而变成现实。

3. 真心的付出才能赢得客户的尊重。

【反思环节】:

1. 类似这个案例，你过去是如何做的？请写到下面。

____

____

2. 通过这个案例你学到了什么？

____

____

3. 你的反思是什么？

____

____

4. 你准备采取的改进行动是什么？

____

____

案例5-16

服务得欢心　专业获回报

4年前，客户陈总还是一位零售商户，经常提着大把的零钞与硬币到各家银行存钱，我们网点的柜员总是不厌其烦地，热情和高效地为他清点零钞、办理业务。【笔者点评：万物和，无差别对待每个客户】逐渐的，该客户在我行的沉淀资金越来越多。经过4年的发展，客户已经成为我行的财富级客户，我们帮客户配置了理财产品、POS机、信用卡、结算卡等等，唯独贵金属产品一直未有配置。

时间来到去年11月份，恰逢市分行给各营业网点统一配备了荧光宣传板，客户在一次办理业务的时候偶然地看到了宣传板上的黄金产品，随口向柜台工作人员问了一句当天的金价。说者无心，听者有意，该柜员立即进行了登记，【笔者点评：心即理，看似无心，实则有意】并及时将该情况向客户经理进行了反馈。

年末，客户资金大量回笼，客户经理抓住这个契机，向客户推介营销黄金产品。但陈总对黄金产品不熟悉，对黄金市场的动态、专业知识欠了解，客户经理便适时地进行引导，及时告知客户黄金市场有关动态，提供专业的投资建议。12月份，当投资金条的价位停于240多元每克时，建议陈总及时买入，陈总当即投入近20余万元购买了1000克的投资金条，黄金产品大单业务终获成功营销。

行动后总结：

1. 维护是桥，信任是金，成功营销贵金属大单不是偶然，是团队整体长期服务的结果，是专业的理财知识和团队协作的结果。

2. 赢得客户靠服务。现代银行的服务竞争，已经比的不是标准机械化的服务，比的不是服务流程，而比的是人情味，比的是让客户拥有良好体验的服务。人与机器最大的区别就是人具有感情，带着感情出发，我们在服务过程中做的每一件事都不再是应付、不再是机械式、不再是麻木的服务。只有重视服务质量，完善服务体验，抓住服务需求，才能赢得客户持久的忠诚。

3. 留住客户靠专业。我们的最终目的是要客户留下来成为我们的忠实客户，客户获得最适合他的产品而同时为我们创造最大的效益，达到双赢的结果。银行的工作早就不是给客户仅仅提供简单的产品，而是提供综合性的服务方案，来满足客户日益增长的理财需求。这就需要客户经理拥有良好的专业技能，在日常工作中不断积累经验。对每一个客户，营销不可能千篇一律，因人而异并且具有特点和针对性，才能赢得客户的信赖与尊重。

4. 营销客户靠团队。一枝独秀不是春，团队整体服务能力的提升，大家才会配合得更默契，更有创造力。维护客户不是一朝一夕的事情，而是长期工作的积累，要想取得客户的信赖，需要我们大家一起齐心协力。

【反思环节】：

1. 类似这个案例，你过去是如何做的？请写到下面。

____

____

2. 通过这个案例你学到了什么？

____

____

3. 你的反思是什么？

____

____

4. 你准备采取的改进行动是什么？

____

____

案例5-17

七擒七纵有耐心

冬季的天阴蒙蒙的，一位“麻烦”的客户带着几页密密麻麻的账号名册来到网点，大堂胡经理热情地接待了她。这“麻烦客户”是本市星星小学的李老师，当得知李老师要为一百多位教职工转账发工资时，胡经理倒吸一口凉气，这可是一项巨大的工程，单单是录入账号就要耗费一个小时的时间，这可要花不少时间，可能会耽误服务后面的客户，于是，胡经理建议她使用我行的工资代发业务，但李老师并不领情，甚至还有微微抵触，无奈，胡经理只好耐心地帮她把每一笔工资都清算完，办完后李老师简单地说了句谢谢，便一脸淡然地走了。【笔者点评：不动待机】

然而，事情并未就此结束。此后的五个月里，李老师定期来到网点“转账”，胡经理每次都不辞劳苦地完成她带来的“难题”，人非草木，孰能无情，李老师在与胡经理多次交往中意识到，这位大堂经理真的在为自己着想，这份耐心和心意着实难得，【笔者点评：心即理】终于在第七次代发工资时，她主动提出要在网点开立基本账户，并开通代发工资业务，成了老熟人之后，胡经理又继续向李老师的单位推荐了IC卡、信用卡和网银等产品，营销也就水到渠成了。截止到次年4月份，引进对公存款1200万，贷款900万，IC卡、信用卡200余张，并为单位的其他客户开通了大量的网银等产品。

行动后总结：

1. 洞察商机，抓住营销机会。

2. 热情迎接，不怕麻烦，帮助客户完成他们的“麻烦事”“啰嗦事”等。

3. 坚持不懈加勤奋刻苦，把客户的“麻烦事”“啰嗦事”当成自己的事，尽职尽责地去完成，感动客户，成就自我。

【反思环节】：

1. 类似这个案例，你过去是如何做的？请写到下面。

____

____

2. 通过这个案例你学到了什么？

____

____

3. 你的反思是什么？

____

____

4. 你准备采取的改进行动是什么？

____

____

案例5-18

热情传播产品，用心帮助客户

一天，一个客户走进了柜员小唐的视线，她是一个公司的会计，50多岁，因为跟小唐妈妈年龄相仿，所以小唐一直称呼她为阿姨。

“阿姨，又来转账啦，这么多张支票够你写的啦。”

“小唐，帮我看看，我这支票写对了没有……”她头都没抬地将填写好的一些转账支票塞进了柜台，依旧专注地填写着剩下的支票，因为她怕一个不小心又将支票写错了。

“阿姨，怎么不开个企业网银呢，这样可以在家里办理这些琐碎的转账业务了，既不用排队，又不用填单，省时又省力啊！”【笔者点评：致良知】

她耸了耸掉在鼻梁上的老花眼镜，疑惑地问道：“企业网银？我这么大年纪了不会弄那个东西，我们还是喜欢原始的办业务方式。”

“不会弄没关系的，我们有专职的客户经理给你们安装教你们用的，包教包会，而且现在企业网银还有半年的免费试用期，如果使用半年你还不会的话我再帮你取消吧。”虽然带着疑惑与不自信，但因小唐的盛情难却加上产品有半年免费期，她还是打电话给老总，在征得同意后开通了企业网银。

在开通企业网银的同时，小唐给她一起开通了电子回单业务："自助账单业务也是我行推出的一项新产品，收费不贵，但很实用，可以补打回单，自取对账单。"

"没事，没事，开吧……"事后，柜员小唐和刘阿姨交换了名片。

很长一段时间，她没有再来柜台，某天，小唐给她打了个电话："阿姨，网银用的怎么样了，使用方便吗？"

那边传来热情的声音："小唐，我正要找你呢，使用太方便了，电子转账回单我都是在家自己打印的，一些入账回单我就到你们回单柜去补制，给我省了好多时间呢，我们公司还有另外一个账户，下午去找你一起开通网银吧……"一来二去的，她们俩成了忘年之交，虽然之后她来柜台办理对公业务的机会少了，但每次来办理个人现金业务时她都会来跟小唐打声招呼，而银行有什么新产品新业务都会电话告知她。

这段时间，正值银行ETC业务推广期，小唐打电话给她简单地介绍了下这个业务，她欣然地把车开过来签约了，还帮我行介绍了几个朋友过来签约。"谢谢您！阿姨。"她微笑着："这哪要谢呀！你也方便了我，那我是不是也要谢谢你呀？"那一下，小唐的内心充满了感动。

也许，她的成功营销只是个个案，但我们要从中认识到不是银行的产品不够好，难以营销，而是有没有花功夫去做营销，【笔者点评：自省改过】有没有让客户真正地去了解去使用银行的产品。在今后的工作中小唐也会更加珍惜努力，让银行的产品成为客户需要的产品。

行动后总结：

1. 善于发现客户需求，针对性营销。
2. 保持和客户的沟通可使服务达到事半功倍的效果。
3. 用心地为客户服务赢取口碑，实现银行与客户双赢。

【反思环节】：

1. 类似这个案例，你过去是如何做的？请写到下面。

____

____

2. 通过这个案例你学到了什么？

____

____

3. 你的反思是什么？

____

____

4. 你准备采取的改进行动是什么？

____

____

案例5-19

激活流程书，省下客户心

自2015年超级柜台在某地农行上线以来，超柜前面排着的长长的队伍，常常使大堂人员心力交瘁，感觉没时间帮客户激活产品。某支行站东分理处地处火车站、汽车站、沃尔玛超市交汇处，流动人口多，每天超柜办理业务200多笔，排队等候情况尤为严重。如果按部就班，让客户在超柜排长队再花十几分钟时间去激活，容易引起客户反感。

大堂经理余某通过用心思考，推出了一套行之有效的方法。对于客户反感的排队等候问题，她给到超柜办业务的客户发序号，让客户坐着等候，并发放一份详细的掌银激活流程书（说明书说得非常具体细致，包括连接WIFI，密码的设置，要注意的地方用粗体字标明），客户有免费的WIFI使用，可以在等待过程中轻松愉快地将前期的下载安装过程做好，银行人员也有充足时间给客户办理业务，等客户办完业务就只剩下三四分钟的交易时间了。

对于掌银激活过程中难记的四个密码（支付密码、登录密码、K令开机密码、动态口令卡）问题，余某告诉客户：支付密码、K令开机密码都可以设置成卡的支付密码即取款密码六位数，登录密码可在支付密码前面或后面加两个字母或数字，动态口令只需客户跟着红色字的操作提示做就OK了。对于客户嫌使用K令麻烦的问题，余某总是站在保证客户资金安全的角度进行耐心解释：农行的掌银每天对外转账可以达50万元，有K令在手，就不用担心因为掉手机带来资金风险。【笔者点评：致良知】

就这样，余某以真诚和微笑感动客户，让农行的产品深入人心，真正为客户带来便利，从而锁定客户。截至今年7月6日，站东分理处掌银活跃率达到了83%，名列全省前茅。

行动后总结：

1. 针对客户担心的问题，推出一系列行之有效的方法，通过发序号、发放一份非常详细的掌银激活流程书解决客户反感排队等候的问题。

2. 通过巧妙设置密码解决客户四个密码难记的问题；耐心解释、解读K令的亮点，解决了客户使用K令麻烦的问题。

3. 始终从客户的角度出发，用心替客户思考，“服务无小事，春风化雨赢客心”，真心待客户、细心做服务、专心销产品，最终赢得了客户的信任，并收获了骄人的业绩。

【反思环节】：

1. 类似这个案例，你过去是如何做的？请写到下面。

____

____

2. 通过这个案例你学到了什么？

____

____

3. 你的反思是什么？

____

____

4. 你准备采取的改进行动是什么？

____

____

案例5-20

解客户差钱困局，加客户微信圈中

上个月的某一天，客户胡某到网点大厅向大堂助理咨询关于贷款事宜，理财经理熊经理听到客户想贷款，便上前向客户主动询问情况，了解到胡某是我行理财客户，资金还在理财中没有提取出来，但是现在遇到装修差点资金，熊经理随即想到了信用卡和我行刚上

线不久的市民贷。【笔者点评：心即理，识别客户需求】

熊经理先给客户耐心讲解了市民贷的用途用法，然后在征得客户同意后，帮其在手机上下载了我行直销银行，一步步地帮助胡老师注册、申请。由于前期熊经理对客户的基本情况进行了了解，了解到客户是华农老师，所以申请很顺利，很快就看到了审批额度8万，然后告知客户，这个额度可以选择提现或不提现，另外为了让客户更有选择性，熊经理又给客户讲解了我行信用卡分期的特点，建议客户同时办理信用卡，这样客户可选择的方式就又多了一种。客户在听了熊经理的讲解后，又申请了一张信用卡，熊经理告知客户如果信用卡额度够用就使用信用卡，不够用再来将市民贷中的资金提现，胡老师表示很满意熊经理的服务，然后离开。【笔者点评：勿执一念，还可以办信用卡来解决资金问题】

很快，熊经理通过CRM系统查询得知客户信用卡审批通过，便致电胡老师，建议其来行激活，胡老师再次来行，熊经理协助其激活信用卡，额度是3万，不出所料，信用卡额度不够用，客户还需要8万，熊经理便教客户如何将市民贷资金提现，客户如期凑到了装修款。【笔者点评：致良知】

几天后，熊经理主动添加胡老师为微信好友，时不时会在微信上跟胡老师聊几句，他发现胡老师喜欢每天走路运动，看到胡老师发送朋友圈后会积极给他点赞，而熊经理自己也时不时会在微信朋友圈发送我行的一些信用卡相关活动等信息，慢慢地胡老师遇到什么金融相关的问题就会想到熊经理，而熊经理也会抓住时机，在与胡老师聊天的过程中询问胡老师：他们单位是否还有老师需要办理信用卡？胡老师很爽快地回答道："我帮你在我们群里问问啊。"不到一会儿时间，在胡老师的推荐下就有一位老师主动询问关于我行信用卡的信息。经过这种转介，短短一周，熊经理已经在胡老师所在的院系成功办理了三张信用卡。【笔者点评：万物和，注意小环境营造，后续的客户营销是以资讯传递与客户出行关怀为切入点，避免了直接产品销售的生硬，并且利用客户转介寻找更多的潜在客户】胡老师前后给熊经理介绍了近10位客户，其中包括信用卡客户、理财客户，以及存款客户。

截止到日前，客户胡老师在我行资产近百万，每次只要有适合胡老师的产品，熊经理就会发微信推荐给他，胡老师也会跟熊经理探讨各种产品，熊经理会耐心分析各个产品的优劣势以及适合的人群。随着时间的推移，胡老师对熊经理越来越信任，对于我们行里的一些网银等功能，熊经理也都陆续推荐给胡老师，并让胡老师帮忙推荐其他老师来我行办理，胡老师很支持熊经理的工作，并且真的陆续推荐了同事、朋友来行办理各种业务。【笔者点评：心即理，坚持通过定期专业化维护，提升了客户的认同感和信任感，让客户愿意转介客户到我行，提高了客户贡献度。】。

行动后总结：

1. 坚持以客户的需求为中心，以诚恳的工作来赢得客户的信任。发现客户的需求，引导客户的需求，并及时给予满足，为客户提供“一站式”服务。

2. 理财经理营销、维护客户需要做好定期检视和沟通，通过专业化维护，提升客户认同感和依赖性。同时继续利用客户已经认可的产品，持续扩大销售成果，稳固客户关系，提升客户的黏性。

3. 对潜在的客户，也要积极地去开发。

【反思环节】：

1. 类似这个案例，你过去是如何做的？请写到下面。

____

____

2. 通过这个案例你学到了什么？

____

____

3. 你的反思是什么？

____

____

4. 你准备采取的改进行动是什么？

____

____

案例5-21

没有K线图，求助有心人

一客户在柜台开户时要求开通手机银行和贵金属业务，说他对于账户贵金属之前有听说过，但具体如何操作还没有实践过。刘经理通过与客户沟通，了解到客户是因我行的交易费率较他行低才改选农行的。当时，农行的账户贵金属交易手续费是白银0.02元/克，黄金0.5元/克，而工行是白银0.04元/克，黄金0.6元/克。我行有这样好的产品优势当然要多宣传来吸引其他此类投资客户。【笔者点评：责人向善，自省改过】

刘经理后面又接到客户电话，抱怨我行的掌上银行内的功能没有他行齐全，如没有K线图等。遇到客户投诉，刘经理积极正确对待，至少知道客户还是有意向使用农行掌银才来投诉的，在向客户做好解释的同时，【笔者点评：不动待机】通过在我行官网搜索账户贵金属产品和请教专业人士，发现“农行贵金属”APP即可以弥补我行掌银不能看K线的短板，还可以了解国内外新闻、金属、非农、外汇和能源市场行情，对于初级投资者还有模拟操作盘功能。于是马上邀约客户来网点，给客户手机下载APP并引导其如何使用，客户也感觉自己被重视，且对问题及时被解答表示很满意，当即从工行转来7.6万元，并表示近期还将从工行的到期定期13万元转入我行。

行动后总结：

1. 维护在于沟通，沟通在于用心，用心在于专业，要维护好该类投资型客户，仅了解我行的产品或只靠我们费率暂时的优势是不够的，以专业的知识和服务才能更好更长久地维护好客户。

2. 通过查看相关视频，关注每日贵金属、原油方面的行情，模拟盘、实盘操作后，对账户贵金属的操作有了新的认识，以便在与客户沟通时能够展现出我们的专业水平，客户在我行获得的不只是交易手续费的优惠，更多的是行情资源，可以借此牢牢锁住客户。

【反思环节】：

1. 类似这个案例，你过去是如何做的？请写到下面。

____

____

2. 通过这个案例你学到了什么？

____

____

3. 你的反思是什么？

____

____

4. 你准备采取的改进行动是什么？

____

____

案例5-22

两次被盗刷，一样真服务

2月24日下午，在农业银行某支行营业部，客户段先生持农行卡来到柜台，要求办理10万元的汇款业务，柜员发现其卡余额不足。查交易明细后得知，段先生该卡上的131 145元资金已经于当月20日至22日期间被银联代收交易转走。根据客户的相关陈述，柜台人员已基本断定段先生可能遭遇了银行卡盗刷案件。考虑到客户损失金额巨大，且客户当场情绪激动，该行营业部柜员立即向主管和网点负责人报告，同时，经客户同意，再次提取客户银行卡交易记录，整理出该客户近期内银行卡上共发生16笔可疑的银联消费，且16笔交易均为民生银行成都分行扣款。于是，该营业部负责人立即电话联系民生银行成都分行，请对方查询段先生以上交易并查找其相应的收款公司。在此基础上，经过我方与民生银行的反复协调，民生银行同意对段先生被扣划的资金进行了冻结，金额为131145元。确认客户资金已暂时安全后，该营业部员工积极帮助客户段先生按要求提供盗刷的有关证明材料。【笔者点评：心即理】

无独有偶，前笔资金尚在交涉中，没想到同样的情况又在段先生工商银行账户上发生，盗刷金额21000元，在工行表示无法处理的情况下，该客户再次向我行营业部求助，营业部负责人二话没说，再次鼎力相助。

几经波折后，2月29日，客户段先生涉及两家开户行的多笔盗刷资金，在农行员工不辞辛劳的追踪和反复沟通协商下，终于抢在不法分子提现前被堵截追回，为客户挽回了经济损失15万余元。【笔者点评：致良知】

至此，客户段先生成为农行铁杆粉丝，所有他行存款，共计50余万元全部转入农行，他由衷地说："服务不是喊口号，关键时刻能顶用的才是真服务！"

行动后总结：

1. 站在客户立场，急客户之所急，将客户利益放心上。碰到问题，不推诿，体现大行的担当，利用专业优势，积极想办法，为客户解困。网点协同很重要，问题处理得很及时，反应迅速，且配合默契。

2. 办法总比问题多，银行网点碰到客户金融诈骗的案例很多，惯常的一句话是："有案件，你报案找公安啊。"以此打发客户，而往往报案期间，耽误了宝贵的时间，犯罪分子将资金转移后，追回的难度非常大。

3. 敢于沟通，会沟通。本案例中，扣划的对手银行是远在成都的民生银行，素未谋面，遥不可及，但我行的工作人员还是怀着为客户服务的真心，与对方银行真诚沟通，取得对方的信任后，共同协商，寻找合适的解决办法。事实证明，这次沟通很到位也很成功，为成功追回客户资金起到了决定性的作用。

【反思环节】：

1. 类似这个案例，你过去是如何做的？请写到下面。

____

____

2. 通过这个案例你学到了什么？

____

____

3. 你的反思是什么？

____

____

4. 你准备采取的改进行动是什么？

____

____

案例5-23

你急我不急，解决真问题

那天，农行某营业部来了一位中年男子，在填单台四处搜寻着什么，特别着急忙慌的样子。大堂经理连忙打招呼，问是什么情况。原来是他的银行卡密码不记得，但赶上一工程需要竞标，时间截止在当天中午，眼看马上要到点了，密码却怎么也不记得了，他担心错过竞标时间，非常着急。该行的大堂经理一听忙安抚顾客，说："您不用填单，只需要将您的身份证和银行卡拿出来，我带您到咱们的超级柜台办理，很快的。"客户这才稍稍松了一口气。【笔者点评：不动待机，心急没用】但行至超级柜台前发现前面有人在办卡，暂时没空出来，客户心里又开始着急了。大堂经理连忙说："咱们的超级柜台办卡非常快，一两分钟就好的，很快就到您了。”果然，差不多一分多钟，前面的人就办好了。超柜审核员立即接待了这位中年男子，读取身份证，询问并输入相关信息，很快后台通过审核，不出三分钟就将密码挂失并重置了。了解到客户急需进行转账，审核员接着给客户办理了转账业务，又省去了客户去人工柜台的等候时间和填单时间。当款项成功转出后，这位中年男子终于舒了一口气。连忙道谢。临走前他们和男子说，下次有空，可以来开通农行的网银和掌银，就可以省下不少的转账手续费了。【笔者点评：致良知】

半个多月后，这位中年男子又来了，原来他竞标成功了！他这次来是特意来开农行的网银的，标的单位按进度给付了20万的工程材料款，想着以后会有很多的转账和付款，办理便捷的网银会方便很多。于是大堂人员又在超柜上帮他成功开通网银，他表示感谢，并决定要他的工程队的工作人员在该农行开户代发工资。

行动后总结：

1. 大堂经理及时发现并接待客户，舒缓客户情绪，利用农行超级柜台的多功能高效率优势，让客户体验度更高；

2. 了解客户的需求后，在合适的时候向他推介适合他的银行产品。

3. 时刻将“客户至上，始终如一”的服务理念放在第一位；快捷的服务体验，不仅给银行带来口碑，也带来了更多的客户回馈，提高了客户的满意度和忠诚度。

4. 不要忽视任何一个小细节，也许一个不经意间的细节会给客户解决大问题，同时客户也会给我们带来意想不到的惊喜。

【反思环节】：

1. 类似这个案例，你过去是如何做的？请写到下面。

____

____

2. 通过这个案例你学到了什么？

____

____

3. 你的反思是什么？

____

____

4. 你准备采取的改进行动是什么？

____

案例5-24

专业好化解客户疑心，交接好保证服务一致

8月底一个周五的上午，一对穿着得体的夫妻出现在某网点，在理财展板前看着最新的理财咨询信息。此时网点的客户较多，理财经理袁某正在低柜上处理其他客户的理财咨询，她同时也发现了大厅里的陈女士夫妇，也记得陈女士是行里的贵宾客户。在为手上的客户办理好业务后，袁经理立即迎上去接待了助理转介过来的陈女士夫妇。还没等大堂助理开口介绍，袁经理就说："陈女士您好，好久不见您来了，我记得您前两个星期有一笔理财已经到期了，您是不是来看下最新理财的呀？"热情的问候让陈女士感觉到一种温暖的关怀。【笔者点评：万物和】

陈女士在听到理财经理的问候之后，突然一下像是打开了话匣子，抱怨最近一直没时间来银行买新的理财，现在好不容易来了，发现理财产品的收益已经这么低了。而理财经理一边听着，一边快速地在系统中分析着客户的持仓产品信息。经分析发现，陈女士虽然在我行金融资产比较多，但是持仓产品过于单一，而且大部分资金分布在一款产品上，一旦到期，遇到它行有高收益产品，难免不会被转移。听到客户的抱怨，理财经理心中对于客户的产品配置心已然有数。于是，袁经理待陈女士抱怨完后，一边微笑点头，一边给客户拿出各项需要配置的产品资料摆在他们面前。【笔者点评：心即理】

理财经理摆在客户面前的第一张资料是近几年的存款、理财收益下降的趋势图表。袁经理给陈女士夫妇分析了最近几年的市场行情和未来几年的国家经济形势，让陈女士恍然明白为何利率市场一直持续低迷。接着，袁经理给客户拿出第二份资料，是一份标准普尔资产配置图表。袁经理给客户详细分析了她目前的资产配置情况，告知她现在的资产配置状况过于单一，面临着诸多风险：一不足以抵御通胀，二不足以抵御降息风险，三不足以抵御流动性风险。【笔者点评：责人向善】陈女士的爱人听后，大叫一声："袁经理分析得太对了，我们家其实完全不会理财，平时以为买个理财就叫投资，原来我们还是门外汉啊！"说完大家一起笑了起来。

"根据您目前的情况，我们现在有几款产品比较适合您做适当配置。"于是袁经理根据标准普尔配置比例给客户进行了客户产品配置。最终为客户配置了20万投资性质的银保，配置了30万热销的债券基金。另外，还配置了5万惠鑫存和15万的短期自营理财。

陈女士的爱人原本对袁经理的资产配置没有任何质疑，但是此时，其爱人则表现出些许质疑和担心，主要是债券基金产品风险会不会太大了。袁经理则迅速且耐心地给客户答疑解惑起来。为了打消客户疑惑，还拿出手机将自己前期买的类似款产品拿出来做对比，客户看到后稍微释怀了些，但是还是表示基金产品自己回去考虑下再决定。袁经理表示理解，并给客户留下名片，告知自己第二天开始休假了，如果客户要来会交接给后面几天上班的另一位理财经理。为了让客户有疑问随时可以联系自己，理财经理袁某还与客户建立了微信联系，告诉客户有问题随时可以微信联系自己，客户也欣然接受。【笔者点评：责人向善】

下班后，袁经理就立即将陈女士夫妇的情况跟另外一位正在轮休的同事做了电话交流，将客户情况做了详细说明，二人也就对陈女士的维护策略交换了意见，并最终达成一致。【笔者点评：自省改过，此处是指预防出现维护人不在的可能过错】

在休假的这几天里，袁经理通过微信不时地和陈女士保持着联系，发送最近一段时间的债券市场的走势情况、目前市场行情情况，客户也提出许多疑问，袁经理都一一回复。【笔者点评：事上练】

在9月初上午的时候，陈女士再次和爱人来到支行，由另一位经理接待，他们点名要买之前袁经理建议配置的博时债券基金。新经理也耐心地再次给客户介绍了一遍产品特点，基本上和袁经理介绍的都是一致的，此时客户心中的一块石头也算是落地了。陈女士夫妇还赞扬该银行的理财经理个个都很专业，表示今后还会将它行到期的资金再转到我行来投资。

行动后总结：

1. 厅堂服务需要敏锐的双眸和最强的大脑。作为网点的理财经理，不仅要善于挖掘潜在客户，对于存量客户的维护，需要的不仅是产品和自身的专业性，还包括个人魅力。本案例中，客户虽然时隔大半年才来一次银行，但是理财经理能熟练地在大脑中调阅客户的身份信息，准确问候客户，提前将客户需求提出，让客户感觉到自己被关注被关心，从而在心理上就打消了一种潜在的防备。

2. 理财经理不要急于给客户介绍产品，而是先倾听客户的诉求，了解她的想法和需求。同时利用系统分析客户特点，同时抓住了客户的几个特点：平时忙、对于理财到期后的间隔期不怎么在乎、追求安全稳健范围内的相对高收益。总结了这些，就容易对症下药了。分析客户自身配置情况的合理性及科学性，并且紧密围绕我行的核心产品展开，同时也将与客户需求和风险承受能力相匹配，通过专业性赢得客户的认可和信任。对产品有疑惑的客户，理财经理没有一味强推，而是退一步让客户考虑，并给出有利的产品说明，让客户更了解产品，从内心上接受产品。同时，做好客户交接，让后续接待的同事了解客户，做好充足的准备。

3. 做好客户交接是每位客户经理的职责，两位经理就保持并做到了这一良好习惯。同时，面对休假，袁经理没有让客户的维护工作也停滞，没有让客户的资产睡去，早一天成交产品就等于早一天成功维护一个客户。客户交接是一个重要环节，突然换人接待对大部分客户而言，会带来许多陌生感和不信任感。但是两位经理之间的交接却让客户没有陌生感，反而信任感倍增。那得益于平时跟客户一点一滴的交流。对于客户的维护也恰到时机，能够借助各个时点，让客户加深对该银行服务的印象，客户增加对理财经理的信任感便是增加对银行的信任感。

4. 理财经理在发现客户后应及时接待，给客户暖场消除疑虑，迅速建立起信任关系。多倾听，善分析，将话语权暂时交给客户，了解客户的需求。通过微信联系客户，避免电话带给客户的“炮轰”感觉，让客户能将所有的疑虑再得到释放。

5. 彰显专业，对于客户疑惑，能一一化解，并就大市场环境及时与客户交流意见，得到客户的认可和信任。

6. 重视细节。能及时与同事交流客户维护意见，并及时传达客户想法，保持前后一致，整个理财团队能够给客户提供一致的暖心服务。

7. 抓住机会。不论是服务人员是哪位，都能抓住客户心理，抓住时机营销客户。案例中，客户经理就利用了微信与客户保持不间断的沟通，使客户没有停止关注自己的投资情况。客户来行办业务时，理财经理抓住机会继续建立与客户的信任关系，通过生日、节假日等让客户产生好感，建立了朋友间的信任感。

【反思环节】：

1. 类似这个案例，你过去是如何做的？请写到下面。

____

____

2. 通过这个案例你学到了什么？

____

____

3. 你的反思是什么？

____

____

4. 你准备采取的改进行动是什么？

____

____

案例5-25

一句好贵啊，带来34个ETC

张经理与客户全女士第一次结缘是在一次非常偶然的情形下，当天她正在大堂值班，全女士正在自助转账机上转账，在转账过程中，全女士当时说了一句"手续费好贵啊"吸引了她的注意，【笔者点评：心即理，心中没有忽视】她上前向其推荐了我行掌上银行，告知她我行掌上银行跨行异地转账手续费全免，【笔者点评：责人向善】全女士表示了极大的兴趣，张经理顺势推荐她在柜台开通，并帮助她在手机上下载了掌上银行客户端，且耐心地教导她如何使用，并成功帮全女士跨行转账一笔，当全女士看到手续费为0时，很惊喜地对她表示感谢。

由于全女士从未有过使用掌上银行的经验，张经理主动添加了全女士的微信号，以方便全女士有问题时可以通过微信得到解决。随后，在日常的接触中，她们成为互相信任的朋友，张经理经常通过微信向全女士推荐农行当期适合她的其他产品，例如理财，基金，全女士均欣然接受。

当得知全女士家里是开驾校业务时，她向其推荐了我行ETC业务，我行可免费办理ETC附带信用卡一张，同时过高速通道享受9折优惠，全女士表示了极大的兴趣，在成功为其开通ETC以后，全女士把驾校所有的教练车均装上了我行的ETC，并积极推荐在她驾校学车的学员朋友来我行办理ETC业务。仅一季度，全女士就为我行推荐了34个ETC客户，【笔者点评：万物和】

有一次，全女士用微信跟她咨询理财，在来来回回的微信聊天过程中，张经理发现全女士还是没有理解，于是主动拨打了她的电话，帮她解决了困惑。也正是这一次，在后来的聊天当中，全女士说起，当时特别感动张经理对她的事情那么上心，从此，她也越来越信赖我行的服务。【笔者点评：事上练】

行动后总结：

1. 作为一名柜员，要切实做好服务。坚持做到“七步曲，九句话”。用心服务是与客户初次建立联系的关键步骤，我们热心、专业的服务，能带给客户宾至如归之感，也会为我们后续的营销奠定了基础。

2. 重视客户的需求，将客户的事情当成自己的事情来处理，想客户之所想，急客户之所急，那样便会有更多意想不到的收获。

3. 积极利用系统的短信营销，维护我们和客户之间的情感。每个重要节日，我们可以为客户送上我们的祝福；客户的生日，我们及时给客户带去我们的关怀问候；重要产品上线，给客户推送我们最新的产品资讯。这些都让我们与客户的距离越来越近。

4. 银行的营销，任重而道远。我们每个人都应积极投身到其中，贡献自己的一分力量。我们要通过专业的、贴心的服务，去赢得客户，留住客户，提升客户服务满意度。从而提高网点功能的全面转型，实现经济效益的稳步提高。

【反思环节】：

1. 类似这个案例，你过去是如何做的？请写到下面。

____

____

2. 通过这个案例你学到了什么？

____

____

3. 你的反思是什么？

____

____

4. 你准备采取的改进行动是什么？

____

____

六、零售客户营销场景案例

案例6-1

被动变主动，诚心感动客户

安抚愤怒客户，创造后续接触机会

有一天我在大厅发现一名客户与柜员起了争执，我立即走上前去询问情况。我了解到，这位客户想要取8万元的现金，但是柜员按照规定提示客户“超过5万元的取款，要提前一天预约，所以现在取不到”。在商量未果后，客户非常不满意，立即要求销卡，同时把卡内的现金全部取出。而此时客户卡内的余额将近20万，柜员表示更不能办理，于是就出现了刚才的一幕。

在得知情况后，我把明显不快的L先生引到理财室，安顿他坐下，帮他倒了一杯温水。L先生喝了几口水，稍稍平静了一些，说道：“其实我并不是非要为难你们，只是真是有急用，可是你们就是那么死板，就不能从客户的角度多想一下吗？”我微笑着点头，说道：“对，我们应该相互多体谅一下，您稍等一下，我来看一下我们整个的库存情况，相信问题不大，尽量满足您的要求！”【笔者点评：不动待机】经过沟通，我安排客户取了所需要的金额，客户表示感谢，临别时，我递上了我的名片，说道：“以后有什么问题请随时与我联系！”

在客户离开后，我查询了他在我行的资金情况，发现客户只有我行一张普通卡，余额有几万块钱，但在年初该账户却有几次超过100万的资金转入转出记录。凭着客户经理的敏感度，我意识到这位L先生一定是位优质的潜力客户，于是我把客户的联系电话保存了起来，寻找再次联系的机会。

再次处理客户不满，用好产品服务好客户

没想到机会很快就来临。不到一周的时间，L先生拨打了我的电话，但是没想到的是他非常生气地说：“你是建行的吧，怎么回事啊，我的卡又取不出来钱了，我现在着急要出差，你们行的卡太差了，上次我就说要销，你劝我不要销，你看看……”我想可能是客户的卡片消磁了，在ATM机上读取不了，但是他又着急用钱。我立刻问清楚了客户现在所在的位置，并建议他到我们网点去。当时我在家里休假，但是和L先生沟通完后，我立即从家里出发赶往单位。【笔者点评：事上练】我到了单位不一会儿，L先生就到了。我赶紧把他安排到理财室坐下，递上一杯茶水，迅速地帮他更换卡片，我一边办理业务一边跟L先生聊天，【笔者点评：不动待机】明显地感觉到他已经没有太多怨气了。我在办理业务的过程中发现：L先生的卡片上有余额90余万。我就问："L先生，您这是不是要去办什么急事啊？"L先生边喝水喝说道："是呀，早知道就不把钱打到建行卡上了，取个钱还要排队，到ATM机上取还取不出来，真是的！"我意识到这是一个难得的机会，立刻说道："L先生，您想不想以后到我们建行来不用排队，优先办理业务呢？"L先生表示那是当然，他还表示在交行、招行都是优先服务的，我明白这位客户在其他行肯定也是有大额资金的，于是很自然地推荐了我行的白金理财卡，但前提是希望L先生在我行保持一个日均50万元以上的存款余额。L先生看着刚从家里赶过来还没有来得及换工作服的我，也意识到了什么，有些不好意思地说："那行吧，我尽量。"就这样，我给L先生办理了白金理财卡的申请，并约定办好后电话联系。

用非金融服务来真诚关心客户

白金卡办好后，我与L先生联系，可L先生总是以"忙""没有时间"为由，迟迟不愿再来我行。我每天都会跟进客户的账户，发现他卡上的90多万资金一直都没有变动，于是我就开始认真地分析这位客户。

回想几次简短的接触，这位客户给我的第一印象是很有主见并很谨慎。从衣着与谈吐上来看，他的个人素养很高。我想他从事的工作应该也比较讲究。因此，我决定从细节入手，撇开工作，从生活上关心客户。天气变凉时，我送去"天气变化，注意添衣"的关怀；周末休息时，我发去"辛苦一周，祝愿过一个平安开心的周末"等。又过了一段时间，当我再次打电话通知他来领取贵宾卡的时候，L先生对我有些印象，也同意过来取卡。

当L先生来领卡时，我特意没有安排别的客户来办理业务，在领卡的过程中，我与他之间的沟通取得了一定的进展。我了解到L先生是一名高素质、高学历的生物公司老总，平时忙于事业，极少关心银行理财方面的信息。此外，L先生的个人主观性较强，他宁愿自己偶尔炒炒股，也并不相信银行的一些理财产品、基金等。在这次接触过程中，虽然没有在业务与产品上取得进展，但我感觉到L先生对我们的印象已有所改变，并且愿意把他的一些情况说出来，这应该是一个非常好的开端。

接下来的日子，我仍然是坚持给客户一些细微的关心。在得知L先生炒股后，我还会适时发一些最新的相关财经资讯信息给他，有时L先生还会回复“谢谢”！在我的努力下，L先生把他的股票三方存管账户也转移到了我们建行。随着时间的推移，L先生来我行办理各类存取转账业务的频率越来越高。

有一次，L先生来办理业务时没有停车位了，只能停在马路边上，我就站在门外守在他的车子旁边，一直等到他办理完业务，这让L先生很感动，他说：“小S，谢谢你啊！”我貌似很随意地说道：“应该的，L总平时都是在哪里洗车保养车子啊？”L先生说：“不一定。”我就即时推荐了我行的汽车信用卡，L先生笑笑说：“好啊，下次来办，不过我是想换辆车子了，所以现在这辆车子我也很少去洗啊保养啊什么的了。”我接着问道：“L总这辆奥迪A6已经很上档次了，是想换辆大一些的越野车吗？”L先生说道：“是哦，还没想好，只是先考虑不超过一百万的，实用些的吧。”就这样，我微笑地点了点头，礼貌地与客户道别。回到家后，我上网收集了价格在一百万以内的各类中高端越野车的车型、相关数据、评价等资料，并花了一个晚上的时间整理成一个文档材料。第二天，我很主动地联系了L先生，告诉他我帮他搜集了一些汽车资料，希望能对他选车购车有帮助，并且表示，我行有一些相关部门与当地的一些汽车4S店也有合作关系，如果需要，看能不能帮上忙。【笔者点评：致良知】L先生看到那份材料时十分惊喜，说道：“太谢谢了，真是没有想到你们国有银行现在能有这样细致的服务！”接下来，我利用休息时间，陪着L先生去几家汽车4S店进行了实地看车、试驾。在每次去之前，我都提前通过行里的相关部门与4S店提前约好，因此我们去任何一家汽车4S店时，都受到了热情的接待，这些都让L先生倍感舒心。L先生最终选到了心仪的车子，并且在我们的帮助下，商家还给予了近一万元的优惠。提车那天，L先生高兴地给我打电话，直说要请我们吃饭，我还是一如既往地微笑回应：“应该的，有什么问题请随时联系我们吧！”

专业服务，带动产品销售

就这样，又是几周过去了，在潜移默化的过程中，L先生对我们的信任与日俱增，于是我也适时地发送了一些短期理财产品的相关资讯，他立即回应，表示没有问题，随即就过来办理了200万的理财产品。在产品到期后，我及时致电给他，告诉他产品收益与本金均已到账。由于我的用心服务再加上产品实实在在的收益，L先生被彻底打动了。在月底时，他很直爽地与我联系，说道：“小S啊，我这有个三四百万资金暂时用不着，你看看该怎么理啊？”我根据客户的风险偏好及需求评估，为其配置了100万的债券型基金、100万的理财产品、50万元的保险以及60余万的股票型基金。又过了一个多月的时间，在国家加息通道打开的初期，我建议客户赎回大部分的基金，尤其是债券型基金。在短短一个多月的时间里给客户带来了近5%的收益，又避免了在接下来的加息通道里债券基金可能受到的风险，如此一来，客户对我们就更加肯定了。

接下来的日子里，L先生很主动地把他在其他银行的资金陆续转到了我行来，并还很热心地对他的朋友和员工说："要理财，到建行去，肯定不会让你们失望的！"就这样，L先生与我们建立了非常好的关系，不但他自己成了我行忠实的钻石级客户，而且还介绍了好几位自己生意上的朋友来我行开户办理业务。【笔者点评：万物和】

【反思环节】：

1.类似这个案例，你过去是如何做的？请写到下面。

____

____

2.通过这个案例你学到了什么？

____

____

3.你的反思是什么？

____

____

4.你准备采取的改进行动是什么？

____

____

案例6-2

微笑化干戈，真诚换玉帛

处理客户异议

在一个闷热的夏季午后，网点的系统出现故障，此时柜面业务拥挤。有一位男性客户，由于等得很着急，在柜台外忍不住嚷嚷着："什么鬼银行，办理业务这么慢？营业员干啥吃的！"刚巧我在大堂值班，就微笑着走上前去，轻声询问有什么需要帮助，他眼一瞪：“帮助，帮助！你们干啥的，那么慢！我等着取钱看病。”

听他这样说，又看他着急的样子，知道他说的是真的。由于他没有卡只有存折，只有把他领到对公现金柜台优先取现金。对公柜台也很忙，我和柜台外等待办理业务的相熟的会计商量，让他先办理取款业务。【笔者点评：致良知】但是，很遗憾客户把密码遗忘了，连续输入三次，都没输入正确。他着急得头上直冒汗，我连声安慰他不着急，慢慢来。最后在我的耐心引导下，【笔者点评：不动待机】他终于输对了密码。看我忙前忙后地真心为他解决问题，他的态度有所缓和，和我聊起来。他爱人因为有肾结石，需要住院做手术，现在取的钱就是要交纳的住院费。说者无心听者有意，我记起我有一位好朋友的父亲刚巧是这家医院的肾内科专家。于是问他住院安排好了没有，不说还好，一说他直愁：“唉，现在看个病是真难！院是住上了，可还不知道什么时候能做手术呢？”听到这里，我心里有数了。【笔者点评：致良知】于是要了他的联系电话和他爱人的姓名，告诉他我联系一下看能不能帮到他，他用不相信的眼神看看我，然后走了。

帮助客户解决难题

在李先生离开后，我立即与我朋友联系。朋友得知我为一位素不相识的客户找她父亲，就数落我爱管闲事的毛病又犯了，可她也是非常好心的人，说归说，还是帮我联系了老爷子，并且把客户爱人的情况给老爷子做了汇报。约一小时后朋友回话：老爷子已去院部了解情况了，病人身体状况良好，如果明天各项检查指标正常，将于近日手术，应该不超过三日。感谢过朋友并请她谢过老爷子后，我就和客户进行联系，告诉他这件事。此时他已从爱人处得知将于近日手术，正在纳闷怎么这么快，听我一说就明白了，在电话中不断感谢我，我能够听出他的开心。【笔者点评：心即理】

在手术后，我又和他进行了联系，得知他爱人手术是我朋友的父亲亲自做的，很顺利，身体恢复得也很好。他一再表示感谢，非要请我和我朋友吃饭。我此时采用开玩笑的口吻说道：“李先生，您的心意我领了，吃饭的事免了吧，回头你到我们行来办张卡，以后办理业务就方便了。等嫂子身体恢复好了，要把你们家的钱都存我们这哦！”

加深客户了解，实现产品营销

过了一个月，有一天我正在办业务，有人叫我：“小W，忙着呢？”抬头一看，李先生夫妇笑眯眯地看着我。我连忙招呼两位坐下，又去端来两杯茶水递到两位手中，然后就和两位聊天。从聊天中知晓了他的工作和生活经历，知道他是白手起家辛苦打拼，现在也是小有成就。李先生因为从电视上看到有关报道造成一种误区：不相信自助设备。经过我介绍，得知用卡的方便，比如省去柜台排队的烦恼，可以自助查询、存取款、转账、交纳各种费用等。这一次他并没有排斥，而是很爽快地办理了一张借记卡，并把存折上的所有款项都转入这张卡。

在接下来的日子里，李先生把资产陆续从别家银行转入我行，很快成为我行的白金级客户。我根据对他的资产情况分析，我采用分步的策略，逐渐让他购买相应的产品：

● 购买三年期电子国债。

● 办理每年十万元的期交保险。

● 灌输投资理念，先进行小额投资：每月定期定额五千元。

● 在合适的价位投资了实物黄金。在销售黄金的过程中，还逐渐消除了他对电子银行的防备心理，帮他开通了电子银行，也教会他在网上进行黄金的买卖。

● 针对他每月资金流动性要求比较强的特点，对流动资金也配置了我行的短期理财产品。【笔者点评：事上练】

在帮助他配置产品的同时，我也不忘记帮他换些零钱以备店内使用。当他儿子考上大学后，我也没忘记备上贺礼送上一份心意。

其实在成功销售的过程中，我觉得还是跟第一次见李先生以及帮他找医生这件事有关，用他的话说："小W，你是个热心肠，你哥我也是个直脾气，咱兄妹有缘分。"以心换心，在与客户的交往中，我也得到了来自客户的关心。【笔者点评：万物和】

有一天李先生的爱人特意给我打电话："小W，记得吃包子。""为什么呀大姐？""为啥，包过呗！"因为她知道我第二天要考驾照。听了她的关心，我吃了包子，考试也真过了呀！

现在客户在我行的总资产约有两百多万，由定期存款和国债、偏股型基金和混合型基金、一年期信托类理财产品和流动性理财产品等组成。

【反思环节】：

1. 类似这个案例，你过去是如何做的？请写到下面。

____

____

2. 通过这个案例你学到了什么？

____

____

3. 你的反思是什么？

____

4. 你准备采取的改进行动是什么?

案例6-3

虚心学习，提升自我，不让业务营销能力成短板

长沙黑石铺支行。走进营业大厅，专业的功能分区，规范的客户服务，随处可见的6S标准，一股现代银行网点的气息扑面而来。杨迎红刚好在忙。客户POS要销户，没有预料中的挽留，她迅速张罗着办理销户手续。“这位客户家里出现变故，正与老公办理财产分割。”杨迎红观察敏锐，私下对笔者说道。

5年网点主任的工作经历，从推介自身，到认识客户，再到互相了解、坦诚相待，杨迎红把客户当成朋友，对客户情况了然于胸。

初进农行的杨行长，只有高中学历，对金融领域的知识几乎是空白。一切从零开始，对金融有关的书籍一本一本去钻研；一切从自已做起，虚心向年长的同事请教；珍惜每一次银行提供的业务培训，把它当作提升基本功的机会；珍惜每一次银行提供的岗位锻炼机会，把它当作自我进步的舞台。经过多年的艰辛付出和不懈努力，学历低的短板没有拉低杨主任的业务营销能力，银行所销的各类产品和各项金融服务已做到熟烂于胸，从最初的柜员逐渐脱颖而出，并以优异的营销业绩回馈银行的栽培，以咬定目标不放松的韧劲挺身于营销艰难时期。【笔者点评：事上练】

客户管理精细，拥有一批“铁杆客户”

黑石铺支行临近冻肉市场，商户们上午买卖完，下午集中来存款，黑压压的一片挤满营业大厅。每到这时，杨迎红就在客户等候区开启“小课堂”，分流客户，销售产品。

不仅把握时机开展大堂营销，杨迎红还将更多时间与精力投入到精细组织存量客户维护和新客户拓展中。

“农行推出一款新型理财产品！！34天预期年化收益率4.05%。5万起，你莫一副嫌弃

的样子，要抢!你莫一副不在意的样子，如此高收益已非常稀缺！你莫一副内心澎湃表面平静的样子，麻烦联系我！您的理财顾问杨迎红，靠谱！靠谱！”

打开杨迎红今年的短信营销文档，从节假日问候到风险温馨提示，从新产品推介到特殊时刻感恩，每条短信内容各异，有的文采飞扬，有的俏皮可爱，有的关怀满满，铺满整整12页A4纸。

翻阅她的一本本笔记，上面分门别类、认真地记录着每次短信、电话营销时间，客户情况及其反馈意见，每天网点工作情况，每月销售的产品、对象及到期日，一行行、一列列、一页页，工整隽秀的字体显示的是她日常工作的认真细致和良苦用心。【笔者点评：事上练】

许多客户看到短信打来咨询电话，杨迎红的短信、电话营销带动卖出了不少产品。一有时间，她还带着不当班的员工跑市场，宣传人民币知识，推广农行好产品。见面的次数多了，市场商户渐渐认识她，有什么金融需要直接找到网点，一些还成了她的“铁杆粉”。前不久正是季末冲刺的时候，应杨迎红邀约，原市场商户、现上海经商的刘总放下手头工作，专程坐高铁赶到黑石铺支行存款400万。

去年6月以来，股市大跌，基金普遍亏损，大家都为她捏了把汗。11月，她的一位客户因急用钱，赎回上百万基金，亏损十多万元。客户非但没抱怨，反而安慰她：“基金本有风险，行情不好不能怪你，之前不是还赚了吗？”【笔者点评：万物和】

迎难而上，事上练心

在天心区钢城任职的2013年和2014年，是保险产品到期给付的集中时间，也是保险产品营销最为艰难的时期。当客户对购买的分红型保险未达预期收益而在网点责骂银行和柜员时，当“去银行存钱被忽悠买成保险”成为各大媒体的头条时，作为网点主要负责人的杨迎红，没有选择退缩，而是坚定地与银行和柜员站在一道，充分地发挥自己掌握的金融产品的专业知识，发动柜员以“专题宣传活动、一对一讲解”等举措让客户了解保险产品的特性和其突出的保障功能，化解了众多客户心中的怒火，也赢得了更多的客户对银行的理解和信赖。【笔者点评：致良知】

通过果断的行动和务实的坚守，网点在2016年得到市营业部工作督导组和区支行的肯定和专程视察，领导对保险产品销售委以重任，网点创造了销售的新纪录。当时在接到任务的第一时间，杨迎红通过仔细梳理了笔记本上的客户信息，将目标锁定在一位即将过生日的贵宾客户上！经历了手捧鲜花、带上蛋糕和一份保险资料上门而吃“闭门羹”的现实，而后坚持发短信、打电话，并本着对家人的责任，杨迎红运用专业知识做了一份翔实的家庭保障计划。锲而不舍的努力，不仅收获了客户对银行提供专业服务的满意笑容，还创纪录地带来了16份高端保单的一次性销售。【笔者点评：事上练】

保险产品营销创纪录的同时，其他金融产品也取得骄人成绩。在基金产品营销上，在全行业异常低迷的2015年，杨迎红主动作为、充分发挥专业知识技能，实现单笔农银现代农业混合基金500万营销额，年销售基金6000多万，且在股市异常波动期间实现“零投诉”。在黄金产品营销上，杨迎红凭借过硬的营销能力在2016年以单月5千克黄金的营销记录完成全年任务。

【反思环节】：

1. 类似这个案例，你过去是如何做的？请写到下面。

2. 通过这个案例你学到了什么？

3. 你的反思是什么？

4. 你准备采取的改进行动是什么？

案例6-4

稳存先稳心态

某网点是属于城乡接合部的网点，不少客户都是附近的农民，精打细算是他们的习惯。

一天，客户刘某前来网点，表示想存点钱，大堂经理进行初步接洽后将他介绍给了网点鲁主任，鲁主任和客户聊起来。客户问：“有没有什么优惠呀？”鲁主任一听这话，马上热情地请客户到办公室坐下，然后介绍了行里的一般存款利息情况。客户接着说："在隔壁的银行不仅利率高，每万元还送一壶油。"鲁主任不紧不慢用通俗的话语说道："有的银行天天用高音喇叭叫喊，来我处存钱一万就送油啊等，这不是正规银行的做法，不说我们农行，你看工行等其他国有大行，都不会这样做。是否这家银行急缺资金，才这样做呢？国有大银行都要规范经营，一般都不会这样做的。现在您赚钱不容易，还是应该把安全放在第一哦。"【笔者点评：责人向善】

听到此，客户开始点头，鲁主任继续说："我们针对大客户有大额存单，利率也差不了多少，我仔细为您算了下，10万元一年才少百元左右，对你只是两包烟钱，但安全性可是提高了不止一点点。如存三年的话，利率还要高，比一年转一年存，多了接近两倍。"讲到此，客户心里开始为安全问题盘算起来，连声说"你说得有道理"，鲁主任继续和客户攀谈了家常，比如从"养鸡不仅要母鸡多下鸡蛋，更应该预防鸡瘟"这样客户能接受的道理入手。【笔者点评：责人向善】一来二去，客户终于同意存三年定期，但当时客户手中只有20万，不到大额存单标准，鲁主任建议他把其他银行的钱集中起来一起存，这样就可以享受更加优惠的利率，客户马上答应说好，下午再来办。当天下午，客户来行里存了三年41万存单。

行动后总结：

说话要说到客户的心坎上，这个案例中鲁主任从竞争对手基于急缺资金抓客户的心态入手，指出这是不合规竞争，另外通过比喻的说法，说服客户重视本金安全比利息重要，然后也尽量为客户着想，采用集中资金的方法满足大额存单的条件，多收获一些利息。终于打动了客户的心。

【反思环节】：

1. 类似这个案例，你过去是如何做的？请写到下面。

____

____

2. 通过这个案例你学到了什么？

____

____

3. 你的反思是什么？

____

____

4. 你准备采取的改进行动是什么？

____

____

案例6-5

浇灭客户心火，挖来大额存单

一个烈日炎炎的夏天，客户杨某前来网点，说保单到期，要取钱。客户经理小刘一看，40万，心里一紧。小刘致电保险公司，一定要本人到公司办理，客户不愿意去，小刘就以资金安全为由，劝说客户，并开车将客户送到公司。【笔者点评：致良知】

过了两天，客户怒气冲冲来到网点争执，说保险公司给他算了账，收益只有5万元，与当时购买保险时银行人员说的出入太大，他没有签字。小刘算了一下，如存银行，利息有10万多元，一下子就少了5万多。小刘解释说他们是代理关系，具体收益要根据保险公司的情况。客户情绪激动，要找当时的经办人员，要找银行理论，要去告状。这下情况严重了，但小刘没有慌乱，【笔者点评：不动待机】客气地请客户坐下后，从几个方面加以沟通：

1. 现在越有钱的人越要买保险，因为你创造的价值大，保险是为了预防你因故不能工作时，你的家庭不会受到影响。

2. 你是这五年非常顺利平安，保险赔付没有发生，认为划不来。万一这五年间你出意外，保险公司是要赔付很大一笔资金的。前几天我们城郊有一人在工地上干活意外死亡，因该客户以前在我行买了5万元保险，事故发生10天后就获得了保险公司12万元赔付款。

3. 打个比方，买车的人每年都至少要交几千元的保险，很多人的车辆没有发生意外，这钱也是白交了。客户听到此，情绪慢慢平静下来了。

4. 你购买的保险兼有很大比例的保障赔付，所以它的收益没有银行定期存款高。加之经过2008年金融危机，保险公司业绩下降，分红就低了。

5. 我们自己也在买这种保险。【笔者点评：勿执一念】

期间客户来去几趟，经过多次交流，客户慢慢从恼怒到平息，再到接受。后又送客户去签字办手续。在款已到账后，客户最终同意办理大额存单。

行动后总结：

1. 对于保险类产品一定要在购买之前就跟客户讲清楚收益风险等情况，客户拥有知情权，避免以后出现不必要的麻烦。

2. 遇到投诉处理等情况，一定先冷静，然后缓解客户情绪，转移客户关注焦点，化解客户矛盾，解决客户的问题，服务好客户。

【反思环节】：

1. 类似这个案例，你过去是如何做的？请写到下面。

____

____

2. 通过这个案例你学到了什么？

____

____

3. 你的反思是什么？

____

____

4. 你准备采取的改进行动是什么？

____

____

案例6-6

待时机，收金子

“恭喜你们，又创下了分行实物黄金销售的单笔新高，希望你们再接再厉，在年底前多抱回几个‘盒娃娃’。”这天，某分行副行长为员工送上祝贺。

事情还得追溯到几天前的中午，一位客户到该分行业务经营部咨询购买黄金事宜，当得知客户想要买2000克实物黄金后，当值的大堂经理小侯马上叫来柜员主管向客户介绍起该行黄金业务优势，由于中午无法购买黄金，机灵的小侯热情地把个人客户经理小刘的电话留给了这位客户。

果然，下午客户的电话如约而至，小刘耐心地帮客户分析了近期实物黄金的走势，并告知客户如有该行的VIP白金卡还可以享受每克减免3元的优惠，并建议客户："今天的黄金价格有点儿偏高，【笔者点评：责人向善，不动待机】您要是放心的话留下电话。明天如果金价走低，我会及时和您联系的。"客户想也没想就留下了联系电话。

天遂人愿，第二天黄金价格每克下跌6.5元，小刘马上拨打了客户的电话将这一消息告诉了他。"好，我中午吃完饭就马上过去，帮我准备好7000克的金条吧！"

得到消息，业务经营部的营业主管、客户经理、柜员全部放弃了休息时间，专门等候他的到来。客户一到，刷卡、填表、授权、提金，一切顺理成章而又及时有序地办理完成。【笔者点评：万物和】

"感谢你们的热情与专业服务，时间就相隔一天，却给我省下了好几万。"拿着金条，客户喜不自禁。

行动后总结：

购买金条等投资每日波动较大的理财产品，要根据自己的专业分析给客户推荐合适的购买时机。

【反思环节】：

1. 类似这个案例，你过去是如何做的？请写到下面。

____

____

2. 通过这个案例你学到了什么？

____

____

3. 你的反思是什么？

____

____

4. 你准备采取的改进行动是什么？

____

____

案例6-7

捧出真心，让青春闪光

23岁的小吴是某支行的派遣制员工。当客户到柜，她以自然亲切的笑容，快捷准确无误地办理业务，双手为客户接递现金、存折；提醒客户清点现金、核对存折；目送客户离开，并道“再见”“慢走”“欢迎再来”。周而复始，在平凡的岗位上．演绎着精彩的人生。

四年前，中专毕业的小吴来到银行成为一名普通柜员，从那时起，她就暗下决心：一定要当一名出色的柜员，让自己的青春在三尺柜台熠熠闪光。为了尽快熟悉业务，小吴虚心向老同志请教，摸规律、找窍门，利用班前班后的点滴时间潜心研究，【笔者点评：自省改过，事上练】不断总结，积累经验，提高业务技能，这个还带着稚气的小姑娘，很快成为支行的业务尖子。

捧出真心，自有心的回报。客户周先生是一位重量级客户，他每次办理业务时都不善言辞，不苟言笑。小吴注意细节，服务到位，主动与其拉家常，谈论他关心的话题，雨天时为他撑起一把伞；取款时帮他送到车里；生日时给他送去祝福和礼物……一桩桩一件件的小事打动了客户，周先生陆续将他行的500多万元存入该行。

在平时的工作中，小吴总是用十足的耐心去融化误解的冰霜。一次，有位储户存款8000元，点了两遍，说少了200元。这位储户当场发火：“昨晚才点的钱，绝对错不了。”小吴却面带微笑地说：“您再点点。”储户接过钱点了几遍确实少200元，小吴耐心地提醒道：“您和我都没有离开柜台，怎么会少钱？是不是家人拿着用了？”【笔者点评：不动待机】一席话使客户冷静下来，回家后才知道是家人没打招呼用了200元。当天下午，这位储户急匆匆赶来，抱歉地说：“太对不起了，你的态度真好，以后我还在你这里存钱。”

在旺季营销期间，小吴的母亲生病，生活不能自理。为了不耽误上班，小吴让父亲请假照顾母亲，自己一心扑在工作上。虽然有时中午忙得吃不上饭，但她始终用最灿烂、最亲切的笑脸迎接客户。为宣传我行产品，小吴利用休班时间，走街串巷，积极联系同学、朋友办理电子银行业务。仅仅两个月时间，小吴新增存款1000万元，营销网银盾247户，电话银行392户，手机银行392户，短信签约408户，创造了单日签约网银盾21户的记录。

这位美丽的姑娘为她的人生增添了绚烂的花环：先后获得“先进工作者”“服务明星”“增存营销能手”“基金定投营销能手”等荣誉称号。而今，小吴凭借服务魅力吸引了众多的客户，“舍近求远”登门办理业务。工作中的小吴成为该支行网点一道靓丽的风景线。

行动后总结：

1. 将优质服务与纯熟的业务技能相结合，给客户最好的体验。

2. 小吴用真心、耐心对待客户，换来客户的认可与信任。作为一个标杆，将工作始终放在第一位，且不断提高自身业务及营销技能。

【反思环节】：

1. 类似这个案例，你过去是如何做的？请写到下面。

____

____

2. 通过这个案例你学到了什么？

____

____

3. 你的反思是什么？

____

____

4. 你准备采取的改进行动是什么？

____

____

案例6–8

上下同心诞生营销冠军

标准保费1280.8万元，实收保费851.2万元——某支行理财经理小陈一季度实现的保险销售成绩排名XX市分行第一，这位营销高手制胜的“独家秘籍”到底是什么？

“导向，我认为分行的导向非常清晰，专业化改革理清了个人业务条线管理的内容和流程，为客户经理的销售明晰了方向，创造了良好的环境。”小陈娓娓道来，“作为理财经理，我很明确一季度自己要做的工作和需要销售的产品是什么。年初分行组织了相关的培训，把基金、保险、黄金的销售作为一季度工作的重中之重全面出击。在日常工作中只要按照分行的营销提示踏踏实实地做，业绩自然就会显现出来。”

在该支行，从前台柜员到大堂经理、副理，从个人业务顾问到理财经理，每个人都熟悉重点销售产品，定期举办产品销售成功、失败案例的交流、剖析会，及时总结经验、解决问题，【笔者点评：自省改过】在良好的氛围熏陶下，员工们练就了扎实的基本功，小陈就是在这样的环境下不断成长的。在市分行，支行排名战，每月销售明星排名通报、营销战报、明星表彰晚宴等活动，让小陈和团队成员们为每天业绩的前进而备受激励，为支行的排名攀升而不懈努力。

小陈是个有心人，干工作有着自己的“营销经”——从不眉毛胡子一把抓。这话说来容易做来难，听听小陈是怎么说的，“只有细分客户群体，明确目标客户才能成功实现销售。经过多年的经验，我总结了一套客户细分方法，根据客户的实际需求，针对性地推荐产品，从来不会眉毛胡子一把抓，见人就推销，【笔者点评：勿执一念】我销售的客户群体主要是香港客户，他们把资金存放在我行主要是希望通过人民币升值来获得收益，可以推荐趸缴产品；长期存定期存款的客户，可以通过即将加息营销使其购买保险产品；有资产隔离或避税需求的客户，有养老金和子女教育金储备需求的客户，对收益率特别计较、急功近利的客户和资金流动性需求很强的客户，我认为是不适合向他们推荐保险产品的”。

不断刷新的销售业绩，让小陈和伙伴们兴奋不已。更让人欣慰的是小陈以专业的角度用心帮助客户解决了自身的问题。一位对婚姻缺乏安全感的女客户，盲目购买了许多保险产品，小陈向她推荐时总是遭到一口否决。经过不断了解与交流，小陈说服客户将所有保险合同拿到支行，【笔者点评：责人向善】邀请保险公司驻点人员一起为其做了产品诊断和分类，建议进行整合与调整，部分退保或停交，并针对客户缺乏期缴且有现金返还的产品，建议其做一些补充。今明两年各购买一份，两年后每年获得现金分红，具有稳固的生活保障。客户被小陈的真诚与专业所折服，欣然接受了他的建议。

“勿以小单而不为，勿以大单而得意忘形”是小陈的座右铭。从1万元的小单到500万元的大单，小陈从客户的需求入手，营销各种产品，并使之贯穿于日常工作中，持续营销能力在实战中不断提升，成就了“‘险’中求胜，愈战愈勇”的冠军美名。

行动后总结：

1. 营销高手制胜的“独家秘籍”是有非常清晰的导向。

2. 定期举办产品销售成功、失败案例的交流、剖析会，及时总结经验、解决问题，在良好的氛围熏陶下，使员工们练就了扎实的基本功。业绩反应成果，表彰晚宴也对员工起到积极促进的作用。

【反思环节】：

1. 类似这个案例，你过去是如何做的？请写到下面。

____

____

2. 通过这个案例你学到了什么？

____

____

3. 你的反思是什么？

____

____

4. 你准备采取的改进行动是什么？

____

____

案例6-9

“财富之星”的修炼心法

干练的短发、笔直的腰身、清脆的嗓音，每当迈入某支行营业部，总能看到一个身影在为客户解答问题、推荐产品，她就是在银行业文明规范服务“明星大堂经理”大赛中得到专家一致好评的“财富之星”——某支行营业部大堂经理兼个人业务顾问胡经理。

营销专家，小账大用

保险销售一直是个人业务营销的老大难问题，胡经理却从没有退却，在今年一季度，创下了80笔共500万元的佳绩。平日里总是注意认真分析对比在售的各保险公司的产品特点，做到对营销的每一种产品心中有数。在与客户交谈时，有的放矢，耐心聆听并详细了解客户需求，坚持用小本子记录下来。“只有充分了解你的客户，才能知道从哪个方面为客户排忧解难。”胡经理结合客户实际情况、资金期限、投资取向，帮助客户分析，给客户提建议，向客户介绍产品的风险与收益，并详尽分析客户资金长短期配置的重要性。她积极联系老客户和原来购买过产品的到期客户，帮助他们分析所获得的产品的收益率，同时把重点放在期缴产品上，强调积少成多、小资金大收益等特点，帮助客户正确认识期缴产品。【笔者点评：责人向善】李先生曾多次购买我行短期理财产品，她详细询问客户的资金用途和风险能力后，建议客户购买五年期分红保险，既能保证资金安全，又会比短期理财带来更高收益，还能进行资产保全。

专业精进，熟知产品

在基金和黄金营销方面，胡经理每天坚持关注股票市场和国际黄金市场的走势，不断与客户进行沟通，让客户逐渐恢复对股票市场的信心，同时也看清股票投资的风险，分步进行投资，引导客户进行资金分流，一起探讨是继续持有还是分阶段买入。【笔者点评：不动待机】每日上班前胡经理都会准备好“产品夹”，把正在销售的基金产品的折页、背景介绍及正在热销的黄金产品的图片打印下来分门别类地放置在“产品夹”中，遇到客户时，总是能第一时间将最新的产品及产品分析资料展示给客户。【笔者点评：事上练】充分利用银行强大的电子渠道，让一些资金量较小的、风险承受能力较低的客户进行账户金或账户银的产品交易，引导他们开通网上银行，进行产品投资。

理财产品因其安全性和多样性一直受到很多客户的青睐，胡经理将综合产品信息的宣传单放置在公告栏上，对特预留的客户信息进行查阅，针对有需求的客户进行信息通知，做到及时、准确、迅速。

张小姐想给孩子存些钱，问胡经理买什么产品好。她根据客户的收入及消费现状，分析了保险和基金定投在长期理财上的优缺点：保险产品收益相对稳定，基金定投则是小投入、大收益，用时间均摊风险。她向客户说明现在股市处于低位，我国经济平稳发展，股市也会上涨，客户愉快地签订了两份基金定投。

客户在各行之间进行产品的比较，我行的产品由于数量多、收益好，各种优势正在日益显现。胡经理抓住这一突出特点，以行外资金为重点来营销理财产品，引导客户将行外资金转到我行，保持资金的新增和客户数量的增加，并在更多的客户心中树立建行的品牌效应。

胡经理在工作中处处维护银行形象，全身心地服务于客户，创新性地全方位服务客户，【笔者点评：事上练】成为各方面“专家”。

行动后总结：

1. 与客户进行有效沟通，记录每位客户的需求，针对性地给出建议。

2. 在基金和黄金营销方面，应每天坚持关注股票市场和国际黄金市场的走势，并熟知本行产品，不断与客户进行沟通，让客户逐渐恢复对股票市场的信心，同时也看清股票投资的风险，分步进行投资。

3. 做好客户在理财投资上的良师益友的同时，也应处处维护好本行的形象。

【反思环节】：

1. 类似这个案例，你过去是如何做的？请写到下面。

____

____

2. 通过这个案例你学到了什么？

____

____

3. 你的反思是什么？

____

____

4. 你准备采取的改进行动是什么？

____

____

案例6-10

“斤斤计较”方能脱颖而出

热情服务的个人业务顾问大家经常见，理财知识丰富的个人业务顾问也为数不少，但“斤斤计较”的个人业务顾问您见过吗？

“您好，请问您要办什么业务？”某支行营业室传出大同小异的开场白。“听说有‘天天盈’的产品，想咨询一下。”理财低柜的小伙子立即拿出笔，边讲边画草图，将

“天天盈”产品随时间递进收益率逐级递进的特点讲得既直观又形象。客户虽然被小伙子的讲解所折服，但还是稍有犹豫，“我回家商量一下，能给一张名片吗？”

名片可是营销的有效小手段，别人都是主动为客户送出名片，可小伙子却与众不同，“看您购买理财产品的意愿很强，给您我的邮箱吧，您回家登录一下，里面有详细的产品介绍和我的电子名片，至于纸式名片，我不会给你，因为我的特点是“斤斤计较”，给客户理财也是‘斤斤计较’”。

接过小伙子递过来的写有邮箱的小纸片，客户有点不太适应，也太计较了吧?不由得盯着小伙子的工牌多看上几眼。此时，凡接过小马小纸片的客户，没有一个不好奇的。【笔者点评：心即理，凡人都有好奇心】凡好奇的都要进入小马的邮箱一探究竟。当进入已发送邮件时，几十个邮件刷了出来，既有理财产品介绍，也有电子银行产品特点及小马的电子名片。打开“天天盈”介绍，一个2页的幻灯片跃然而出，对投资范围、购买赎回注意事项、预期收益率、主要亮点言简意赅地进行了介绍。末尾附了这样一段话：理财经理小马13XXXXXXX29，提供以下服务：开网银，免小额费，送一年短信通知，送两年免费杀毒软件，送个人理财邮箱，大客户可提供上门理财，维护电脑服务，可免费重装电脑系统。地址：某某路182号，某某集团对面，某某大厦北，某某证券南。【笔者点评：致良知】此时，一个热爱生活，热爱工作，热心为客户提供个性化服务的小伙好像就坐在电脑里，微笑着等待客户的咨询。

“斤斤计较”的小马，为节省成本，吝啬到连张纸质名片都不舍得送出，可计较的同时，精通电脑的他，却又大方到让客户心服口服，免费上门安装电脑、维护电脑服务、赠送杀毒软件，各种增值服务都是大多数客户所急需的；而独特的电子邮箱，又与客户取得了进一步联系，解客户疑难，向客户提出理财建议，种瓜得瓜，种豆得豆。网上与客户的倾心交流，使他成了一大批优质客户的专职理财师。

行动后总结：

1. 客户经理需要具备专业的理财知识，以客户的资产增值为目标。

2. 通过留下邮箱的方式与客户取得进一步的联系，与客户做朋友，同时为客户提供个性化的增值服务，增加客户的黏性。

【反思环节】：

1. 类似这个案例，你过去是如何做的？请写到下面。

____

____

2. 通过这个案例你学到了什么？

____

____

3. 你的反思是什么？

____

____

4. 你准备采取的改进行动是什么？

____

____

案例6-11

“三听”营销法，拉近客户心

大堂经理作为营业网点接待客户的第一站，直接代表银行形象，体现客户服务质量，影响产品的营销效果。一个优秀的大堂经理必须掌握拿捏“三听”营销法，从而及时了解客户需求，营销客户，满足客户，提升客户认可度和忠诚度。

用眼去“听”。大堂经理平时观察进出银行网点大门的客户，迎来送往，热情周到已经习以为常，但要与客户保持目光接触，要善于观察客户的面部表情，注意客户的声调变化，用眼睛观察、用眼神表示理解等等，有助于拉近和客户的距离，客户自会感觉亲切。【笔者点评：心即理，拉近心与心的距离】

用脑去“听”。不打断客户的话头。学会克制自己，特别是当想介绍银行的产品、【笔者点评：不动待机】发表个人见解的时候，先让客户说话。通过说话，可以让烦躁的顾客慢慢平静下来，有效表达所想；通过聆听，大堂经理用脑子记录客户所说的关键话语，同时也记住客户的需求。

用心去“听”。接近客户，静听客户谈自己的事情，客户谈的越多，越感到愉快，就越会满意，大堂经理用心记录客户的兴趣爱好、喜怒哀乐，客户越容易把大堂经理当作最好的听众、最贴心的朋友。这样在日常业务往来中，能确保客户想办理什么业务时，第一个想到的就是你。【笔者点评：心即理】

行动后总结：

倾听是营销的开始，只有用心“听”到了客户内心的真实想法和需求，才能切实有效的进行最有效率的营销，给客户需要的。与客户之间建立信任的桥梁就是从有效的倾听开始。

【反思环节】：

1. 类似这个案例，你过去是如何做的？请写到下面。

____

____

2. 通过这个案例你学到了什么？

____

____

3. 你的反思是什么？

____

____

4. 你准备采取的改进行动是什么？

____

____

案例6-12

齐心协力，逆袭成功

某支行是一个由十个成员组成的二级支行团队。2016年9月我行拥有贵宾客户一千多户，截至9月21日贵宾客户产品交叉销售率较年初提升22.49%，但较上月仅提升2.37%。为扭转退步落后态势，同时持续提升客户黏性，必须立即行动。【笔者点评：心即理，想到就可以做到】

第一步：迅速部署

主任将指标情况和相关奖励政策对员工进行透彻的分析，鼓励员工拼尽全力拿回奖

励，通过微信团队群热情动员，群里交流热火朝天：【笔者点评：万物和】

“大家都来做基金啦。”

“还有一些什么熟悉的客户可以发过来看下吗？我系统里面好多都是老人家。”

“请客户帮了忙的，我们可以给客户送抽纸。”

“你们联系了哪个客户会来的，就在群里说一声，我们帮助客户办理。”

“现在只剩下四天的时间，产品交叉销售率，我们有望拿奖，支行奖励是3000元，营业部再奖励3000元，我们网点最后这四天只要再努力做10户，就能确保拿奖，大家一起来联系客户，10户绝对不是难题，昨天我们就做了5户，如果6000元的奖励拿到……大家都加油，这是需要大家齐心协力的时候了，邀约客户必须每天下午三点前来做基金。”【笔者点评：责人向善，有好处大家享，动力激发】

第二步：营销开展分步骤进行

制作折页——农银汇理货币A基金 660007

日年化收益率 2.38%

稳定收益型

农银区间收益混合000259

月涨幅0.84%

季涨幅6.37%

年涨幅8.14%

进取型

筛选客户——OCRM系统筛选目标客户

电话营销——电话联系客户，询问客户需求，介绍基金及基金定投，共联系客户60人

邀约来行——共邀约近30位客户到场

柜台营销——柜台上，各位柜员也不放松，只要是贵宾客户，一个也不放过

开口营销——短短几天柜台上成功营销基金和基金定投8户

再次动员——在有所成绩的同时乘胜再发动，不止步于当前成绩

达成营销——通过大家的不懈努力，全员积极营销，短短十天的时间里，产品交叉销售率指标提升17.95%，较年初提升40.43%

终于，员工赢得了营业部奖励，也获得了支行的奖励。【笔者点评：事上练】

行动后总结：

1. 定位准确，以贵宾客户为目标，精准营销。

2. 执行力强，明确目标后迅速做出部署。

3. 浓郁的营销氛围，通过建立微信群，加强交流，点燃大家的营销激情。

4. 通过设立营销奖项，让大家有了营销动力。

5. 严格按照部署坚决执行每一步，通过不懈努力最终完成目标任务。

【反思环节】：

1. 类似这个“逆袭”的案例，你过去是如何做的？请写到下面。

____

____

2. 通过这个案例你学到了什么？

____

____

3. 你的反思是什么？

____

____

4. 你准备采取的改进行动是什么？

____

____

案例6-13

老翁成铁杆，靠的是耐心

某网点经理小董轮岗到某支行的第一天，迎接的居然是百岁老人崔大爷。4年了，小董轮岗过三个网点，崔大爷一直是他的“铁杆粉丝”。

4年前，小董接待了一位咨询理财产品的老大爷。当老人递上身份证办理时，他吃了一惊：老人出生于1911年！他赶紧让老人坐下，递上热茶，在聊家常时了解到，崔大爷对股市前景不乐观，想把资金转投理财产品。小董不厌其烦地答疑解惑，充分考虑老人的年龄特点和风险承受能力，合理配置货币、债券型基金、国债等低风险产品，深得老人信赖，【笔者点评：事上练】成为崔大爷每次来网点必找的“专职理财师”。

年初，小董要轮岗到其他支行。交接时特意把崔大爷托付给同事。令他意想不到的是，老人居然找到了小董在的新支行来办理业务。小董感动地说："您年纪大了，家离这家支行又远，下次您就在附近的网点办理业务吧，一定会让您满意的。"【笔者点评：致良知】于是，他亲自开车把崔大爷送到家附近的网点，可"执着"的崔大爷依然经常地出现在他面前。

就这样，崔大爷不仅与小他65岁的小董结为忘年交，也成了该行的义务宣传员。几年来，小董先后为崔大爷配置了国债、基金、利得盈等理财产品，崔大爷的AUM值已达到七八十万元，成了行里最年长的白金客户。

【反思环节】：

1. 类似这个"逆袭"的案例，你过去是如何做的？请写到下面。

____

____

2. 通过这个案例你学到了什么？

____

____

3. 你的反思是什么？

____

____

4. 你准备采取的改进行动是什么？

____

____

案例6-14

要客户回心，必须真比拼

2014年10月网点新开业，网点新址位于市内最大拆迁安置区，通过走进社区对周边客户的调查了解，周边大多客户于2011年得到拆迁的拆迁款存放于信用社3年期即将到期，了解到这一信息后网点组织专业团队跟进营销。

经了解，拆迁户这一群体主要特点是一夜暴富，不知道如何打理自己的资产，亟须进行客户教育，客户对利率敏感，期望高收益但不愿承担任何风险，理财以定期存款为主，不稳定性强，到期流失率高，拆迁户多为原周边农户，对理财、基金、保险的了解程度低。我网点利用新网点开业契机，充分发挥国有大行的品牌优势，对周边客户按组进行一对一跟进维护营销，2014年三季度实现存款净增4000余万元。【笔者点评：事上练】

A客户是该批客户中最有代表性的客户之一，A客户也是我网点新开业阶段重点营销维护的贵宾客户之一，经过多次上门营销，客户于2014年11月初将其存放于信用社的到期100万元存款连本带息转入我行，并将由政府退入中信银行的拆迁集资款50万元存入我行，但客户仍有50万元在中信银行未到期。经汇总，客户在我行资产累计165万元左右，经过专业团队对客户进行合理规划设计，网点工作人员为客户介绍理财、基金、保险等产品，取得了客户的信任，客户将其165万元在我行分别存放，60万元5年期定期存款，年利率5.25%，50万元购买3年期固定收益类保险，年利率5.2%。40万元购买我行360天理财产品，年化收益率5.2%，并有剩余15万元客户用于日常的流动资金购买我行货币类基金产品快溢宝，收益率3%左右，按当时收益率估算，平均收益率接近5.0%，客户5年后到期累计可获得收益38万元左右，客户对这一规划表示认可并为我们进行宣传，带动其周边客户和亲戚朋友前来办理各类业务，累计带来存款1000万元左右，通过以点带面实现新网点的开门红。【笔者点评：万物和】

这类客户对利率敏感，尤其是面对2015年的多次央行利率降息，客户的不稳定性极强。2015年客户在中信50万元到期，因正面临利率调整，农业银行需等总行文件下发后才能确定利率调整幅度，当时农行利率低于中信银行，客户将到期50万元直接存入中信银行并购买了40万元理财产品和10万元货币基金类产品薪金宝。2015年中秋节，A客户急需10万元资金周转，因我行快溢宝赎回限制，客户无法进行支取，导致客户不满，后客户转而前去中信银行支取薪金宝10万元，经对比了解，【笔者点评：不动待机】客户发现中信银行无论是理财产品、货币基金，还是定期存款，利率均微高于我行，并且便利性更强，后A客户陆续将快溢宝内货币基金和到期40万元理财产品转入中信银行购买理财产品和薪金宝，其在我行资产仅剩下60万元5年期定期存款和50万元3年期保险，且不稳定性极强，面临到期流失的可能性。

我网点客户经理发现这一情况后及时汇报网点行长，并组织专业团队，对客户进行跟踪维护，并且及时通过客户维护系统，对周边大客户进行跟踪维护，宣传国家降息政策以及我们银行的利率政策和产品信息。通过与客户沟通了解，发现客户需求，利用农业银行作为国有银行的品牌优势和我们银行理财产品的稳定性、延续性，以及我行理财产品对贵

宾客户的优惠，重新取得了客户的信任。【笔者点评：心即理，不比如何让客户知道？】

在维护过程中，客户经理为A客户开通我行掌上银行产品，手把手教客户赎回货币基金，购买理财产品以及在掌上银行查询客户资产等操作，使客户重新对我银行产品产生了浓厚兴趣，同时客户考虑到我们网点就在其小区内，中信银行需乘车外出，距离较远，办理业务不便，客户陆续将到期资金转回我行。

2015年虽然多次降息，但是我网点通过及时了解政策，注意客户动向，加强与客户联系，跟进营销维护，2015年全年存款净增8000万元，理财1200万元，保险1500万元。

行动后总结：

1. 利用网点新开业契机，发挥国有银行品牌优势，及时发现市场信息，了解相关政策并及时跟进营销。

2. 熟悉了解客户特点，利用产品组合优势，有针对性地进行营销，后期维护及时，熟练运用客户维护系统，熟知客户动向，拆迁户是各大银行营销维护的一批重点客户，这类客户对利率敏感，不稳定性强，极易流失，营销和维护都要提早准备。这类客户，营销成功一个可能就会带来一批客户，流失一个也可能会流失一批客户，因此需要格外慎重，产品配置要灵活，考虑客户对紧急资金的需求。

【反思环节】：

1. 针对此案例中对A客户的营销，你过去是如何做的？请写到下面。

____

____

2. 通过这个案例你学到了什么？

____

____

3.你的反思是什么？

____

____

4.你准备采取的改进行动是什么？

____

____

案例6-15

认同源于专业，成功源于耐心

余某是营业室的客户经理，她在2015年4月份通过OCRM系统，关注到有一位白金级客户平先生，他的账户经常有资金转入，但每到50万元就转出去了，她通过数字个金系统查询了客户的交易记录，都是转入到某银行某支行，她于是约了平先生到网点进行面谈，了解到此客户的资金都是转到某银行购买理财产品，并且表示某银行的理财产品预期收益比我行高很多，现在已在某银行购有理财产品300多万元，而且购买的都是一年期以上的理财产品。

了解到客户的需求以后，余经理并没有放弃，【笔者点评：不动待机】虽然我行的理财产品与他行比没有优势，但是从客户的投资习惯和风险偏好来看，客户乐于接受收益高的产品，并且有较高的风险承受能力，当时正逢股市启动，基金市场开始活跃，她给客户介绍了当前资本市场的变化，基金产品的投资特点，给客户推荐了几只基金组合，【笔者点评：事上练】并没有急于让客户购买，而是让客户观察了一周时间，客户对此很感兴趣，一周以后，客户主动找到余经理，要求申购其中的两只基金共50万元。

销售完成后，余经理并没有停止与客户的联系，之后每隔一周她会把平先生的基金净值通过短信发给他。当客户的收益达到10%的时候，她就给客户进行提示，让客户考虑一下是继续持有，还是赎回，当客户收益达到20%的时候，她再一次给客户进行提示，客户表示还是继续持有，当基金净值已经到了一个较高的水平位，她再一次给客户进行了提示，并把个人对目前股市行情和如何把握对收益的期望作了一个分析【笔者点评：事上练】，客户根据她的分析，赎回了基金，在短短几个月时间里获得了40%的收益，客户赎回之后，股市也随之进行了大幅调整，客户也避免了收益的损失，规避了风险。客户对余经理专业、专注的服务十分满意，把某银行的200万到期理财产品转入我行，进行了其他产品的配置。

行动后总结：

1. 要做好产品销售，首先是要真诚对待客户，站在客户角度，切实为客户着想，用专业知识为客户进行合理的资产搭配，并能够使客户有所收益，让客户能够从内心认同销售人员。

2. 售后服务很重要，一次销售成功，并不是销售的结束，而是持续服务的开始，让客户感受到润物细无声的服务，客户才会产生信赖。

3. 不要轻言放弃，产品没有好坏，只有适合与不适合，客户的需求是要去挖掘的，一定会有满足客户需求、适合客户的产品，坚持就会达到胜利的彼岸。

【反思环节】：

1. 针对余经理对平先生的专业指导案例，你过去做了哪些工作？请写到下面。

____

____

2. 通过这个案例你学到了什么？

____

____

3. 你的反思是什么？

____

____

4. 你准备采取的改进行动是什么？

____

____

案例6-16

平时积累多，用时不嫌少

李某是某网点的柜员。一天，客户张先生走进我行网点，在取号机上取了号码直接走进贵宾室。张先生性格温和，平易近人，他看到贵宾室有客户在办理业务，就在贵宾室的等候区耐心等待。当前面的客户办理完业务后，张先生起身走近柜台，并与李某热情打招呼。

寒暄之后，张先生要求办理一张贵宾卡，咨询李某是否可行。李某热情接过张先生的普通卡与身份证，随即查询卡上余额与农行日均资产，发现张先生卡上余额有80多万元且符合我行贵宾卡办理要求。李某立即介绍我行贵宾卡具有排队优先、转账手续费优惠、赠送K宝等优点，【笔者点评：责人向善】并迅速为张先生办理。看到张先生的普通卡归属地是在外地，李某便询问了张先生以前是否在外地工作，张先生随即回答以前在深圳的医院工作，现在已经回来上班，并简要介绍了他在深圳工作时的理财情况。

据张先生介绍，他在深圳工作时曾买过基金，年化收益能达到30%～40%，而且他对基金有一定的了解，喜欢研究基金投资，张先生讲过一句话令李某印象深刻：每年花一定的时间研究投资，一般能够赚到一年的工资。从与张先生的交谈中，李某发现他是一个投资风险偏好型的投资者，且对权益类投资有一定的了解，但并不深入。

由于当时正属于股市高位运行时期，股票下跌的风险日益增大，李某便询问张先生的基金是否依旧持有，张先生回答已经全部抛仓，李某当时就对张先生的做法表示认可。由于当时外汇上涨幅度较大，新闻报道较多，李某便询问张先生是否关注过外汇投资，张先生随即表示有所关注，随后李某两度谈到了今年来人民币对内对外都贬值严重，货币购买力严重下降，人民财富正在不断缩水。张先生对国家宽松的货币政策有所抱怨，认为这是在稀释人民财产。李某向张先生简要说明这是国家为了确保经济增长的需要，如果经济增长放缓，可能造成更严重的影响，实属无奈之举。李某告知张先生，我们普通个人需要做的是进行正确的投资，让自己的财富保值增值。张先生对李某的观点表示认可，随即表示现在资金不好投向哪里，存定期收益太低，股市和房市又泡沫化严重，随时都有破灭的风险。听到张先生的抱怨后，李某立即向张先生介绍黄金投资，告知黄金价格近两年一直在低位震荡，最低达到241元每克（指农行传世之宝实物黄金），现在的价格是262元每克，黄金具有在世界范围内流通、天然避险的特点，这时候买黄金是最佳投资机会。在与张先生愉快沟通的过程中，不知不觉地，李某已给张先生开了一张新卡，并把钱全部转入新卡中，而且也为他开通了网上银行。办理完业务后，张先生愉快地离开了营业网点。

一周过后，张先生再次来到营业网点，他直接询问李某农行“传世之宝”黄金的价格与购买方式，并询问农行是否有保险柜业务。李某向张先生介绍，该网点暂时没有保险柜业务，但如果张先生需要购买黄金收藏且不用提货，建议他购买农行“传世之宝存金通”，将黄金存入卡中，随时可以提货，免去保藏的烦恼。【笔者点评：责人向善，根据客户需求给出合理建议】听了李某的介绍，张先生立即决定购买30万元农行存金通。在购买的过程中，张先生向李某说明了他在网上查阅的有关黄金的历史信息，与李某说得很相符，他认为李某的介绍很合理，【笔者点评：事上练，李某平时的功夫做得足】所以决定来购买30万黄金，并准备存放至少10年，以图长期回报，达到增值保值的效果。今年8月份，李某对客户进行了一次电话回访，告知其现在的黄金价位与盈利情况，并与客户对黄金投资进行沟通。8月份，客户从它行转过150万来农行购买理财产品，李某又一次在产品营销上取得了小成果。

行动后总结：

在本次营销过程中，李某并没有急于显示出营销黄金的意图，只是与客户讨论当前投资热点和适合的投资渠道，因而不会引起客户的反感；正确地分析当前经济形势与投资趋势，采取合理的突破口引导客户谈到最终投资产品，让客户感受到营销人员的专业性。这次营销的成果与李某长期关注黄金投资市场有关，他对黄金价格变动有深入的了解，在正确的时间点，以合理的价位对明智的客户进行了营销。因此，客户经理每天都要关注各个投资领域的最新信息，并分析这些信息对各个投资领域的影响，以便在与客户交流的过程中能够对答如流，发表自己的观点，在对话中取得主动权。同时要长期跟踪客户，无论投资产品是否盈利，都要对客户进行回访，通过足够的沟通取得客户信任，加深感情。

【反思环节】：

1. 针对李某以专业服务赢得客户信任的案例，你过去做了哪些工作？请写到下面。

____

____

2. 通过这个案例你学到了什么？

____

____

3. 你的反思是什么？

____

____

4. 你准备采取的改进行动是什么？

____

____

案例6-17

时时上心，事事落实，才能笔笔到位

自2016年某市江湖名城建设推进以来，湖滨出现了因拆迁而富集资金的拆迁客户，郭先生就是其中之一。据客户经理与郭先生的交谈，得知郭先生的房子于3月份被征收，现有拆迁房款356万，一直以活期存在信用社的活期账户上。另有一处房产也将于年中完成拆迁，保守估计400万。在网点主任的组织下，四月初，由网点主任牵头、客户经理组队的营销小组，开展了专门针对郭先生的营销计划。【笔者点评：心即理，明确方向即开始行动】

4月初，网点主任和客户经理拜访了郭先生所在村的村支书吴先生，村支书作为我行的忠实客户，与我网点一直保持友好关系。我们以村支书作为牵线引导人，拜访了郭先生。经过了解，郭先生在我行已经有一个定期存折，每个月不定期存入定期存款，时间都为3个月，目前已经存了15万元，另有一张借记卡，作为日常生活开支使用，有存款46000元。郭先生经营一个小超市，生意不错，平时资金周转比较频繁。交谈中，网点主任和客户经理发现最让他烦恼的是平时超市没有充足的零钱，每次都跑到各个银行去兑，很是麻烦。

主任当即表示，郭先生是我行的潜在贵宾客户，我们可以免费为贵宾客户兑换零散币。同时还可以帮郭先生办理一张信用卡，为郭先生提供短期资金周转服务，并为郭先生办理了一张金卡。【笔者点评：致良知】

4月中旬，客户经理再次拜访郭先生的超市，并详细了解郭先生的超市经营情况。几天后，我行网点工作人员帮郭先生安装了一台POS机。【笔者点评：事上练，解决客户实际问题】

5月得一天，郭先生到我行网点咨询银行利息。客户经理接待了郭先生，并向郭先生详细介绍了我行的理财产品，出于对我们的信任，通过理财POS机，他将信用社账户上的356万转至我行金卡并购买了300万理财产品。

6月20日，我行信用卡部与福特公司联合举办了优惠购新车活动，我们帮助郭先生购置了一台全新福克斯作为郭先生女儿的嫁妆。通过参加优惠活动，郭先生购车优惠了近万元。郭先生非常高兴。【笔者点评：致良知，尽力争取优惠给客户】

6月底，郭先生的第二批拆迁款到位，郭先生直接将资金转至农行金卡上。在得知我行钻石卡权益后，郭先生当即询问办卡条件。最终郭先生成功升级为我行的钻石卡用户。

行动后总结：

获得信息的当天，客户经理便向网点主任汇报，隔日，网点主任组织专人营销队伍；通过多方接触，还有中间人牵线搭建客户关系，多次上门拜访显示真诚；了解客户需求，针对需求为客户提供更便利更贴心的服务，同时利用我行平台优势，为客户提供最大便利和优惠；当地村委会力量很重要，加强与村委会的联系，随时掌握最新拆迁政策并且及时掌握对手银行的竞争情况；前期营销队伍人员不够，缺少专职客户经理，现有客户经理管户精力不够，不能及时发现和挖掘客户潜力，要引以为鉴。团队协作威力大，要同步推进多方联系，营销进度要跟进，满足客户需求的细节不能忽视（零钱、POS机、买车）。同时信息收集也很有必要，包括对手信息和市场变动信息。

【反思环节】：

1. 针对此案例，你过去做了哪些工作？请写到下面。

____

____

2. 通过这个案例你学到了什么？

____

____

3. 你的反思是什么？

____

____

4.你准备采取的改进行动是什么？

____

____

案例6-18

厅堂微沙龙，讲后要跟踪

2016年7月下旬，三个客户正在网点理财区域看基金定投的宣传展牌，理财经理A发现后，把三个客户聚在一起，用微沙龙的方式向客户讲解基金定投，从定投的优势、如何用资金做定投、如何挑选好基金等几个方面对基金定投做了详细讲解，客户听得聚精会神。客户刘女士一直在小讲座角落处默默地听，但是不敢参与进来。另一理财经理B发现这一情景后，主动过去邀请刘女士参与到小讲座中来，但客户比较谨慎，有所抵触，拒绝了B

经理的邀请。

讲解结束后，B理财经理就刚才这一情况与A经理进行沟通。【笔者点评：不动待机】A经理主动走到刘女士身边坐下，与其进行交流，刘女士对基金定投表现出了极大的兴趣，但是对基金的风险存在一定的疑虑，觉得基金投资风险比较大，针对客户对风险的疑虑，A经理通过通俗易懂的话术讲解，运用列数字、举例子的方法，分析了基金定投在市场涨跌时因为购买到的份额不同，从而做到跌时摊低成本，涨时一起受益的特点，并详细地介绍了基金定投在风险分摊上的稳定性。【笔者点评：事上练】听完A经理的生动讲解，刘女士了解了基金定投的优势，减少了对基金定投的风险疑虑，她表示每个月的工资可以余留一部分做投资，A经理在详细了解了刘女士每月的收入和支出情况后，建议客户以每月投入1000元、持续投资36个月的方式进行基金定投。办理完业务后，A客户经理与刘女士互留了电话，并添加了微信好友，征得刘女士同意后，将她加入到了网点的理财信息交流微信群。【笔者点评：万物和】在理财交流群里，A理财经理会不定期发布理财产品信息、行内优惠活动等信息。之后，A经理送客户离开网点。

A理财经理将可能影响客户投资的与基金相关的理财资讯通过微信发送给刘女士，【笔者点评：事上练】指导刘女士通过天天基金网查询基金净值。刘女士也通过微信向A理财经理咨询业务知识。一周后，刘女士到网点找到A理财经理，表示她的10万理财资金到期，想投资风险较小的基金产品，A理财经理推荐了两款南方基金公司的纯债券型基金，指导客户查看基金经理简介，基金历史收益等，最后，刘女士选定购买了其中一款。

行动后总结：

1. 采用厅堂小讲座的新颖模式给客户讲解基金等相关知识，人数少，讲解更加全面，更容易与有异议客户交流，也可以在厅堂起到以点带面的效果，更加有感染力，同时发掘厅堂内的隐性潜在客户；客户也可以互相交流，加大对产品的兴趣。

2. 客户经理应随时关注厅堂内客户，及时发现潜在客户，并互相配合，主动营销客户，在遭到客户首次拒绝后，根据客户的小心谨慎的性格特点，采用单独沟通的方式，拉近与客户的距离，打消客户顾虑，找到突破口进行营销。客户经理运用数字举例这一清楚且简单易懂的方式进行产品讲解，便于客户了解并接受产品。客户经理和客户沟通的时候，尽可能地获取更多的信息，在充分了解客户情况后，为客户做出合适的投资方案。在第一次营销服务后，客户经理与客户互留联系方式，与客户保持长期联系，并对客户所持有产品进行后续服务，让客户能放心地投入其他资金。

3. 客户经理要有一双慧眼，了解市场动向，从客户的行为中发现客户内心活动，这是我们营销人员深入了解客户心理活动和准确判断客户的必要前提。同时要有很强的创造能力，才能在激烈的市场竞争中出奇制胜，要突破传统思路，善于采用新方法，走新路子，引来客户的注意。案例中的厅堂小型沙龙和微信交流群在此次营销中起到了良好效果。

营销要不怕被拒绝，在销售过程中，也许客户会拒绝我们，首先我们应该了解客户，保持好奇心，了解客户的家庭、职业、学历等情况，这样可以很大程度上避免不必要的拒绝。当然如果客户拒绝了，我们也要做到不放弃，及时了解客户拒绝的理由，通过与客户交谈，及时地化解客户心中的疑团，用服务营销来提升自己的销售生产力，一切以客户为中心，把客户当客人，把客户当朋友，不单单是做好前期接待营销服务，更要做好营销后续服务，保持对客户的“可持续发展”维护。

【反思环节】:

1. 类似这个案例，你过去是如何做的？请写到下面。

____

____

2. 通过这个案例你学到了什么？

____

____

3. 你的反思是什么？

____

____

4. 你准备采取的改进行动是什么？

____

____

案例6-19

以客户为中心，以团队为后盾

蔡会计是一名事业单位的会计，40多岁，这日一早，她跟往常一样来县支行营业部低柜办理单位转账业务。在办理业务的间隙，低柜的兰会计通过观察客户的年龄、身份，开口与蔡会计聊起了家常，得知蔡会计的小孩正在读初中，兰会计给客户递出了基金定投的宣传折页，告诉客户现在可以为小孩买一份基金投资，【笔者点评：事上练】给小孩存一笔教育储备金。蔡会计将信将疑，说道，听说基金风险大，回去再考虑考虑。兰会计趁机将这一情况反映给大堂经理。

蔡会计办理完业务后，大堂经理主动将客户引导至贵宾区，周经理打开电脑，通过网上基金定投收益计算器，给蔡会计计算了几只我行优选季基金池中的基金，其做5年定投的总收益都在80%以上，折算下来平均年收益都在10%以上。经过低柜与大堂的联动营销，蔡会计最后做了两份基金定投。

行动后总结：

1. 在农村专业市场，跟客户讲基金、讲理财，客户或许不懂，但只要抓住人性的特点，从客户需求的角度出发，就能成功营销。对刚刚进入职场的上班族，重点推荐基金定投可以强制存储，每月定投能养成理财好习惯，且收益高，为将来存老婆本（嫁妆）；对30～45岁的公司白领，基金定投可以为子女存教育储蓄金；对45岁以上的客户，基金定投可以为以后养老做准备。定投就是存小钱，办大事。

2. 内外联动，以团队协作为抓手。新客户或许对基金定投的了解一片空白，第一次接触新事物，存在戒备的心理。针对在高、低柜柜员营销后仍然拿不定主意的客户，大堂经理再进行二次营销，乃至三次、四次营销。一回生，二回熟，客户听得多了，就会慢慢接受。不能因为一时的失败就产生畏缩感，不敢开口。

3. 做好售后，对客户进行投资风险教育和提示。产品营销要有始有终，才显专业。对投资基金盈利达10%以上的，可进行友情提醒，让客户自行选择是否赎回；对基金暂有亏损的客户，不能刻意回避，要引导其做长期投资，拿出定投长期投资收益案例，增强客户信心。

4. 团结协作力量大，在营销时要做到内外联动。学习产品很重要，营销人员对产品越熟，营销成功率就增大。

5. 要有不畏难、不避难的精神，在营销时要敢于开口，勤开口，不开口可能就没有营销成果，但开口营销也许会取得意想不到的收获。

6. 把握客户的产品需求，“对症下药”。年龄较大的群体对存款等能够保障收益的产品兴趣较大，而年轻的客户群体更愿意尝试收益率更高的理财等产品。

7. 做好后期客户维护，当成功营销一种产品时，就需要营销人员后期不断的维护，让客户感受到农行优质的服务，这样客户就更愿意去尝试其他的产品。

【反思环节】：

1. 类似这个案例，你过去是如何做的？请写到下面。

____

____

2. 通过这个案例你学到了什么？

____

____

3. 你的反思是什么？

____

____

4. 你准备采取的改进行动是什么？

____

____

案例6-20

产品逐次销售，须以客户体验为上

A女士为农行金卡客户，从事个体经营，与农行业务往来较频繁。六月，A女士来网点办理存款业务，柜员受理后迅速办理。办完业务后，系统显示客户尚没有信用卡，柜员乘机向A女士推荐信用卡，考虑到不能占用较长时间，因为大堂里还有其他等待的客户，柜员将客户转推荐给客户经理B。

客户经理B接收推荐后，将A女士引进理财室进行面对面洽谈和营销，初步了解客户需求后，客户经理给A女士发放了相关产品宣传折页，同时介绍农行信用卡等产品。经过短暂的聊天和观察，了解到客户经常在外进货，资金往来较多，客户经理B也认为客户有办理信用的需求，于是展开二次营销，又了解到客户有车辆行驶证，便推荐了湘通信用卡和ETC。之后，客户经理B对这两项产品进行深入推荐：一是考虑到A女士资金往来频繁，办理一张信用卡，可以扩大现金流，避免携带现金的困扰；二是介绍农行ETC，全国通用，过高速不用停车，又享有优惠，大大地方便A女士平常进货外出。A女士了解后，表示很感兴趣，立即申请了信用卡和ETC，在交谈中，A女士觉得客户经理B对产品非常熟悉，也很满意柜员和客户经理的服务，表示会加强与农行的业务往来，并互留电话，互加微信，以后多联系。【笔者点评：事上练】

在之后的工作和生活中，客户经理B把A女士当成自己的好朋友，实时关注她的动态，在朋友圈给她点赞和留言，节假日发送祝福短信，与之建立了较为深厚的友谊。有一次，客户经理B与A女士微信聊天时，向她介绍了农行“金钞”，A女士看到宣传资料和图片后，表示十分感兴趣，认为金钞既有收藏价值，又有投资价值，立即要客户经理B为她预订一套，并在自己的朋友圈帮忙转发和推荐，成功推荐了几位客户来网点办理信用卡和购买金钞。

七月，A女士来到网点办理业务，客户经理B询问A女士：信用卡是否已收到并激活？使用的是否满意？A女士拿出信用卡，表示正在使用，但最近店里正大批量地进货，资金较为紧张。客户经理B听到她的困扰后，立即想到农行推出的“信用卡现金分期”业务，【笔者点评：责人向善】无担保，无抵押，手续简便，并且资金即刻到账，正符合A女士的要求，于是马上向她推荐现金分期。A女士了解该业务后，觉得很适合自己的需求，非常开心地办好了现金分期。离开网点的时候，A女士还连连夸赞农行的产品好。在之后的几个月里，A女士逐渐将自己在它行的存款转至农行，客户经理B在贵宾客户管理系统中发现A女士的资产逐步上升，又考虑A女士资金需求较大，便建议她提升信用卡额度，【笔者点评：责人向善】现在A女士的额度已有明显上升。经过长期的维护，客户经理B和A女士最终实现了共赢！

行动后总结：

1. 柜员和客户经理有敏锐的营销意识。营销柜员和客户经理有丰富的营销经验，敏锐的营销手段，在发现客户是农行信用卡目标客户时，积极主动进行营销。

2. 团队服务配合至关重要。由于大堂等待客户较多，柜员及时将客户转推荐给客户经理，在最短的时间内为客户申请了信用卡和ETC。

3. 客户经理不断跟进营销。该案例中营销的不仅仅是一个金卡客户，更是客户对网点员工工作效率与服务的认可，是对这一网点服务形象的良好感知与信赖，伙伴计划成效显著。在营销客户的时候，也营销了客户身边的朋友。

4. 培养敏锐的营销意识，是营销基本。高效团队配合，是成功营销的保障。

5. 实时跟进客户，随时随地营销，了解并满足客户需求，才能实现共赢。

【反思环节】：

1. 类似这个案例，你过去是如何做的？请写到下面。

____

____

2. 通过这个案例你学到了什么？

____

____

3. 你的反思是什么？

____

____

4. 你准备采取的改进行动是什么？

____

____

案例6-21

私公联动，用心在前

A先生为农行白金卡客户，是一名公司的企业法人代表，在农行购买了理财产品。7月1日，客户经理B和往常一样，上班的第一件事，就是打开贵宾客户管理系统，在查看工作提醒时，发现A先生今天生日，他马上编写了一条生日祝福短信发送过去。

A先生为农行贵宾客户，在农行购买了理财产品，客户经理B已经对A先生进行了几个月的跟进，经常与之电话联系。客户经理B了解到A先生是某公司的法人代表，个人和公司的资金常常在各行之间流动，常常周转于各个银行，业务办理手续十分烦琐，且跨行转账手续费偏高，A先生有意把资金都转入同一个银行，这样既方便资金往来，又能减少一些费用。在深入了解客户的需求信息，客户经理B觉得这是一个好机会，【笔者点评：心即理】便提议为客户把普通卡升级为白金卡，还建议客户把公司的对公账户开到农行网点。与此同时，客户经理B将A先生的情况上报到支行，支行对该客户非常重视，认为A先生为农行重要的贵宾客户，嘱咐客户经理B一定要用心维护，并表示支行会给予最大的帮助。

客户经理B了解到A先生在农行购买了理财产品，有一次，A先生来网点购买一款理财产品时，发现该产品已售完，客户经理B当即为他推荐了一款贵宾客户专享的理财产品，利率高、风险低，A先生经过短暂考虑后，便购买了这款理财产品。但客户经理B发现A先生账户上仍有大笔活期存款，A先生说过段时间可能需要周转资金，必须保留一部分的活期存款，以备不时之需，可是活期存款的利率太低，客户经理B立即向A先生推荐了农行的一款新产品——“活利丰”，存活期的钱，享定期利率。A先生听后，觉得十分满意，并表示要将它行的活期存款也转至农行，获得更高的收益率。针对A先生在农行的个人资金情况，客户经理B为他办理了一张白金卡，并为其开通了网上银行、掌上银行等业务，以后，A先生来网点办理业务时，只需在叫号机刷卡，便能取得贵宾号，优先办理业务，极大地缩短了A先生办理业务的时间，并且农行的掌上银行可以免费转账，操作简便，到账速度快，最大程度上减少了A先生转账的手续费。【笔者点评：致良知】

当得知A先生公司的项目部在今年有融资需求时，客户经理B多次与A先生联系，探讨该项目的情况。经过调查研究后，客户经理B判断该项目符合农行发放贷款的条件，希望A先生将对公账户开至农行，农行会尽量满足A先生的融资需求。在营销中，客户经理B与支行公司部上下联动营销，与A先生多次进行电话联系和会面洽谈，最终与企业达成了融资意向，将贷款资金顺利放入农行账户，并且将对公户开到农行。支行又充分发挥公私联动的战略措施，积极营销并成功推出代发工资、网银、手机银行等产品，将公司的员工也发展成为农行的客户。【笔者点评：万物和，由点及面】

行动后总结：

1. 利用系统对客户进行维护，坚持跟进走访，了解客户需求。

2. 与时俱进，营销新产品，上下联动、公私联动，积极营销。

3. 互通信息是前提。在了解客户需求后，农行充分发挥主观能动性，积极营销。

4. 上下联动、公私联动是关键。

5. 感情营销是基础。人与人的交流十分重要，农行与客户的关系是经过长期的联系、走访形成的。

6. 优质服务是载体。坚持优质服务，提升客户满意度。

【反思环节】：

1. 类似这个案例，你过去是如何做的？请写到下面。

____

2. 通过这个案例你学到了什么?

____

____

3. 你的反思是什么?

____

____

4. 你准备采取的改进行动是什么?

____

____

案例6-22

你诚心，客户也诚心

客户王先生于2013年7月初次来我网点办理业务就被我网点柜员小曾的真诚服务所打动，当场表示愿意在我网点办一张卡，与我网点建立长久的联系。面对客户的主动要求，网点柜员小曾随即为客户办理了一张普通借记卡，并向客户介绍了我行稳健型的理财产品“安心得利”，讲述了“安心得利”理财产品相对定期存款具有较高的收益，有多期时间档次可以选择，客户可根据自己的资金使用需求进行合理的搭配，在资金闲置期间可获得不错的收益。面对柜员的用心介绍，【笔者点评：心即理】客户表示自己虽然对于理财不是很了解，但愿意尝试。当天下午，客户从他行转入50万全部用来购买30天的“安心得利”理财产品。30天过后，客户的理财资金如期返回到账上，并获得了预期收益，客户对我行的理财产品给予了初步的认可，也对网点柜员小曾有了进一步的信任。

在后来的相处中，小曾与客户保持着紧密的联系，每次理财产品到期，小曾都会主动与客户联系，【笔者点评：事上练】介绍新一期的理财产品与最新的金融产品，询问客户是否有最新的金融需求，客户对小曾的服务非常满意。逢年过节，我网点都会为贵宾客户准备适当的礼品以感谢客户对我们工作的支持，小曾也利用这些机会进一步加深了与客户的感情。久而久之，小曾已成为客户非常信任的朋友。在这期间，客户在我网点曾购买过

100万的国债，20万的基金，300克的黄金，都获得了良好的收益。

今年一季度，由于存款冲刺压力比较大，每个人都有500万的存款任务。由于王先生在我网点有200余万的理财在季末会到期，小曾随即联系了王先生，希望王先生能够在理财到期后不再购买理财产品，放十几天的活期，为我们的季末存款冲刺做准备。王先生听到小曾的要求后问道："需要多少存款才能完成任务？"小曾表示越多越好，王先生爽快地答应了小曾的要求，并表示在季末还会存入一笔资金来支持小曾。【笔者点评：心即理，客户会以他的心来理解银行人的业绩压力】对于王先生的表态，小曾表示了感谢但并没有抱很大的希望，因为她并不知道王先生到底有多少存款。但生活总会给付出的人惊喜，2016年3月27日，令小曾大吃一惊的是王先生的账上多出了1500万的活期存款。小曾随即联系王先生表达谢意，王先生表示，是农行长期热情的服务打动了他，反过来他也愿意支持大家的工作，希望以后能与农行有更愉快的合作关系。事后，我行主管领导随即拜访了王先生，并与王先生进行了愉快的洽谈。

行动后总结：

1. 每一位客户其实都有很强的自尊心，都希望获得真诚优质的服务，在本案例中，柜员小曾一直坚持自己的服务标准，对待每一位客户都像对待贵宾客户一样地去服务，这使她不会因为服务差而错过一位优质客户；面对优质的客户，小曾坚持做好长期跟踪服务，通过长期的互动加深感情，让客户产生一种绝对的信任感与高度的认可，在关键时刻，只需我们做适当的请求，就能达到四两拨千斤的效果。

2. 服务在于长久的坚持，从而获得客户绝对的忠诚度。要真诚对待每一位客户。

3. 在合适的时期要为客户推荐合适的产品，使客户能够获得收益，客户才会给予更大的信任。

4. 与客户保持长期的互动很重要。

【反思环节】：

1. 类似这个案例，你过去是如何做的？请写到下面。

____

____

2. 通过这个案例你学到了什么？

____

____

3. 你的反思是什么？

____

____

4. 你准备采取的改进行动是什么？

____

____

案例6–23

专业带来信服

某分理处贵宾客户刘总，2014年刚创办了一家化学公司，其在我行个人金融资产约500万元，在众多的高净值客户当中并不特殊，但作为一个分理处的个人客户来说，已是为数不多的优质贵宾客户。刘总为人温和，幽默风趣，乐于与他人沟通，行事很有主见，一般都是自己选购银行理财产品，没有开立单位账户，平时来网点办理业务的频率也不多。在与网点工作人员交流的过程中，刘总表现出对银行理财产品收益率不是非常满意，但是对高风险的资本市场也不认可，觉得还是做实业好，来钱快，还保险。目前刘总只是将个人储蓄中的一部分交由多家银行管理，资金的大头还是放在实体中运营，且其名下的化学公司现在正处在发展壮大期，需要大额资金扩大市场。

刘总在我行的理财项目一直不温不火地进行，资金稳定，坚持做自己认定的理财产品，每次都是自己选好理财产品，叫工作人员帮他购买，在一次与网点主任的交流当中，刘总说感觉目前实体经济也不太好做，且现金流需求比较大。

刚分配过来的网点主任是行里少有的年轻大学生，对于理财规划方面也有比较清晰的思路，便主动与刘总一起探讨了当前的经济大环境，从客观方面分析了实业风险，并规劝刘总合理规划自己的个人和企业资产，有效规避市场风险。【笔者点评：责人向善】但是鉴于刘总的性情，网点主任并未直接为其选择理财产品及投资组合方式，只是从侧面引导刘总要在稳定收益类产品及保障类产品中合理投资。

一个月后，刘总有一笔理财产品到期，他这次并未直接购买理财产品，而是咨询了其他一些投资理财产品。网点主任当即建议他将个人资金分成几部分：一部分用于购买理财产品，同时分别购买不同期限的理财产品以增强资金流动性；一部分用于购买基金定投，因为刘总有一个13岁的女儿，且有意让女儿去新加坡读初中，网点主任还将他自己入行五年来的基金定投展示给刘总看；一部分用于购买期交类保障性理财产品，建议他就个人人身和财产安全进行投保。【笔者点评：事上练】刘总对网点主任的专业性产生了信任感，便在网点主任的引导下分别选购了几款不同期限的理财产品、基金产品及保险产品。

与此同时网点主任向刘总推荐了我行的银行承兑汇票业务，建议其可以先在我行开立单位基本账户，办理票据贴现业务、信用卡、代发工资、理财、网银等业务，为其单位提供更简洁高效的结算服务。【笔者点评：致良知】由于刘总对我行的信任一步一步加强，刘总同意在我行开立单位结算账户，并办理了我行的承兑汇票业务。

截止到2015年底，刘总在我行的个人金融资产已经突破1000万元，银行承兑汇票金额达1500万元，成为我行忠实的个人优质客户兼对公优质客户。

行动后总结：

1. 专业胜任！用自己的专业知识解决客户问题，为客户提供优质高效的服务。

2. 客户跟踪维护很重要，对于现有优质客户要跟进营销，通过提高客户交叉销售率，提高客户忠诚度。

【反思环节】：

1. 类似这个案例，你过去是如何做的？请写到下面。

____

____

2. 通过这个案例你学到了什么？

____

____

3. 你的反思是什么？

____

____

4. 你准备采取的改进行动是什么？

____

____

案例6-24

专业配置下的省心方案

客户张先生，年龄45岁，2016年9月来我行办理银行卡，并主动要求办理金卡。经过工作人员询问，该客户为本市城郊住户，因修建高速公路占用住房，获得搬迁补贴250余万元资金以及补偿房屋一套，客户经理随即留下客户联系方式，并与其保持电话沟通，做好后续跟踪服务。

客户资金到账后，客户经理对客户进行了约谈，了解到客户对资金的用途主要有如下安排：①补偿房屋装修款20万元左右；②作为其子女教育费用，结婚储备费用；③自己的养老贮备和双方父母的养老金安排等。

张先生现为本市建筑工地工人，月收入2500元左右，其妻子在超市担任导购员，月收入1500元左右，两人工作稳定；张先生有两名子女，大女儿正在读大学，儿子正在读高中。张先生现无负债压力，短期内只有房屋装修需求，无其他消费需求。客户对风险的态度为风险规避型，对资金的要求为在保本的前提下追求收益。

针对客户的需求和风险偏好，客户经理先后向客户推荐了国债、我行大额存单、保险产品、我行理财产品、通知存款、基金定投等产品。客户根据自身安排，5年内对资金流动性并无要求，无创业打算，在保本的前提下追逐最高收益，最终配置如下：

表5　客户资产配置方案

产品	金额	备注
5年期国债	100万	无风险，年化收益率4.17%，无风险产品中收益最高，满足张先生近5年无须大额资金周转的情况
3年大额存单	100万	无风险，年化收益率3.85%，基数计息，可提前支取。
我行“本利丰”62天理财产品	40万	保本保收益型理财产品，产品时间短，保持流动性
我行“活利丰”产品	16万	保持充足流动性，随时可以提取，用作备用资金，满足短期装修及其他紧急支出情况
总计	256万	预期3.9%

之后客户经理在贷记卡、装修贷款等方面积极营销，旨在第一时间满足客户的需求。【笔者点评：责人向善】

行动后总结：

1. 识别、跟踪营销，积极了解客户的需求，为营销成功打下基础。
2. 营销要与客户整体规划相一致，把合适的产品推给合适的客户。

【反思环节】：

1. 类似这个案例，你过去是如何做的？请写到下面。

____

____

2. 通过这个案例你学到了什么？

____

____

3. 你的反思是什么？

____

____

4. 你准备采取的改进行动是什么？

____

____

案例6-25

细心发问，有的放矢

2016年5月6日，财富经理李某在日常查看CRM系统中的大额异动情况时发现客户张女士于5月4日从他行转入100万资金，通过CRM系统分析张女士在行内的资产状况，发现张女士持有XX(卡号)开头的钻石卡，且当前金融资产余额、金融资产季日均、当年金融资产最大余额等多项指标均为25万多元，该资金于2016年1月中下旬和2月初分3笔转入通知存款。

了解了该客户基本情况后，李某随即与客户取得联系："张女士，您好，我是XX银行XX支行的财富经理李某，冒昧地打搅您，我们系统提示您在前天有笔大额的进账，为了保障客户的资金和账户安全，对于大额资金进出的客户都需要跟客户核实下，冒昧地问下，您的这笔资金是准备买理财还是暂时存放呢？"

客户说："暂时先放着吧。"

李某接着说："好的，我这边系统看到您还有几笔资金在通知存款里面都放了好几个月了，这样放着不是很划算，如果实在是担心要用钱的话，也可以考虑下我们这边一些比较灵活的理财产品，这样也能使您的收益大幅提高，【笔者点评：致良知】您看今天还是明天方便到网点来了解下？"

客户回答说只有今天中午有时间，李某说："正好今天中午该我值班，您可以中午过来找我。"于是跟客户约好了中午见面。

中午，张女士如约而至，进入办公室后，李某请客户坐下，并为她倒了一杯水。因为是初次见面，李某客气地说："张女士，您好，很高兴见到您，没想到您这么早就来了。"张女士回答说单位就在附近，吃完饭就过来了，李某想起了张女士有一张XX（卡号）开头的钻石卡，接着说："难怪呢，我当时在系统里面看到您的贵宾卡的卡号就猜您是对面XX单位的，没想到还真是的。"

此时张女士也打开了话匣子："是的，这是我以前的工资卡，可是现在工资换到XX行去了，一点都不方便，还是你们在跟前方便些。"李某马上抓住客户这句话开玩笑说："既然您觉得我们行方便，就把钱都转到我们行里来呗。"【笔者点评：不动待机】客户也接着说："是转了噻，这不刚刚转了100万吗？"

李某也接着客户的话讲："是哦，谢谢您对我们行的信任和支持，今天约您过来的目的也是看看您的这笔资金有没有什么安排。"客户回答说暂时没有什么打算，并询问是否有好的理财产品推荐。

此时李某没有直接推荐产品，而是反问客户需求："我们行的产品都还挺不错的，关键还是看您的需求，比如您的风险承受能力，对产品的时间有没有什么要求，有没有什么特别排斥的产品等等。"【笔者点评：不动待机】

客户回答道："也没有什么特别的要求，只要产品稳健，收益高点就行。"李某笑着说："几乎每个客户都是这样的需求，那冒昧地问下，您以前买过些什么类型的产品呢？"客户说："就买点银行的理财产品，去年还买了点国债，前几年买的基金亏得吓死人。"李某接着说："那还可以啊，去年买的国债利率还是蛮高的，基金去年上半年那阵行情那么好应该赚回来了啊，您没赎回吗？"【笔者点评：事上练】

“不晓得啊，亏了几年了，一直放着没管它，XX行的客户经理推荐我买了之后也没管过我。”“那是蛮遗憾啊，您还记得您买的是什么基金吗？要是方便的话您可以告诉我，后期我来帮您关注。”李某伺机说道。客户回答说真不记得了，李某接着讲：“那这样，您今天回去可以看看，到时候可以把基金代码发给我。”

“张女士，刚刚简单地了解了下您的需求，以及您过去持有的产品情况，我个人建议您配置一个长短结合的稳健型产品组合，这个产品组合既能满足您资金的流动性也能满足收益性，建议拿30万购买“XX盈”（按月开放式理财产品），再购买70万一年左右的理财，剩下的钱再配置一个每年交20万的银保产品。”接着理财经理详细地为客户介绍了这几款产品，客户当场购买了30万“XX盈”（按月开放式理财产品），自营理财因为没有额度暂时无法购买，银保产品因为期限较长需要跟老公商量。

客户经理李某5月13日下午再次致电客户，告知5月14日有新的理财发行，约客户一早来行购买，第二天客户如约而至，根据李某的建议配置了273天的自营理财产品80万和年交10万的XX人寿年金型保险产品。

5月21号，客户致电李某说想退掉XX人寿的产品，理由是不想买保险。李某在电话里面没有过多询问，只是让客户带好保单、银行卡和身份证来行详谈。【笔者点评：不动待机】

5月22号，客户来行办理退保手续，李某一边填单一边与客户聊天，慢慢了解到客户真实的退保原因是因为办公室同事说保险产品不好，是忽悠人的。于是李某重新再给客户讲解了一遍产品并告知客户当前降息周期适合配置中长期产品锁定收益。【笔者点评：责人向善】

说服客户不退保之后，客户又进一步询问了香港保险，外汇投资和房产投资等情况，碰巧李某朋友圈刚刚转载了一篇央视关于香港保险的风险分析，他随手打开给客户看；【笔者点评：事上练】对于房产投资，李某结合最近看到的一篇报道“深圳拆迁户66套房无法出租寻求政府帮助”以及未来可能出现的房产税等问题与客户沟通，对于外汇投资，李某与客户聊到了最近“英国脱欧”以及近10年美元与人民币的汇率变化等内容。

7月27日，张女士再次从他行转入20万购买XX公司纯债型基金。

行动后总结：

1. 与客户交谈的时候敏锐地捕捉到客户工资曾是我行代发这个关注点，迅速建立同理心，与客户消除距离感，营造愉快的交流氛围。

2. 在营销过程中没有在不了解客户需求的情况下直接就客户询问产品而急于推荐产

品，而是进一步了解客户曾经购买过哪些产品，以便更好地给客户配置产品。此外，在服务客户的过程中迅速抓住客户对他行的不满但又不诋毁同行，而是寻找服务机会给客户留下好的印象。

3. 时常关注最新财经信息，在与客户沟通的过程中不至于无话可谈，同时也更有利于建立自己的专业形象。

4. 理财经理在日常工作中应该有高度的营销敏感度和营销意识，针对客户资金动向、与客户交流的细节，迅速抓住客户的需求点展开营销。

5. 营销过程中与客户的对话要做到“有的放矢”，询问的时候要注意技巧，什么时候问封闭式问题，什么时候问开放式问题等。

6. 初次与客户建立联系时不要推荐过多产品，以2～3种为宜，留下好的第一印象，为后期深度营销打下基础。

【反思环节】：

1. 类似这个案例，你过去是如何做的？请写到下面。

____

____

2. 通过这个案例你学到了什么？

____

____

3. 你的反思是什么？

____

____

4. 你准备采取的改进行动是什么？

____

____

案例6-26

专心的理财方案　贴心的银行服务

湖北某发展有限公司，主要经营化工类产品经营批发，企业对公账户开在我行。2016年6月6日，我行举办端午节高端客户沙龙活动，邀请了该企业负责人付女士参加。会上，财富经理讲解了当前经济形势下如何做好资产配置，付女士很感兴趣，要求第二天为其做全方位的财务诊断。7号上午，付女士和老公郭先生一起来到了本行，财富管理团队热情地接待了付女士一行，并了解到如下情况：

（1）化工行业竞争激烈，产能升级投资太大，客户早已萌生退意。目前已有一家同业公司愿意收购，出价930万元，分3年付清，每年310万元，双方正在洽谈中。

（2）付女士去年听了朋友的介绍，将500万元投入股市，重仓武钢，目前深度套牢，且武钢已停牌。

（3）在企业转让之后，手上会有大量现金。客户考虑通过资产配置覆盖今后的生活支出并安享晚年。

（4）儿女均在国外，早已成家立业，没有家庭负担。

2016年6月8日，财富管理团队做好理财方案，并为付女士汇报：

（1）在企业转让后，建议留出18万元资金作为首年的生活资金，其中12万元供生活支出，6万元为紧急预备金。

（2）家庭投资方面，由于付女士深受股票套牢之苦，不愿再承受过高风险。由于武钢与宝钢合并，属于重大利好。待复牌后会有较好的表现，因此建议在股票复牌后，分批次抛出手中股票，减少损失。损失应可控制在10%以内。并将股市资金转投保本类基金，以及与黄金挂钩的结构型理财，预期年化收益率5%。

（3）二人有社保无商保，根据遗属需求法并考虑通货膨胀测算，二人需购买商保98万元作为补充，并建议家庭每年至少安排一次全身体检和医疗护理，确保二人能及时发现疾病并保持持较高的健康水平。

（4）住房换购，建议将现有160平方米住房卖掉，并购买同小区220平方米住房。一方面可以改善自己生活条件，另一方面由于并购后手上现金较多，购房可以改善自身的资产结构。

（5）由于企业转让存在很高的不确定性，而收购资金又是理财规划中最重要的资金来源。所以团队在理财规划方案中模拟了三种可能发生的情况：【笔者点评：勿执一念】一是企业能够顺利转让，二是企业转让失败，三是企业虽然转让成功，但是收购企业未能足额支付收购款。

客户在理财报告交付后即基本同意按此配置，有小部分调整，理财师之后继续跟踪服务。

行动后总结：

1. 通过组织理财沙龙活动寻找潜力客户。

2. 了解客户情况后，迅速组织专业团队为客户量身打造理财规划。

3. 在投资规划中，不拘泥于本行产品，而是以客户的财务需求为主，提供了丰富的产品搭配。

4. 在保险规划中，利用遗属需求法，为客户精确的测算保费。

5. 对于客户被套牢的股票，分批减持并转为其他低风险产品。做到减轻损失，风险可控。

6. 提供了三种不同的理财方案供客户参考。

7. 在客户选择了理财方案后，通过定期回访客户，调整理财计划。

8. 银行在挖掘私人银行潜力客户时，定期举办高端客户沙龙是很有效的。在实操中，举办客户沙龙最好选在小长假之前。主要有两个好处，一是名正言顺，客户容易赴约；二是放假在即，这时客户心态较为放松，容易沟通。如果选在国庆和春节反而不好，私银客户很多都会出国旅游，心思不在银行。

9. 有钱的客户普遍有三个心态：一是越有钱的客户越焦虑，二是越有钱的客户越保守，三是越有钱的客户越看缘分。理财经理给客户留下的第一印象很重要，否则可能不会有第二次机会接触了。首次见面，在与客户聊天时，应该多聆听客户的想法，多比较产品的风险，在关键处举几个客户听得懂的例子就好，夸夸其谈反而容易引起客户反感。

10. 执行力要强，了解客户需求后，如果觉得客户真有潜力，就要迅速开展工作。最好是能在2天内完成理财规划。

11. 专业能力、团队协作能力都非常重要。在实操中，理财团队中最好有对税务和宏观形势作分析的专长人士，因为高端客户普遍都懂一些税务知识(特别是企业主）并非常关心未来的经济动向。

【反思环节】：

1. 类似这个案例，你过去是如何做的？请写到下面。

---

2. 通过这个案例你学到了什么？

3. 你的反思是什么？

4. 你准备采取的改进行动是什么？

案例6-27

四心齐备，栽花备席

今年第三季度，农业银行某分行网点的员工们，以“栽花备席迎贵客，鸿雁电波传真情”的心意和行动，感动客户，成功签约了一名私人银行客户。

今年，农行对贵宾客户管理系统进行了整合与升级，许多客户被重新合理分配，杨主任在整理系统客户时，细心地发现了一名新归属到其网点的私人银行级别客户，且尚未签约。杨主任立马通过客户预留的号码与客户联系，详细告知客户作为农行贵宾客户所能享受的服务和优惠，并诚邀客户前来网点签约。【笔者点评：心即理】

无奈客户在外地工作，暂时没有时间前来办理签约。网点坚持与客户保持联系，在多次诚恳邀请都不能如约见面的情况下，认真做好了迎接客户回乡来签约的准备。一方面，指派具有20多年工作经验的员工鲁大姐与客户进行“点对点”服务，关注客户资金动向，及时向客户通报风险提示，向客户推荐农行热销产品，适当邀约客户；另一方面，积极与上级部门沟通，提前准备好了签约协议、问卷调查表与礼品，做好迎接客户随时上门的准备。【笔者点评：事上练】

机会终于到来了，9月的一天，客户回来了，没有告知银行方面，来到网点办理业务。由于全网点员工早就对这位客户的情况了然于胸，办理业务的柜员第一时间就发现了这位客户，并立即通知了杨主任，为客户送上准备已久的礼物。在与客户的攀谈中得知，客户因为户口原因，小孩读书择校面临困难。杨主任在得知此事后，通过多方努力，联系亲朋好友，多次去学校了解讯息，与校长洽谈该客户小孩入学事宜，最终帮客户解决了这个难题。【笔者点评：致良知】

客户被网点热情和真诚的服务所打动，无论是从业务上为客户赢收益，还是从生活中和客户做朋友，都圆满解决了客户的生活难题。该客户不仅主动签了私人银行协议，还把存在其他银行的600万元存款，全部转到了我行这个网点。

行动后总结：

1. 细心。在贵宾客户管理系统升级初始，网点就对所有客户进行了划分，不仅做到户户有人管，人人都管户，并且每个员工对本行的目标客户都做到了细致深刻的了解，及时发现客户，把握住机会。

2. 耐心。网点耐心细致地关注客户，联系客户，预约客户，跟踪服务客户。久而久之，客户被感化。

3. 有心。提前做好了一切准备，如礼物准备，签约准备等。把客户的一切情况记在心里，在客户没有告知已回乡，会来办理业务的情况下，能够第一时间认识客户。

4. 热心。贵宾客户在被柜员及时发现时，就已经很感动，明白农行每个人心中都有他，在等他。特别是，农行员工还主动为他解决了孩子上学的大难题，客户觉得农行和他不只是业务关系，还是可信赖和依靠的朋友。

这四心，是网点能够稳稳地赢得目标客户的关键。

【反思环节】：

1. 类似这个案例，你过去是如何做的？请写到下面。

____

____

2. 通过这个案例你学到了什么？

____

____

3. 你的反思是什么？

____

____

4. 你准备采取的改进行动是什么？

____

____

案例6–28

路遥知马力，日久见人心

到年底了，一年一度的客户大拜访活动拉开帷幕，王总也在名单之列。一天下午，梁经理和白行长带着上等的白茶专程拜访王总。虽然事先联系过，但是王总对某地建行领导的专程拜访依然显得很惊喜，聊天的气氛很融洽。

在交流中，王总坦言最近有件烦心事，厂里最好的箱包打板师傅要回老家了，留不住。原因是明年打板师傅的孩子上幼儿园，但是某地本地的幼儿园必须得有房产证，养老保险之类的手续，眼看着孩子注定在这里上不了幼儿园了，所以打板的师傅决定带孩子回老家上学。“说者无心，听者有意”，【笔者点评：致良知】白行长是某地的“女婿”，在某地人脉比较广，为了帮助王总解决这个难题，他特地联系了自己担任某地幼儿园园长的朋友，帮打板师傅的孩子争取到一个名额。白行长的努力，帮王总挽留了一个好员工，这件事情，进一步拉近了王总和某地建行的关系。

闲时，王总成了某地建行的常客。29日，梁经理在OCRM系统中查询到王总结算通卡上进来200万，200万对我们新开的网点来说不是个小数目，一步步走来我们深知“粒粒皆辛苦”的道理。梁经理立即致电王总询问，得到的答案很简单：到年底了帮我们网点拉存款。原以为是留不住的过路资金，却是一个客户的拳拳心意，着实让我们感动。【笔者点评：万物和】

次年2月，王总的箱包厂在我行开立了一般户，办理了全套对公产品代发工资120户。

今年，我行为固化源头资金，争取优质客户，推出了“聚财通”和“金管家”等产品，让客户的流动资金也享受定期利息，而“金管家”的归集资金的意义在于为客户减少后顾之忧。考虑到这两款产品确实非常适合王总这样资金往来大的生意人，小吴向王总详细介绍了这两款产品。听闻了产品的优势，王总毫不犹豫地签约了这两款产品，【笔者点评：心即理】即结算通借记卡、聚财通、金管家等有口皆碑的理财产品等，这让王总确确实实体验到建行周到的金融服务。

现在王总将自己的大部分业务转移到了某地建行。每次有新的比较适合王总的理财产品，小吴都会第一时间通知他。如今，但凡小吴开口介绍的产品，王总总是诙谐地调侃道："全由你做主啦！"一句"全由你做主"包含了客户多少的信任和我们多少的努力啊！

截止到现在，王总的AUM在我行最高达1000万，他已经办理了我行的私人银行卡。由王总引荐，他的客户中已有三位福建老板办理了结算通借记卡。为我行争取了一笔可观的存款。

行动后总结：

1. 勤谈、勤跑。只有与客户进行经常性的沟通与交流，多拜访客户，了解客户的动向，知晓客户的所思所欲，才能及时调整营销策略，捕捉商机，在激烈的商战中抢占先机。

2. 工作从细微处入手。在营销前对客户有充分的了解，要知道自己的客户看重的是什么，需要的是什么，发掘合作的广阔天地，同时要细心观察，见人所未见，想人所未想，捕捉蕴藏在事物背后的新商机，针对王总为员工要离职的事情操心，主动替他解决问题，想客户所想，急客户所急，获取客户信任。

3. 创新服务方式。营销不能停留在传统的习惯思维和做法上，要将新的营销理念和服务方式有机地结合起来，最大限度地满足客户日益提高的服务需求。

4. 对王总的成功营销再次让我们感受到忠实的客户绝不是一朝一夕能成就的。网点在发掘优质客户时，不能急于求成，要善于经营情感而后营销产品，以服务吸引客户，以产品赢得客户，以客户带动客户。路遥知马力，日久才能见人心。

【反思环节】：

1. 类似这个案例，你过去是如何做的？请写到下面。

____

____

2. 通过这个案例你学到了什么？

____

____

3. 你的反思是什么？

____

____

4. 你准备采取的改进行动是什么？

____

____

案例6-29

厅堂营销靠耐心

机动柜员冯某在内训师的鼓励下走出柜台开展厅堂微沙龙，给客户发放自制的宣传折页，向客户宣传营销迪士尼纪念金钞。“感谢大家的耐心等候，为了让大家等候时不乏味，我向大家介绍一下迪士尼授权我行独家发行的金银钞……”接着开始运用练习过的金钞话术营销客户。

有客户表现出兴趣，询问金钞的情况，冯某立即跟进，向客户仔细介绍。得知客户妹妹常住广州，喜欢带小孩去迪士尼玩，顺势营销客户帮其购买一套送给小孩。客户说还不知他们喜不喜欢，先拍图发微信问一问。此时VIP室的杨副主任营销客户买了一套金银钞，内训师得知后，将客户带至VIP室看实物，并拍图。客户表示预定一套，等问完再过来购买。【笔者点评：事上练】

前一天为配合完成智付通升级e商管家，网点主任通过系统梳理出目标客户，内训师组织红星全体员工通过短信、电话邀约客户前来签协议。客户朱先生前来网点签完协议后，杨主任根据客户活动资金较大，转款次数较多的情况向其推荐了我行的商惠通和活利丰签约。客户在VIP室等待办理业务的时候，走出柜台值守大堂的黎某发现朱先生是其管户客户，于是与客户攀谈，正好晨会练习了基金定投营销话术，黎某于是运用话术并结合自制基金定投折页向客户营销基金定投，客户态度是不抗拒不接受的状态。此时黎某发现其钥匙串上有私家车钥匙，于是询问客户是否办了ETC，客户表示可以办一个。【笔者点评：不动待机】姜姐便拿出随身携带的信用卡宣传折页向其推荐湘通ETC信用卡（过高速打九折、五元洗车、美食半价等活动）。客户在柜台办完商惠通及活利丰签约后，姜姐将其带至超级柜台申办信用卡，办理过程中内训师和姜姐又继续向客户营销基金定投：“每月投几百，小收益大回报。”接着结合折页示例给客户计算收益。客户一开始觉得风险太大，但是考虑到几百也可以起投，本金不大的情况下，是可以接受的。最后经过姜姐和内

训师的热情营销，客户购买了两支基金定投。【笔者点评：心即理】

行动后总结：

1. 厅堂营销，耐心是关键，任何时候都要善于发现善于跟进。
2. 不疾不徐，闲聊中引出产品，列举优点的话，贴近生活的比喻或对比着来说。

【反思环节】：

1. 类似这个案例，你过去是如何做的？请写到下面。

____

____

2. 通过这个案例你学到了什么？

____

____

3. 你的反思是什么？

____

____

4. 你准备采取的改进行动是什么？

____

____

案例6-30

外拓搞营销，有心就有果

小赵，1992年生，2014年入行，某支行的高柜柜员。营业部的转型启动会一公布PK赛方案，这个长沙二环线内唯一的小胖子就说他要拿到优秀个人奖。【笔者点评：心即理】

刚开始大家没放心上，因为他虽然业务办得快，但是业绩一般，整个二季度应该也就营销了六张信用卡。没想到的是，导入第一周的周三，他利用休息的一天通过外拓营销回来了20张漂亮妈妈信用卡，营销对象是体育馆的银联商务，国企单位。小赵原来在该单位实习，与他们建立了较好的关系。得知他们都没有农行信用卡，便利用休息时间，在他们都在上班的时候上门营销信用卡。此外导入第二周的周三有个熟客跑到他的窗口来兑换零钱，他跟这个客户推荐了我们的信用卡，客户欣然接受，小赵知道他是店长，就顺势表示希望上门给他的同事推荐办理。得到客户同意后小赵利用中午休息的一个小时跑到客户店里，通过网申又营销了18张信用卡，他是支行当之无愧的外拓明星。除了信用卡他还营销成功了一百万存款，另外还有一位他的客户答应这两天来购买200克黄金。小赵人虽胖但不憨，脑子活，嘴利索，业务快。【笔者点评：事上练】受小赵营销的启发，我们的运营副主管、柜员都纷纷利用休假的时间出去进行外拓以提高业绩。【笔者点评：自省改过】

行动后总结：

外拓营销就是要走出去，寻找客户，发现客户，利用身边可以利用的一切资源，小赵就充分利用了在原单位的人脉和熟悉的朋友，业务来自舒展，只会越来越多，还能够积极影响他人，这才是网点的正能量！

【反思环节】：

1. 类似这个案例，你过去是如何做的？请写到下面。

____

____

2. 通过这个案例学到了什么？

____

____

3. 你的反思是什么？

____

____

4. 你准备采取的改进行动是什么？

____

____

案例6-31

外拓不畏难，走近客户心

寻找客户

2012年5月，总行下达了博导信用卡的任务指标。作为高校网点，我网点义不容辞担当重任，对华中农业大学所有的教学楼进行了扫楼行动。刘老师就是其中一位目标客户，他是华中农业大学生命科学院的一位博士生导师，熊经理他们在对产品进行了仔细的学习之后直接进行了上门拜访，同时发放了我们的理财宣传单。【笔者点评：事上练，客户经理有时候需要外拓客户，进行一些扫楼活动，扫楼之前应该做好对产品的了解等准备，以应对各种营销机会】

熊经理先给客户简单介绍了此次上门拜访的目的，当刘老师听到他们是来进行信用卡营销时，不是很感兴趣，说道："我们手上的卡片实在太多，不想再开卡，而且平时是不用信用卡的，自己有多少钱就用多少钱，为什么要去透支使用呢？"因为平时在网点营销也会碰到类似的回答，所以熊经理很熟练回答道："刘老师，这次是我们行专门针对高校博导发行的一种信用卡，优惠很多，而且额度都是20万以上，属于白金卡级别，您趁现在我们有这种优惠政策先把额度批下来，是不是激活使用您再考虑，说不定您哪天需要就用得上呢，而且您在其他银行是办不到这么高额度的，这张信用卡属于白金卡，也相当于是您身份的象征嘛！"说完刘老师一边点头一边问道："有没有年费呢？"熊经理说"您如果不激活就没有任何费用，如果激活用，每年只需要不限次数刷卡10次，就可以免年费的，像您这种经常出差的老师，一年10次是绝对没有问题的，即使您不出差，去超市刷十瓶矿泉水都够了，您说是吧？"刘老师继续点点头，看老师已经基本认同熊经理的观点以后，熊经理拿出信用卡申请表，递到刘老师桌前，"您看，刘老师，办起来也很方便，填这些地方，然后身份证复印件一份就可以了。"说话间，刘老师就已经在填写申请书，填好以后，熊经理又跟刘老师强调，关于年费如果激活了一定要每年刷10次以上，否则会收取3000块钱的手续费，这时刘老师虽然惊讶手续费过高，但还是说："我要用的时候会去你们那里再咨询的。"最后熊经理又递上一张理财宣传单，介绍了我行理财产品的优势，并留下了联系方式，递上了自己的名片。【笔者点评：心即理，客户经理营销过程中，需要

掌握沟通技巧，抓住机会，乘胜追击，掌握主导性，同时需要给下次见面创造机会，以避免一次性营销。】

过了大概半年时间刘老师给熊经理打来了电话："小熊，你们行的理财，现在是什么情况啊？给我介绍一下。"熊经理随即就当时的理财产品给客户做了介绍，然后请客户到网点来面谈，约好时间后，刘老师如约而至，他们谈得很开心。刘老师从他行转了22万到我行，本来刘老师想买理财，熊经理又另外推荐了定期存款，并就当时的经济形势，将定期存款和理财的优劣势进行了比较，并提出了"理财需要看综合收益"这一看法，当时因为定期存款利率较理财还是低很多，所以能接受熊经理的看法的老师并不是特别多，但是由于刘老师对熊经理的信任，他很爽快地接受了三年期定期存款。【笔者点评：责人向善，理财经理需要就当前经济形势，对客户进行引导，对于理财，没有最好，只有最合适。】

开发客户

又过了一个多月，临近过年的时间，我们推出了华农专属理财，熊经理趁机给刘老师打了电话，介绍了这种专属理财，刘老师对熊经理的致电很是高兴，认为熊经理有把她的事情放在心里，就预约了30万的专属理财。这一次在熊经理的帮助下，刘老师顺利地买到了专属理财。【笔者点评：心即理，理财经理后续的客户维护需要找到切入点以及营销机会，要让客户感觉到我们是从心里在为她服务，使她的利益最大化，这样才能够提高客户黏度，信任度。】

维护和提升客户

经过一系列的接触，熊经理会适时向刘老师提出让她转介客户的请求，刘老师也不抗拒，陆续推荐了她们学院的老师来行找熊经理办理各种业务。

截止到目前，客户在我行资产近百万，每次只要有适合刘老师的产品，熊经理就会通过微信推荐给她，过年过节，熊经理也会在送上祝福的同时，赠送一些礼品给刘老师。这么几年下来，刘老师对熊经理很信任，会在有疑问的时候通过微信或是电话与熊经理联系，会在过节的时候主动给熊经理发送节日问候的短信。【笔者点评：万物和，理财经理坚持长期对客户跟踪维护，通过定期专业化维护，提升了客户的认同感和信任感，让客户愿意转介客户到我行，提高了客户贡献度。】

行动后总结：

1. 在竞争日剧激烈的银行业，银行一直处于被动状态，所以我们需要适时走出去，主动营销，客户是稀缺资源，很多时候不会主动来找我们，此时，我们就应当主动出击，去引导客户的想法和需求，随后为客户提供舒心的服务和真正的便利，赢得客户的理解与信任。

2. 理财经理用真诚的服务和最终的事实真相感动、说服客户，平稳化解这种银行业危机，从而取得了更多的营销机会。勿以事小而不为，勿以事繁而不做，将事情处理好，会带来意想不到的效果。

【反思环节】：

1. 类似这个案例，你过去是如何做的？请写到下面。

____

____

2. 通过这个案例你学到了什么？

____

____

3. 你的反思是什么？

____

____

4. 你准备采取的改进行动是什么？

____

____

案例6-32

营销处处有惊喜，恒心相伴客户来

今天是平凡而又忙碌的星期一，客户刘总来到了于经理的面前，刘总有些着急地问，能不能帮他更改一下基金账户，他觉得现在黄金的行情非常好，不久的未来会有大的涨幅，与刘总简单地聊过之后，于经理顺利地帮助刘总解决了困扰他的关于基金账户变更的问题。

在聊天的过程中，于经理了解到，刘总准备从股市提出来一笔资金，用于购买账户金。基于对刘总长期维护的了解，她知道刘总非常喜欢我行的建行金，并对黄金有一定的需求和收藏爱好，也曾多次购买我行的实物金条。【笔者点评：心即理】于经理赶紧趁热打铁，向刘总介绍了我行的易存金业务，他知道刘总平常喜欢自己在网银上操作购买，便赶紧打开网银操作界面，帮刘总开通易存金账户，并教会刘总使用。刘总表示，回去再了解一下。

于经理继续向刘总介绍，现在有很多新款的猴年特色黄金饰品，并打开宣传资料给刘总看。刘总简单浏览，并没有表示很大兴趣，于经理又说了一句，还有一个最新热销的十二生肖金摆件，非常精美，并赶紧把手机中保存的图片打开给刘总看，刘总随意看了一下。于经理告诉刘总，这个摆件是15800元一件，金重30克。刘总问多少钱一克，她回答500多一点，并告诉他，这个是黄金工艺品，所以肯定是比金条贵些。刘总说："帮我订一套咯。"一套！于经理确实有些惊讶，赶紧用计算器算出总价格是189600，刘总看了一眼，说："可以啊，你帮我赶紧订货咯，顺便帮我问问，买一套有没有优惠。"

刘总离开后，于经理第一时间联系到十二生肖金摆件的工作人员，了解了产品具体信息，并确定好操作流程和具体的到货时间。然后，他打电话给刘总，刘总几分钟后便来到网点，刷卡买单。至此，一套福满堂生肖摆件，在我行出单了。

对于这次营销，于经理认为与这两点有着密不可分的关系：第一，我们要了解客户需求和喜好，站在客户的角度为他服务和营销，这样成功的概率将会倍增；第二，坚持开口营销，于经理言语朴实，内容清晰简单，但是做到了开口营销。【笔者点评：事上练心】很多时候，即使是你认为成功概率很小的事情，也不要轻易放弃，只是一句话的开口营销，不会耽误你的任何事情，但却很有可能给你带来意外的惊喜。这次的开口营销成功经历，不是第一次，也绝对不会是最后一次，他在以后的工作生活中，都将持之以恒。

行动后总结：

1. 以解决客户问题为目的。

2. 要了解客户需求、喜好，站在客户的角度为他服务、营销，并能持之以恒。

【反思环节】：

1. 类似这个案例，你过去是如何做的？请写到下面。

____

____

2. 通过这个案例你学到了什么？

____

____

3. 你的反思是什么？

____

____

4. 你准备采取的改进行动是什么？

____

____

七、对公客户营销场景十六例

案例7-1

心有多远就能走多远

善弈者谋局

这一年，某地某行刚换了新一届领导班子，恰逢国务院正式批复某省为“国家资源型经济转型综合配套改革试验区”，该地作为“试验区”里的“试验田”，先行先试，商机无限。面对机遇，该地某行率先作为，与政府签订了《“十二五”时期战略合作备忘录》，在金融行业中争得了服务重点项目优先权。

“百度公司投资47亿元，在此省此地建设中国北方最大的云计算中心。”这年，此省招商引资大会上这一讯息刚刚公布，便引来媒体争相报道。与之同时，嗅觉敏锐的各大金融机构蜂拥而至，一场不见硝烟的战斗瞬间展开。该地某行成立了行长亲自挂帅的项目营销领导组，第一时间向政府提交了《综合金融服务方案》，表明争办项目的信心和能力。【笔者点评：心即理，敢做没做过的事】

与百度这样的国际知名IT公司打交道，谁的心里都没底。“尽管政府一路绿灯，但百度公司对地方相关审批流程还是不太了解。”百度云计算（某地）中心项目开工之初，尚未设置固定办公场所。法务人员、工程项目主管、财务人员每次来只做短暂停留，节奏快且办事效率要求高。特别是进入开户阶段，涉及外商注资，需省、市商级工商、外管、商务等多个部门逐级审批。为此，该行提前到相关部门咨询审批流程，及时将所需材料清单及填制要求进行沟通反馈，使公司财务人员完成实地办理手续仅用了不到半天的时间。【笔者点评：致良知】

“没想到内陆城市还有这么好的金融服务……”初次接触，百度给予该行这样的评价。“该行是介入最早，也是服务最好的银行。”政府首次组织项目手续办理对接协调会，力排众议，选择了该行作为唯一指定金融服务机构。

兵来将挡，水来土掩

百度云计算（某地）中心项目位列某省“十二五”转型发展十大重点工程之首，对支撑某省经济转型整体布局和提升该市品味形象将产生巨大影响。各大银行虎视眈眈，一些股份制银行蠢蠢欲动，百度公司一时举棋不定。原本应于1月份办理开户和注资手续，被迫一再后推，延迟到了5月份。

“压力太大了，真是寝食难安啊！”谈及竞争之激烈，熬红了眼的该行业务部王经理感慨万分。有的机构更是穷尽手段，不惜代价，搬出百度总裁的至亲营销公关。兵来将挡，水来土掩，营销团队领导多次拜访政府管理部门，据理力争，巧妙周旋，化险为夷，及时有效的化解了干扰。【笔者点评：事上练】

跳出圈外

“跳出项目抓项目”。作为项目营销总指挥，该行党委书记王行长时刻关注着项目进程、行业动态和政府倾向。“政府态度虽然没有改变，但我们也不能被动等待。不能单靠政府传递信息，必须谋求主动地位。”为了确保万无一失，他带着精心策划的服务方案前往北京，约见百度高层，表达本行服务的诚意和能力。【笔者点评：勿执一念】

百度被该行的真诚打动了。百度云计算（某地）中心开户花落该行，该省该行分行领导发来贺电并意味深长地说：“这仅仅是开始，服务好百度云计算（某地）中心项目，我这里就是一条绿色通道。营销服务百度这样的世界级IT公司，我责无旁贷，也会当好一个合格的客户经理。”这样的姿态，足以让该行每个员工充满信心而义无反顾。

想客户所想

公司业务部客户经理小张参与了项目营销，她的机智干练和职业素养给百度公司留下了良好印象。“在百度，每个字都可以赚钱！”通过与百度筹建人员的接触，她一点一点消除对云计算的困惑，破译百度搜索引擎的价值链条和利润来源。正是在一次次不经意的接待聊天中，她一步步探知百度的云战略、云构想，以及公司的治理结构和销售模式，【笔者点评：心即理，不懂的都可以搞懂】使得该行的《金融服务方案》日臻完善，更加符合“百度口味”。

“该项目不仅弥补了该分行国际业务的短板问题，而且把短板瓶颈变成了长板优势。更重要的是，通过争办这个项目，增强了与政府的合作和影响力，增强了整个营销队伍的自信心。今后，我们还有什么不可能！”该分行信心满满。

先谋后动，就这样，该行面对世界级IT企业百度公司和强大的竞争对手，以小搏大，以智搏强，书写了一个“小机构”营销“大项目”的成功篇章。

心在云上，路在脚下……

行动后总结：

1. 先谋而后动，面对机遇先是同政府签订战略合作备忘录，然后在第一时间提交金融服务方案，表明信心和能力，取得政府的支持。

2. 通过提前向相关部门咨询审批流程，为客户省时省心。

3. 时刻关注竞争对手动向，采取相应措施，用真诚感动客户。

4. 根据客户的特点，不断完善金融方案，使之更加符合客户的需求，增加客户的黏性。

【反思环节】：

1. 类似这个案例，你过去是如何做的？请写到下面。

____

____

2. 通过这个案例你学到了什么？

____

____

3. 你的反思是什么？

____

____

4. 你准备采取的改进行动是什么？

____

____

案例7-2

贴近客户心，解决我难题

网点占比、存款占比，这两道题对某支行的员工来说不亚于数学领域中的“哥德巴赫猜想”。营业网点占全市金融机构221个营业网点的3.6%，农村信用社、邮政银行，农业银行的网点数量分别为90、40、35个，该支行只有8个，去年一般性存款占比也是3.6%。该支行从网点的服务能力、营销能力、竞争能力入手挖潜力，在网点占比率不变的定势中来改变存款占比，截至4月末全口径存款时点余额21亿元，比年初新增2亿元，占该分行新增的33.29%。在该省27个县域行中存款排名第一位。在地区同行业占比由3.6%上升到35.6%，排名由8家金融机构的第七位中跃居到第二位。

被该支行称为“对标样板”的支行储蓄专柜，春节上班的第一天，存款一下子就‘飞’走了800万元，被他行撬走。行长来到专柜想听听员工们的想法，看看他们有没有好的办法把这个“大窟窿”填平。但令他惊讶的是，大堂经理们都在忙着接打电话，“王经理你得帮我救救急存点款，50万。多多益善！”“好！好！先存过来200万元，明天再转过来100万。老首长，谁让我是您的兵了，您的兵永远需要您的支持……”

积累客户信息，让信息资源变成存款的业绩；积累人脉财富，强化员工的竞争力；积累服务信誉，赢得客户。三天时间，储蓄专柜的“大窟窿”堵上了，还增加了1000多万元存款。更可喜的是他们独创的“三个积累”法，【笔者点评：自省改过】被全行其他7个网点所借鉴，成了全行的财富。

该市是全国十大服装市场之一，各大银行网点云集于此。商业银行的网点就有6个。某分理处提出了一个响亮的口号：旺季营销一个网点新增存款要超过他行多个网点的总和。【笔者点评：心即理，有雄心才会有可能】有的人说他们这个玩笑开大了，人家6个网点经营面积、人员配备都不比你少，银行产品、服务同质化让你伯仲难分，除非你长着三头六臂。12名员工真的长出了“三头六臂”，日日存款新增超过他行6个网点的总和，月月荣登分行存款的“龙虎榜”。

同行们纷纷猜测他们有秘密武器，而所谓的秘密武器就是日日到客户中去寻找“破题”的新方法。【笔者点评：事上练】该市服装市场地处该城市场西南方向40多公里的西柳镇，冬季下午三点钟市场就关门，各家银行的网点也随同市场时间，下午三点半就都关门了。他们在走访征求客户对银行服务的意见时，听到客户说，“如果银行能将营业时间再延长点就好了，市场关门我们还得清点货物，结账后才能到银行存款。”于是他们把营业时间延长了一小时，【笔者点评：致良知】这一个小时为他们赢得数以百计的客户。某城市场从外地来此经商的客户越来越多，这些经商的客户每到年末都会把一年挣的所有钱汇到外地老家。走访中他们了解到该市很多先富起来的商户，做服装生意挣了大钱，现在都转到外地做开矿钢铁、房地产等更大的生意。于是，通过很好的维护，一个又一个一年难得相见的客户成了他们的“铁户”。有个开铁矿粉的大客户一次就存了500万元。

物流集团、浙江商会、商贸城商会，一个个新兴的商业组织，是物流链、资金链、人际关系链，【笔者点评：事上练】该分理处的员工们从中找到了多种业务开拓的渠道，实现了他们以一胜多的新增存款的目标。

行动后总结：

1. 为了解决突然出现的“大窟窿”，大堂经理主动想办法，创造“三个累积”法，三天时间将问题解决，并额外有了1000多万的存款。

2. 运用当地经营范围分布特点，找准客户群，从客户角度出发，解决他们的问题，从而找到更多提高新增存款的方法。

【反思环节】：

1. 类似这个案例，你过去是如何做的？请写到下面。

____

____

2. 通过这个案例你学到了什么？

____

____

3. 你的反思是什么？

____

____

4. 你准备采取的改进行动是什么？

____

____

案例7-3

专业方案打动客户

中国房地产开发荆沙公司是一家小型地方国有企业，公司地址在湖北荆州，主要经营房地产开发相关项目。

2016年6月21日，我行省分行养老金业务部客户经理到该企业拜访，通过与企业负责人的沟通，了解到企业目前状况如下：

■ 由于房地产行业的特殊性，企业短期大量融资的需求较大，而其余时间大量资金闲置问题也无法解决；

■ 由于目前国企改制，员工福利不足，导致员工忠诚度不高；

■ 高层领导的个人所得税较高。

2016年6月，我行再次与企业领导人沟通，并提出解决方案【笔者点评：事上练】：

● 通过申请银行短期贷款来解决短期资金短缺问题，在资金周转过程中，前期贮备资金可用于购买养老金公司理财产品，可解决长期资金闲置问题；

● 为保障和提高职工退休后的待遇水平，调动职工的劳动积极性，建立人才长效激励机制，增强单位的凝聚力，促进单位健康持续发展，可启动企业年金计划，增加员工福利，提高员工忠诚度；公司每年可按照以企业年度职工工资总额为基数，提取比例不超过8.33%的方案，为企业员工建立企业年金，提高企业员工福利；

● 企业年金计划方案中，企业缴纳及个人缴纳部分的个人所得税部分，可在提取企业年金时缴纳税费，且可分期分摊所得税；而高层领导的个人所得税部分，可通过部分缴纳到企业年金中，减少个人缴税基数，合理减少个人所得税。

2016年7月，经过我们的多方沟通，企业同意我行的以上方案，并签署了企业年金方案合同，且关注我行短期贷款及短期理财产品，解决了公司筹融资及资金闲置问题，同时解决了高层领导及员工福利问题，合理规避个人所得税问题。企业对我行的策划非常满意【笔者点评：心即理】。

本案例的亮点在于：

● 了解企业具体情况后，我行全面分析企业问题，通过RFP培训知识中学习的内容全面分析，找到最适合的方案并推荐给企业；

● 企业通过我行推荐的企业年金方案，成功签署企业年金计划，且后期将陆续推出员工薪酬延付计划和养颐无忧计划等；

● 与我行机构部和小企业中心合作，解决企业短期贷款问题；

● 及时掌握对手银行的竞争情况，并作详细对比，让企业增加对我行信任度；

● 第一时间与办事处负责人进行交流，并及时拿出可行方案，站在客户立场上解决客户问题，得到客户满意答复。

本案例的不足在于：

● 由于企业需求较复杂，我行需联系各机构为其解决问题，所以需加强各部门协作；

● 企业地址在荆州，大部分沟通通过电话和邮件，可适当增加视频会议。

行动后总结：

● 站在企业立场上帮助企业解决问题【笔者点评：心即理】，是RFP培训的核心内容，也是这次项目成功的关键；

● 为企业找到最合适的方案需要通过综合分析，且需掌握纳税筹划、企业融资等方面的知识，对知识的广度要求较高；

● 项目协作很重要，【笔者点评：万物和】综合各部门优势力量，可让项目解决方案更加全面，更有优势。

【反思环节】：

1. 类似这个案例，你过去是如何做的？请写到下面。

____

____

2. 通过这个案例你学到了什么？

____

____

3. 你的反思是什么？

____

____

4. 你准备采取的改进行动是什么？

____

____

案例7-4

策划精心，回报可喜

某县支行紧盯国家惠民重大项目——某地征地拆迁，精耕细作使得该行储蓄业务更上一个台阶。

去年11月，在得知此项目消息后，支行立即成立专项营销团队。在其他五家金融机构同步竞争下，该行紧急商讨制定《某县支行关于“某地高速铁路”拆迁补偿资金专项金融方案》，第一时间向政府相关领导汇报，力陈合作诚意以及前期所做的大量服务，【笔者点评：心即理，获得客户心中肯定】县政府对该行制定的金融方案非常满意。该行乘胜追击，又获得各个乡镇主管拆迁项目的工作人员支持。为确保此次拆迁项目资金落户农行，途经网点组织人员与专项营销团队一起组成走访小组，对接拆迁项目协调指挥部商讨项目相关事宜，最终确定由该行代发拆迁资金约8000万元。

12月份，该行开始行动，逐户走访、收集资料。根据收集的拆迁户的信息资料，走访小组逐户上门拜访，以金融服务“问卷调查”的营销方式，按区域分组开展“白加黑”走访，上门拜访各拆迁户主，掌握各拆迁户主的职业、资金用途等基本信息，征求拆迁客户对该行金融服务存在的问题，采纳拆迁客户的合理意见，同时收集拆迁客户相关信息。在走访的同时，对农行产品进行配合的宣传。【笔者点评：事上练】

银行卡发放后期资金留存工作。各网点将收集的客户信息，按网点统计好后，进行批量发卡，同时配备对账折，以方便客户了解拆迁资金到账的明细情况。发卡后，网点再派专人送至拆迁户手中，并制定签收表，务必要保证每张卡都发放到位。由支行个金部分析“问卷调查”信息，制定金融产品套餐。对拆迁户事项代理征地拆迁资金利率特别授权申报，对目标客户进行产品宣讲以及理财方案的推广，对大户的理财服务会同支行个金部共同制定方案上门营销。【笔者点评：万物和，公私联动】同时时刻注意其他金融机构动向，特别是针对拆迁户的营销活动。

到目前为止，整个拆迁资金留存率约85%。

行动后总结：

1. 制定关于拆迁补偿资金专项金融方案，找准关键人物，对接营销。

2. 及时掌握对手银行的竞争情况，把握黄金时间，以“问卷调查”“白加黑”方式走访，收集信息，【笔者点评：事上练】高效办理。

3. 精细化服务，一点一户制定金融产品套餐留存资金，大力宣传打造品牌形象。

【反思环节】：

1. 类似该支行的案例，你过去是如何做的？请写到下面。

____

____

2. 通过这个案例你学到了什么？

____

____

3. 你的反思是什么？

____

____

4. 你准备采取的改进行动是什么？

____

____

案例7-5

岳阳某行案例：利国利民建广场 安居乐业民心亲

羊年春节！夜幕降临，只见广场上大红的灯笼与路灯交相辉映，应景的花儿伴着春风竞相开放，好似又现《岳阳楼记》“皓月千里，浮光跃金……渔歌互答，此乐何极……”的美景。

而就在一年多以前，这里却是另一番景象：荣湾湖沿岸杂草丛生，几间破旧的土砖房散落其间，一到雨水多的季节，这里的道路便泥泞不堪，生活污水伴着泥水肆意地流进荣湾湖中，岸边散发着刺鼻的气味。

“昔日，是处斯园未起，湖湾或赤水泛滥，或亢旱枯涸，亟待浚治。幸有农行心挂民计民生，五亿信贷资金助我除水患兴水利，辟旧土建乐土！”读过十年古书的李大爷诗兴大发。

原来，他老人家居住此地近40年，受尽了湖区洪水的折磨。前几年，政府决定实施水系综合治理项目，改善辖区内生态、人居环境，实现辖区内水资源综合开发利用。他们第一时间看到的就是农行的客户经理深入居民区调查研究，开展可行性论证。【笔者点评：致良知】从事关民生的前期调查到拆迁补偿，再到居民补偿资金存取，他每时每刻都感受了农行优质的服务……

随着项目论证进一步深入，农行主动找到政府主管部门，通过有力的宣传公关，获得了贷款主办行资格。面对5亿元的贷款资金、8年的借款期限、7个多亿的直接工程预算、超过26亿元的土地整理和征拆资金等多项需求，该行成立了由省、市、县三级机构专家组成的项目评估小组，多次深入工地实地察看工程进度，进入村组了解土地征收情况，走访财政、国土等相关部门调查合法性手续审批情况。【笔者点评：事上练】还派出专人到上级行作专题汇报，以最快的速度通过了项目准入及授信事项。

贷款审批后，该行了解到项目工程急需赶在年前结算工程款的要求后，克服年关信贷规模紧张、资金计划难调度等重重困难，主动压缩审核时间、积极向上级行争取扩大贷款规模，畅通了贷款发放渠道，使得信贷资金顺利通过受托支付转到施工单位账户上。【笔者点评：致良知】

“农行真是帮了我们的大忙了，这笔贷款还真就在年前放下来了，否则，这么多农民工兄弟拿不到工资，怎么回家过个安心年啊！”2月12日，项目工程负责人在收到工程款后特意打来电话表示感谢。【笔者点评：心即理】

“农行高效、优质的服务，让我们时刻感受到一流银行对地方经济发展的大力支持！”正是由于这次融资项目的成功运作，农行员工的敬业精神得到了当地政府领导的充分认可，主要领导在工程融资总结会上当场要求职能部门深化与农行的合作，使得源头活水涓涓来……【笔者点评：心即理，万物和】

元月份，政府与农行签订了《财政惠农补贴资金结算代理合作协议》，将全县财政直补代理业务全部委托农行办理；2月份，县财政以国库现金管理等方式在农行增加定期存款5000万元；3月初，又增存农行非税收入账户存款5000万元，并在账户管理、资金调度方面对农行给予支持。

“项目完工后，将有效治理水系污染和改善生态环境，增加水体流动性，改善城市内湖的水质，对本地宜居城市的建立及和谐社会的构建具有积极作用。同时，我行还可以获得良好的经济效益！”县支行负责人初步测算：贷款发放后，预计每年可增加净利润2733万元，实现经济增加值1263万元！

行动后总结：

1. 获知政府决定实施荣湾湖水系综合治理项目的信息后，迅速开展调查研究，进行可行性论证。

2. 项目论证通过后，主动找到政府主管部门，通过强力宣传公关，获得了贷款主办行资格。

3. 面对多项资格需求，成立专家项目评估小组，深入实地考察，确保了资料真实性。派遣专人到上级行作专题汇报，以最快的速度通过了项目准入及授信事项。

【反思环节】：

1. 类似该支行的案例，你过去是如何做的？请写到下面。

____

____

2. 通过这个案例你学到了什么？

____

____

3. 你的反思是什么？

____

____

4. 你准备采取的改进行动是什么？

____

____

案例7-6

诚心诚意不变，安身立命之本

某慈善基金是全球最大的华人财团法人，全世界的重大灾难都有他们援助的身影。“5.12”地震后，该会在某地组织了“安心、安身、安生”三个阶段的援助。今年初启动的“安生”援助——创办环保科技园，主要从事塑料制品回收，将其用高科技手段制成毛毯、毛巾、衣服等，再用于慈善事业。项目初期总计划约投入3000万美元。

获得消息后，支行立即意识到这是一个针对灾后重建的重大投资项目，【笔者点评：心即理】便迅速向分行做了详细汇报，分行当即成立由支行牵头的营销团队。

5月底，当地市政府赴台湾与慈济慈善基金会商谈项目相关事宜，得知投资金额将增加5000万美元或更多。与此同时，地级市也加强了招商引资力度，项目落点可能有变。但基金会前期在政府的帮助下累积了非常好的经验和基础，因此，团队判定落子当地悬念不大，应坚持盯住客户不放松，进一步加强客户联系。【笔者点评：不动待机】

6月17日，慈济慈善基金会副总执行长等一行高层赴省府正式洽谈签订投资协议，此时却传来不妙的消息，两家竞争对手正加紧与市、县台办联系，情势可能发生大逆转。团队紧急商讨对策，认为：合作银行的选择肯定要尊重客户的意愿，但县级市政府的力量不可轻视。分行领导星夜兼程地向省、市台办负责人汇报，【笔者点评：勿执一念】力陈该行的合作诚意以及前期所做的大量服务。

6月18日，营销团队送去了外管手续资料并协助客户解读、填报。21日，客户委托该行办理外管手续、开户手续。次日，外汇资本金账户、人民币基本结算账户成功开立。

6月23日，该市举行投资9990万美元的慈善事业基金会“大爱感恩环保科技园”项目签字仪式。该行成为该项目的唯一合作银行。签约仪式上，慈善基金会高层宣布：该项目总投资9990万美元，力争将其打造成全世界环保科技的一个典范！

7月20日，首批600万美元资金顺利到账。

项目亮点：

- 获得信息的两天后，繁体版的《外汇业务推介书》发送台湾；
- 通过多方接触，了解基金会的“四大志业”、援助的总体情况等，支行派员工到办事处体验义工工作；
- 与政府招商、台办沟通，掌控基金会和项目的各种信息、进度；
- 及时掌握对手银行的竞争情况；
- 第一时间与办事处负责人进行交流；
- 派专人陪同办事处负责人到地级市工商局等部门办理企业注册手续；
- 加强与外管局的联系，随时掌握最新外汇政策……

行动后总结：

1. 当地政府力量很重要。
2. 团队协作威力大，要同步推进多方联系。
3. 项目跟进要及时，满足客户需求的细节不能忽视（繁体字）。
4. 信息收集很必要，包括对手信息和外汇变动信息

【反思环节】：

1. 类似该支行的案例，你过去是如何做的？请写到下面。

____

____

2. 通过这个案例你学到了什么？

____

____

3. 你的反思是什么？

____

____

4. 你准备采取的改进行动是什么？

____

____

案例7-7

B银行案例：供销链融资，打通上下游

企业经营情况

京客隆商业集团股份有限公司注册资本4.12亿元，为中国连锁零售企业30强、市百强企业。集团旗下拥有4家控股子公司。京客隆经营业态以连锁经营为主，采取新建、租赁、加盟和托管等多种形式扩大企业规模，并依托京客隆品牌优势，形成区域购物中心、大卖场、综合超市、便利店四种经营业态统筹发展态势，从建设初期的7家店铺发展到目前的243家，营业面积33万平方米，遍及北京18个区县及廊坊地区。

京客隆主要经营销售食品、副食品、日用百货、五金家电等近三万种商品，属大型批发及零售连锁企业。目前，该企业经营情况良好，每年经营性现金流入近90亿元，销售额为70.1亿元，利润达到2.8亿元，同比增长19.53%。上年，该企业实现销售收入110亿元（不含税），利润总额3.2亿元，由于销售体系完善、供应商整体实力较强，货源稳定，企业整体发展前景乐观。目前，该企业在银行信用评级为AA，企业正处于稳步发展阶段，各项财务指标呈现出更好的发展趋势。

银行切入点分析

北京京客隆商业集团股份有限公司为典型“1+N”销售模式，上游供应商多达3000余家。此类中小企业为核心企业京客隆提供各类食品、副食品、日用百货、五金家电等近三万个品种，与京客隆业务关系稳定，上游中小企业的稳定性较好。

B银行围绕核心企业京客隆的供销链延伸营销，提供以“1+N”保理为主的链式融资，批量为其供货商提供融资。依靠真实贸易背景及核心企业的增信，使风险得到有效缓释。【笔者点评：事上练】

京客隆与各供货渠道均有着多年的合作关系，采购量大，在购销活动中多处于主导地位，京客隆对供货商实行严格的筛选。在京客隆全部3660余家供应商中，中小企业占比80%以上，业务量占比约60%，其中不乏燕京、统一、三元、和路雪等知名品牌，若能批量开展合作，效益可观，同时也能积累更多的客户资源。【笔者点评：万物和】

银企合作情况

针对关键的供应商，B银行向供应商提供国内信用证融资。目前已与B银行开展业务的供应商有5家，分别是北京朝批中得商贸有限公司、北京朝批京隆油脂销售有限公司、北京朝批调味品有限责任公司、北京朝批双隆酒业销售有限责任公司和北京市朝批清饮料有限责任公司，均为开立国内信用证议付。链式融资业务的目标客户还包括宝洁、可口可乐、雀巢、联合利华等大型知名生产厂家，各厂家规模庞大，实力雄厚，资信资质较好。

针对一般的供应商，B银行向供应商提供保理融资。

“1+N”保理模式化融资方案

1. 客户要求

供应商的基本条件和要求：①符合国家产业政策要求，信誉良好，无违约记录；②具有专业化、大批量生产和模块化供货能力；与核心企业形成长期稳定的供应链关系，而非单笔交易；或具有向多家制造企业平行供货能力；③列入核心企业推荐供应商名单；④在银行开立一般结算账户。

2. 业务办理流程

第一，银行对京客隆付款担保额度审批，该额度的核定以内部授信为主。

第二，在京客隆担保额度内，中小企业部负责核定每个供应商的“1+N”保理融资额度，进行单一额度管理。

第三，在授信审批部门核准担保额度内，且供应商在核心企业的推荐名单内，银行中小企业部可对异地供应商实行“1+N”保理融资额度。

风险防范

1. 对客户的要求

①供应商针对京客隆的应收账款必须全部转让给银行，且京客隆对供应商的应收账款

整体转让出具书面确认；②京客隆同意放弃对应收账款的争议并与银行签署《应收账款转让确认协议》；③融资到期后，核心企业须将款项直接付至银行保理专户或供应商在银行开立的监管账户；④京客隆应在银行开立一般结算账户。

2. 设置额度、期限控制

①对供应商的“1＋N”保理融资比例原则上不超过发票金额的80%；②对供应商的“1+N”保理融资期限不超过180天；③对供应商总体的“1＋N”保理融资额度不超过对京客隆的“1＋N”保理付款担保额度。

3. 设置风险处理机制

业务操作过程中，出现下列情况应暂停对供应商的融资：①核心企业对供应商应收账款的转让提出异议；②核心企业付款超过到期日后30天；③核心企业未将付款划入银行保理专户或供应商在银行开立的监管账户；④银行提出对核心企业的风险预警；⑤其他不利于银行融资的情况。【笔者点评：责人向善】

当发现以下情况，停止融资、削减甚至撤销核心企业“1＋N”保理付款担保额度：①核心企业出现风险预警；②核心企业与供应商之间存在串通欺诈的嫌疑。

【反思环节】：

1. 针对B银行提供融资方案的这个案例，你过去是如何做的？请写到下面。

____

____

2. 通过这个案例你学到了什么？

____

____

3. 你的反思是什么？

____

____

4. 你准备采取的改进行动是什么？

____

____

案例7-8

上下齐努力　资金终归集

XX市电信运营公司现有实体门店代理商114户，每年通过金融机构归集的资金约2亿元。由于乡镇营业机构覆盖不足等历史原因，我行前期没有取得代XX电信运营公司归集资金的业务。一直以来，电信运营代理商户资金归缴和相关业务均在农村信用社和邮政银行办理。今年初，省分行加大了对其省公司的营销力度，开发了业务软件对接系统，并成功签署了业务合作协议。【笔者点评：不动待机，找准了突破口才下手】以此为契机，全行高度重视，认真部署，精心组织，将该公司代理商归集资金账户营销作为一项战略工程来抓。

由于该公司代理商资金归集业务不具有排他性，即代理商可根据便捷程度、服务水平自行选择金融机构，且代理商与原经办金融机构早已建立稳定、熟悉的业务关系，这给营销带来了很大障碍。2015年X月X日，省市分行相继召开视频会议，按照与XX电信运营公司签订的协议，我行须在十五天内将相关代理商的批扣卡信息录入双方业务系统，这一时效性要求也给我行营销带来挑战。【笔者点评：事上练，有难度的工作才有价值】

如何把握契机，实现营销突破？支行认真分析情况，制定了综合营销方案。一是调动全行资源成立专门团队，对XX电信运营公司高层和专业部门开展营销攻关，了解掌握全辖代理商的详细情况、业务流程和金融需求等，极力争取当地运营公司的支持。二是整合我行相关产品，对代理商全面进行产品交叉营销，努力实现“借记卡+转账电话+准贷记卡+个人经营贷款+个人网银、短信通等电子银行产品”综合营销，有效解决我行物理网点辐射不到位和代理商临时性解款资金不足的问题。第一阶段IC借记卡开户，快速完成批扣账户录入工作；第二阶段收集转账电话和准贷记卡资料申报上级行审批；第三阶段开通相关电子银行产品，绑定贷记卡；第四阶段营销个人经营贷款及开办助农取款业务。三是将全部代理商名单按属地原则下发到各营业网点，明确上下分工、目标与责任，同时按产品开通率配备专门的营销费用，加大激励与考核。

通过各级行的整体营销和上下联动，经双方多次研讨和协商，我行与XX市公司就代理商资金归集业务达成共识，由我行全面代理XX市XX电信运营公司资金归集业务，视代理点距离远近及我行是否有网点辐射分阶段办理资金归集迁涉，营销工作取得初步进展。

2015年X月X日，支行召开移动代理商紧急营销会议，要求各营业网点取消正逢的长假，按支行统一部署全力上门营销。同时密切联络XX电信运营公司各片区经理，由其牵头通知、引导、解释、督促各代理商重新办理开户。仅两天时间，各营业网点完成代理商发卡88户……随着时间的推移，我行XX电信运营代理商营销工作有条不紊地展开，至规定期限支行完成移动代理商账户系统录入共计114户，并在XX电信运营公司地密切配合下，逐户完成了114户代理商三方协议的签订和上报，一个月后所有账户试批扣成功，两个月后支行联合XX电信运营公司对全部代理商进行了银行产品推介、办理和业务培训，至此，阶段性营销工作有效完成。在整个营销过程中，由于我行各项工作准备充分，预案周全，服务到位，受到了XX公司和代理商户的一致认同和好评，为后段业务全面合作打下坚实基础。【笔者点评：万物和】

行动后总结：

1. 高层营销是突破。由于省分行对XX省公司的持续营销到位，成功签署合作协议，才让县支行获得准入的机会。且该行迅速研发出业务对接系统，给资金归集、产品营销作了技术上的铺垫，加快了渠道客户的整体营销。

2. 上下联动是手段。渠道客户决策从上至下，系统性强，各级行认真落实营销责任，各司其职，及时反馈信息和沟通问题，确保步调协同，目标一致，整体形成了合力。

3. 横向沟通是捷径。此次归集账户的主体尽管是第三方代理商，但资金归集的主动权还是在XX电信运营公司，支行通过与XX公司高层的密切沟通，争取了公司市场部和各片区经理的全力支持，为账户开立缩短了弯路，加快了进度，提供了便利。

4. 方案完善是保障。为抓好此次营销，支行认真分析客户现状、金融需求、产品优势、营销瓶颈等，制定了综合营销方案，成立专门团队，明确营销步骤，选准攻关重点，有的放矢地开展精准营销。

5. 联动营销是卖点。在了解客户需求时，我们得知XX公司最烦心的事情是代理商不能及时上缴款项，账户上没资金，便不能批扣。我们通过对自身产品的筛选，提出了“借记卡+转账电话+准贷记卡+个人经营贷款+个人网银、短信通等电子银行产品”的组合营销模式，把准贷记卡绑定于借记卡上，确保扣款日有资金可划，授信额度由XX公司根据代理商资金归缴数额确定，有效控制了风险。转账电话可用于客户消费、转账、助农取款等，方便了代理商，同时也为在我行没有物理网点的地方方便代理商存缴资金提供了渠道。网银解决了代理商与XX公司账务明细核对的问题，且便于其资金划转。为深入合作，我行还可酌情对代理商提供全方位业务营销。

6. 考核激励是动力。为使此次营销取得实效，支行制定了考核激励办法，一是将XX

公司代理商营销作为重点工作纳入单位（部门）绩效考核，按计划完成率加扣分。二是按1000元/户配备奖励工资及500元/户配备营销费用，激励到个人。三是对有突出贡献的营销人员，按相关营销办法规定给予奖励。

【反思环节】：

1. 针对这个案例，你过去是如何做的？请写到下面。

____

____

2. 通过这个案例你学到了什么？

____

____

3. 你的反思是什么？

____

____

4. 你准备采取的改进行动是什么？

____

____

案例7-9

某行营业部案例：消除客户担心 银政企三方合作共赢

背景介绍

建行“助保贷”业务，是指建设银行向“小微企业池”中的企业发放贷款，在企业提供一定担保方式的基础上，由企业缴纳一定比例的助保金和政府提供的风险补偿铺地资金共同作为增信手段的信贷业务。2008年，“助保贷”业务的前身“助保金贷款”业务发源于深圳，兴起于山东，在社会各界引起广泛关注。

为进一步满足小微企业客户融资需求，根据中国银行业监督管理委员会《银行开展小企业业务指导意见》《中国建设银行发展小企业信贷业务实施意见》及《中国建设银行小企业业务发展指导意见》等相关规定，2012年，总行小企业部对小微企业助保金贷款进行了修改和优化，并在全国推出“助保贷”业务，逐渐成为“星火燎原”之势。

截至目前，全国已有29个省市开办“助保贷”业务，服务客户2346户，贷款余额达121.7亿元，为缓解各地小微企业融资难，支持地方政府经济建设做出了巨大贡献。目前湖北省已搭建25个助保贷平台，服务客户114户，贷款余额6.97亿元。

“助保贷”业务营销及合作情况

伴随着总行小微企业融资新模式——建行“助保贷”产品落地后，湖北省分行营业部积极响应行里政策、紧盯市场机遇，大力开展江汉区人民政府高层营销，多次由行领导带队上门拜访江汉区政府领导，撮合我行“助保贷”业务合作契机，经过我行的不懈努力与上下联动，【笔者点评：事上练】最终，江汉区政府通过区级政府常务会审定后同意与省建行营业部开展该业务。

随后，该分行成立专门机构——江汉区小微企业“助保贷”管理工作领导小组办公室，办公室由区经信局局长担任，业务运作与日常管理维护由区经信局负责。

2013年底，中国建设银行湖北省分行营业部与所在区域人民政府——江汉区人民政府正式签署“助保贷”业务合作协议。同年末，江汉区人民政府出资3000万元财政资金作为“助保贷”业务合作财政风险补偿铺地资金，预示着建行营业部与江汉区人民政府正式揭开“助保贷”业务合作新篇章。

“助保贷”业务亮点

1. 搭建政府、企业、银行三方合作平台。由政府的风险补偿铺地资金、企业缴纳的助保金共同组成“助保金池”，为企业贷款提供增信手段，银行向企业提供贷款支持，三方共享信息资源，协同控制风险。该产品被武汉市政府确定为全市小微企业融资主要工具。同时江汉区政府每年针对辖区内小企业申报我行“助保贷”业务，开展补贴申报企业部分贷款利息及担保费等相关红利政策。

2. 扩大企业可贷款额度，降低融资成本。在办理“助保贷”业务时，企业可仅提供40%抵押或担保，即能全额贷款，有效破解小微企业因担保或抵押不足而面临融资瓶颈的问题。【笔者点评：致良知】

行动后总结：

首先，建行营业部有大型企事业单位客户维护团队，航空路支行作为长期对口服务江汉区政府的银行，在获悉并了解总行出台助保贷业务的信息后，积极上门与区政府办、区财政局、区经信局联动，将产品结构与情况汇报到位。

其次，大力推进高层营销。由行领导亲自带队上门拜访区政府领导，与区里主要领导人进行深入沟通与交流，最终达成合作意愿。

最后，跟进及时不松懈，一鼓作气促发展。在完成高层业务签约后，作为具体经办人员，该行多次上门沟通“助保贷”资金专户开户事宜、【笔者点评：事上练】财政资金到位情况、区政府红头文件出台政策等，及时跟进，紧盯业务发展变化，不放过、不错过每一个环节问题，保证业务的顺利开展与合作。

【反思环节】：

1. 针对这个案例，你过去是如何做的？请写到下面。

____

____

2. 通过这个案例你学到了什么？

____

____

3. 你的反思是什么？

____

____

4. 你准备采取的改进行动是什么？

____

____

案例7-10

展现农行精神，赢得客户信任

湖南A股份有限公司主要生产塑料打火机、点火枪、电子点烟器等产品，其中塑料打火机品种有电子机、砂轮机、防风机、多功能机等达80多个品种规格。是一家集生产、研发、装配、仓管于一体的现代化一次性打火机生产工厂和技术研发中心，公司产品通过了欧盟

“CR”认证和“SGS”认证，公司自主商标“XX”“DONGYI”牌打火机已经远销东南亚、中东、欧美等20多个国家和地区，是我市第二大进出口企业。B有限公司是我市进出口前10强企业。湖南A股份有限公司和其子公司B有限公司在我行的信用等级评定均为A+，我行对两家公司的整体授信额度为5850万元，其中国际贸易融资授信额度2450万元。

客户需求分析

该公司自2009年6月成立以来，通过近6年发展，现厂区建设项目已基本竣工。截止2014年末，共投入资金22280.5万元，其中土地及房屋建筑物投资19149万元，购置土地208亩，建造车间25栋，面积31830.6平方米，仓库17栋，面积21296.5平方米，员工宿舍4栋，面积11296.5平方米，综合办公楼一栋，面积4553.55平方米。投资9745万元，购置机器设备1296台套。该公司已被打造成一个集研发、注塑、组装、销售、产品展示为一体的综合性生产企业。该公司产品主要面向欧美市场，与沙特、约旦、阿联酋等阿拉伯国家，印尼、印度等东南亚国家和俄罗斯、英国、德国、捷克、美国等欧美国家的40多户客商建立了稳定的合作关系。由于塑料打火机属于日用快速消费品，使用面广，消耗量大，普及程度相当高，市场容量大，销售情况良好，因此该企业的国际贸易融资需求也日益增加。

营销方案设计

在营销方案设计上，我们认识到仅仅依靠关系、宴请等简单的营销方式是不能打动客户的，必须为其提供完善的银行服务、全面的理财方案、合理的产品报价。为此，我们在强调以人为本的同时，进一步加强对其金融服务。【笔者点评：心即理】

一、组建营销团队。成立以分行行领导为组长，分行公司业务、国际业务、信贷管理和支行公司业务、国际业务等部门业务骨干参与的营销团队。通过快捷的办事效率、务实的工作作风、周到的服务，展现农行人团结向上、敢于争先的集体智慧和拼搏精神。【笔者点评：心即理，展现软实力，赢得客户心】

二、整合融资方案。根据客户的不同需求，提供多种融资产品，初步设计了三种融资产品，包括订单融资、跨境参融通以及出口信保融资。

三、加强沟通协调。首先，主动与客户进行全方位沟通，支行领导、客户经理分别与该公司的负责人、财务负责人等建立良好的工作关系，同时利用工作之余与之建立深厚的个人友谊。其次是支行与分行、分行与总行加强项目信息、工作信息的沟通，及时汇报项目进展情况和同业竞争情况，分行根据收集的信息及时做出决策，对总行审批过程中提出的问题及时答复解决，确保融资工作的顺利进行。

营销过程

虽然前期我们与客户做了大量的沟通工作，真正了解了客户的需求，但面对同业的激烈竞争，一开始客户并没有认可我行，但是我们也没有放弃，再次精心准备，详细介绍了农行雄厚的资金优势、点多面广的网点优势、覆盖面广的网络优势，阐明农行支持客户是建立在银企共赢的基础之上的理念，不是追求短期的轰动效应，而是希望依靠雄厚的实力为客户提供长期优质的金融服务。【笔者点评：自省改过】我们客观地介绍了金融同业的基本情况，还就公司感兴趣的融资方式、外汇管理制度、信贷流程等方面作了详尽周到的解答。最终，该公司被我行周密的服务方案和诚心所打动，坚定了与我行合作的信心。

营销成果及效益

我行为客户发放订单融资650万元，跨境参融通650万元，出口信保融资200万美元，加速了客户的资金周转速度，不占压企业资金即可完成货物的加工销售，同时也推进了国际结算等其他外汇产品营销，并给我行带来较高的中间业务收入。

行动后总结：

1. 准确把握客户需求是做好营销工作的前提和基础。要稳定和吸引客户，必须要在满足客户需求上做文章，深入分析并有效把握客户需求。当顾客所得到的实际感受相当于或高于他们所期望获得的产品或服务时，就产生了对服务较高的满意度。反过来说，当顾客的实际感受低于他们的期望时，就会对银行做出负面的评价。我们要想有突破，就必须努力打破定式思维模式，【笔者点评：勿执一念】从发现客户需求、满足客户需求入手，积极开动脑筋，通过产品创新，开启客户合作的意愿。

2. 因需而变，加快创新步伐，是“胜人一筹”的重要砝码。在激烈的市场竞争中，我们深刻体会到：客户的需求永远是正确的，金融市场已步入了靠产品而不是靠礼品赢得客户和市场的更高层次竞争阶段，我们的产品必须因需而变，根据客户的个性化需求采取差异化服务方案，【笔者点评：勿执一念】在同业竞争中做到人无我有、人有我优；必须将产品创新与市场营销紧密结合起来，不断深化营销层次，才能增强对高端客户市场冲击力。

3. 上下联动，筑建优秀团队是营销成功的关键。客户与银行的关系是在业务发展过程中逐步建立起来的，每一个客户的每一笔业务都涉及银行诸多部门。因此，客户关系管理是一个系统工程，【笔者点评：万物和】只有分、支行上下联动，各业务部门横向联动，才能为客户搞好服务，任何一个部门、一个环节出现问题，都会影响我们与客户之间的关系。特别是在业务创新上，尤其需要各部门配合，将我行现有的产品资源整合，为客户提供一揽子服务。通过对客户的成功营销，充分说明只要能够加强团队合作、上下联动、提高效率，就有足够的能力和水平与同业竞争。

【反思环节】：

1. 针对这个案例，你过去是如何做的？请写到下面。

____

____

2. 通过这个案例你学到了什么？

____

____

3. 你的反思是什么？

____

____

4. 你准备采取的改进行动是什么？

____

____

案例7-11

怀化分行案例：功夫不负有心人

某省A房地产开发有限公司是某市招商引资的重点项目，该公司开发的房地产项目遍及全国多个城市，开发项目数十个，资金实力雄厚，2010年底，该公司凭借强大的公司背景和丰富的房地产开发经验入驻某市，并开发B项目，于2013年底竣工并交付使用，数百套住宅已售罄。B项目是A公司与建行合作的项目，项目期间双方合作融洽，建行为其发放了房地产开发贷款，并承接了该项目大部分的按揭贷款。

2015年初，受某市某县政府招商引资的邀请，A公司入驻该县，并在该县开发C项目，C项目是当前该县江边江滨住宅稀缺，独享无遮拦零距离头牌江景资源。项目交通便利，地理位置极佳，开盘后，销售形势较好。支行获知该消息后，由支行行长带领营销团队赴该楼盘销售，当得知他们的来意后，A公司表示：希望能与我行进行合作，前提是我行必须为其发放房地产开发贷款，否则将只与建行进行按揭合作；我行表示：先进行按揭合作，再寻求下一步的合作，计划用我行优质的按揭服务质量来争取C项目合作。但被A公司婉拒。

支行营销团队回来后，仔细阅读了信贷政策，得知C项目确实不符合我行的房地产开发贷款政策。因此，通过项目贷款来带动按揭合作这条路已行不通。看着一副副按揭贷款资料被送入隔壁的建行，支行营销团队只能干着急。

树挪死、人挪活，支行营销团队并没有气馁，【笔者点评：勿执一念】而是转变工作方法，打算先与客户做朋友，再寻求下一步合作，营销团队准备第二次上门营销。第二次上门营销前，营销团队可以说是做足了功课，对该县居民的消费习惯、消费喜欢、喜欢的户型及可接受的住房价格等对A公司有用的信息进行了全面的收集。第二次上门，虽然仍未取得合作的机会，但A公司还是对我行合作诚意表示认可。

支行营销团队似乎看到了合作的希望，第二日，进行了第三次上门营销，【笔者点评：不动待机】将我行的按揭贷款优势一一与他行进行了对比，展现出我行按揭贷款的优势，并提出只要有客户买房，不管多忙我行都可以提供上门面签的服务。A公司终于被我行的诚意所打动，愿意与我行进行按揭合作尝试。

此次营销并没有到此结束，在与A公司领导取得共识后，营销团队根据多年的工作经验了解到，按揭贷款放在哪个银行，公司营销人员具有决定权。支行又组建了由主管行长为组长的营销团队，对A公司营销人员进行了一次营销，A公司营销人员由于从未受到过银行的如此重视，纷纷表示将全力支持A公司与我行的按揭合作。【笔者点评：万物和】

目前，经过再三努力，支行已争取到A公司大部分的按揭贷款份额。

行动后总结：

1. 单次的营销失败并不重要，重要的是最后的成功。失败后要善于总结，敢于改变营销方法。

2. 为客户提供有用信息，先与客户做朋友，与客户合作不是索取，而是要实现双赢。

3. 不仅要重视上层营销，下面的经办人员也不能忽视，双管齐下，达到意想不到的效果。

【反思环节】：

1. 类似这个营销案例，你过去是如何做的？请写到下面。

____

____

2. 通过这个案例你学到了什么？

______

______

3. 你的反思是什么？

______

______

4.你准备采取的改进行动是什么？

______

______

案例7-12

贸易融资数案例：产品创新，顺应需求

XX有限公司应收账款池融资

XX胶业有限公司是一家拥有进出口权的生产经营企业，在建行办理出口信保融资，浦发银行有流贷和票据业务，也是农行合作客户。

XX支行为拓宽合作领域，根据客户信用等级、外汇结算方式及特点，搜索适合的贸易融资产品，最终锁定农行新推出的“应收账款池融资”。该产品办理灵活，不需提供其他担保，比流动资金贷款利率低，能降低客户财务成本。【笔者点评：心即理，想客户所想】通过调整授信方案，推广新产品，XX支行成功挖抢到了建行和浦发银行的业务，XX胶业有限公司业务全部转至农行。同时，此业务为该省农行办理的首笔“应收账款池融资”产品。

某省XX有限公司集团出口信保融资

瑞X、布X、瑞X三家公司为同一集团企业客户。随着公司进出口业务越做越大，公司面临流动资金不足等困难。某分行经过深入调查后，为客户推荐出口信用保险融资产品。【笔者点评：致良知】

出口信用保险融资相对流动资金贷款更灵活，不需提供抵押担保，还能享受政策补

贴，融资成本相对较低。某分行主动出击，联系出口信用保险公司、政府部门，指导公司办理保险和获取贴息补贴手续，率先为集团公司母公司成功办理该省农行首笔出口信用保险融资产品。此次产品为客户解决了融资难题，规避了汇率风险，牢牢锁定了集团三个公司在农行的外汇结算量，现该集团客户外汇结算量全落地农行，截至今年9月份该集团公司年结算量2310万美元。

XX票据置换业务

XX公司年进出口额在某省排名第一，XX支行虽多次上门营销，一直未取得有效突破。2014年9月，公司财务向XX支行客户经理咨询办理票据置换业务的相关细节和办理速度。该部立即回应，向公司承诺两个工作日内出票，公司在与其他行对比之后选定农行。【笔者点评：事上练】

在上级行全力支持之下，XX支行在全市首次尝试票据置换业务(原票据一张，金额730万元，置换成8张小票)。目前XX公司在该部增开了本、外汇账户，正在洽谈在公司业务、高管零售业务、外汇业务等方面展开全面合作。

XX集团股份有限公司参融通业务

2013年3月，某省XX集团股份有限公司财务方面提出短期融资需求。客户预期美元对人民币将升值，外币融资不合适，且人民币融资的利率水平又达不到客户要求。于是，某分行最终选定参融通产品推荐给客户。参融通是表外融资产品，是利用境外市场人民币拆借利率低的优势，由该省农行作为境内担保行，境外银行提供资金的一种贸易融资产品。

该分行结合汇率、国际市场行情，在充分了解客户需求前提下，适时为客户提供各类融资产品，提升竞争力。【笔者点评：责人向善】

在满足客户融资需求的同时，还为客户节约了财务成本，更带动了国际业务的全面发展，这些成果使得该行取得全市的外汇业务结售汇市场份额排名第一、结算量及贸易融资排名全市第二的佳绩。

行动后总结：

善于发现，勤于钻研，勇于尝试新产品。【笔者点评：事上练】从客户的角度出发，根据客户的需求在适宜的时机推出合适的产品，帮助客户解决问题，更好的服务客户。

【反思环节】：

1. 类似这些融资案例，你过去是如何做的？请写到下面。

____

____

2. 通过这个案例你到了什么？

____

____

3. 你的反思是什么？

____

____

4. 你准备采取的改进行动是什么？

____

____

案例7-13

先有决心，再来决胜

Z公司为全国房地产百强企业中排名前十的大型综合性房地产开发商，资金实力雄厚，品牌效应显著，被A行认定为优质对公客户，也是A行与同业争抢激烈的热门公司之一。去年年初A行得到Z公司将进驻该市开发大型楼盘的消息，意识到这是重大投资项目后，A行马上与Z公司取得联系，希望能与之合作。但当A行正式与Z公司沟通后发现，已有另一家大型国有银行B抢占先机，与Z公司建立了合作关系。之后B行又通过在Z公司进驻本市前将本行大厅无偿借与Z公司做宣传展示大厅3个月的手段赢得了Z公司的好感，进一步加深了与Z公司的关系，情况对A行极为不利。

A行认真分析了情况，认为：虽然B行暂时取得先机，但还没有到无法挽回的地步，A行下定决心，【笔者点评：心即理】要先站稳脚跟，再重新抢夺份额，并在Z公司正式开盘前制定了相应策略。

6月，A行市行领导与按揭主办行负责人主动拜访了Z公司本市项目负责人，向他陈述了A行与Z公司在其他城市多次愉快合作的经历事实，Z公司的发展壮大，A行一路同行，相互扶持，合作经验十分丰富。之后，A行倾听了客户反馈的难处，回行后立刻寻求解决方案，第一时间给了Z公司答复。【笔者点评：致良知】

8月，A行协助Z公司在我行开立一般户与按揭监管账户，并预先给Z公司装配多台POS机，取消了刷卡手续费。

9月底，Z公司项目开盘，A行组织专业团队在Z公司销售大厅定点提供按揭资讯、受理服务，使Z公司置业顾问能直接带客户现场办理按揭手续，不用再跑银行网点。【笔者点评：致良知】

在之后的客户维护中，在做好新产品的宣传的同时，A行只要有了便于Z公司售楼的新产品，就马上安排专人到Z公司帮置业顾问培训，银企互动良好。

12月，A行所占份额已全面赶超B行，短短三个月，成功放贷9000万，在同业中排名第一位。Z公司在A行的存款也陆续达到了6000万。

行动后总结：

1. 先沟通心理，与Z公司高层沟通。Z公司是A行总行的核心客户，有过多次与A行合作的经历，先让Z公司高层相信，这次合作是建立在多次成功合作的经验上的，是有基础的，而且业务流程更加顺畅。

2. 再解决客户难点，Z公司作为地产公司，对项目资金现金流要求很高，需要尽可能快地办理好按揭放款的流程，以做到及时回款。而目前住房按揭贷款的基本流程却是，开发商办好住房预抵押后再放款，办理预抵押手续的时间短则三五天，慢则两三周，A行针对Z公司这一难处，给予了先放款，再在一定时间内办理预抵押手续的宽松条件。在开盘后又安排营销团队驻点受理按揭手续，大大缩短贷款受理时间，赢得了Z公司认可。

3. 小优惠锁定大资金。购房首付款金额大，给予Z公司刷卡手续费优惠使得Z公司乐于使用A行支付渠道，使大量首付款通过POS机进入Z公司在A行的账户。

4. 利用特色产品优势，抢占份额。A行住房按揭贷款有专门利于农村户口客户购房的特色产品，利用该特色产品的优势，与Z公司的置业顾问一起学习该产品，加深了合作感情，也凸显了A行竞争优势。

5. 认真了解客户需求，解决问题要及时，不要太畏惧对手，要充分利用好自身优势，积极寻找与对手抗衡并打败对手的契机。不要计较小得失，有时能“因小得大”。

【反思环节】：

1. 类似这个案例，你过去是如何做的？请写到下面。

____

____

2. 通过这个案例你学到了什么？

____

____

3. 你的反思是什么？

____

____

4. 你准备采取的改进行动是什么？

____

____

案例7-14

心若在，梦就在

某省某县第一中学，是全县唯一的重点高中，也是各家银行抢抓的大客户。当地国有四大行之一的N行与其合作多年，对门对户的建行多次谋求与其合作均被婉拒。

今年某省建行推出“速缴通”业务，旨在通过低成本、方便、高效的方式为幼儿园、中小学等提供缴费平台，节省学校的人力财力成本，方便学生、家长缴费，银行据此批量获客、获存。某县开发区建行视如至宝，迅速行动，身怀“速缴通”利器，反复多次做学校领导的工作，辅以“速缴通”实际操作页面的展示，历数现金缴费诸多弊端，力陈自助缴费给学校、学生、家长的利好，千言万语、千辛万苦，【笔者点评：心即理】触动学校领导打消顾虑，稍有松口，同意把秋季开学时高三年级的学杂费让建行尝试归集。

班主任的积极配合是“速缴通”取得实效的关键。某县开发区建行发动多方面的人脉关系，千方百计取得年级分管校领导、年级主任、班主任的理解和支持。在年级会上，建行利用宝贵的间隙时间，现场用PPT、手机页面操作演示，分发易企秀、美编、折页，从视觉上直观打动年级领导、班主任老师；利用课余时间，走进教室，与同学们分享善于利用银行工具也是一种良好的素质教育锻炼，引起大家内心的共鸣。【笔者点评：万物和 事上练】

N行闻讯，自觉奶酪被人盯上、虎须被人撸上，以合作多年、信贷支持极大为由，试图劝止学校与建行结缘。建行一方面分兵几路做学校领导、老师的工作，申述学校与任何银行合作都是平等的互惠互利，目的都是为了方便广大师生，学校应该选择更优质的银行服务方式、工具；另一方面，建行主动上门与N行领导沟通，银行同台竞争，我们可以把选择权交给学生，秋季开学现场见分晓。动之以情，晓之以理，说服N行。【笔者点评：责人向善】

建行扎实做功课，将E终端、复印机等搬进校园，开户、开卡、签约一条龙进学校，学生足不出校就把银行账户准备妥当，操作指南、微信群一应俱全，大大节省时间和精力，事后服务细致、精准、及时，深受学生欢迎和好评。【笔者点评：万物和】截至9月30日，学生开户超过千户，通过“速缴通”缴学杂费492笔，共102万余元。“速缴通”撬动市场、强大获客功能凸显，学校、老师、学生多方都很满意。

据说，N行已应某县所需，正在积极开发类似“速缴通”的产品，银行鏖战烽烟将再起。

行动后总结：

1. 了解客户的需求，利用建行产品的优势抢占先机。

2. 积极与客户沟通，现场演示操作，让客户更加了解建行的产品，同时了解竞争对手的动向。知己知彼，才能百战不殆。

3. 为客户提供更为优质的服务，增加客户的满意度。

【反思环节】：

1. 类似这个案例，你过去是如何做的？请写到下面。

____

____

2. 通过这个案例你学到了什么？

____

____

3. 你的反思是什么？

____

____

4.你准备采取的改进行动是什么？

____

____

案例7-15

行动前专心，行动中恒心

某公司为本市某上市公司的全资子公司，公司成立于2006年6月9日，注册资本20.69亿元，公司主要从事兆瓦级直驱式风力发电机组整机和部件的研发、制造、安装调试和服务，经营范围为风力发电系统、风力发电机和零部件的进口、开发、制造、销售、服务、维修保养，风电场的建设、经营，风电系统服务，产品生产所需的原材料和设备的进出口，机电制品和橡胶制品的进出口。该公司是国家唯一的海上风力发电技术与检测国家重点实验室、国家能源风力发电机组研发（实验）中心，拥有四种2兆瓦直驱风电机型，可以分别适用于四种不同风力条件的风场，具备年产兆瓦级风力发电机组800台的能力，同时也是XX地区金融同业竞争性客户。

该公司融资用于增加其在荷兰的子公司的注册资本金2600万美元。其荷兰子公司主要负责风电整机并网技术的研发与海外市场销售，其所接订单产品由该公司在国内生产制造后出口给其荷兰子公司。该公司将荷兰子公司的销售收入作为境外的还款来源。

为帮助客户享受香港地区低融资成本的政策，【笔者点评：致良知】我行为该公司量身定制以下融资方案，由该公司在香港地区代为融资，融资款项用于其荷兰子公司提供增加注册资本金，公司再向我行申请开立融资性对外保函2000万欧元（约1.7亿元人民币），用于其香港子公司向农行香港分行借款提供担保，期限3年；再由农行香港分行为其荷兰子公司办理3年期2600万美元的融资放款业务。

了解到该公司要在香港成立子公司，我行营销团队立即主动联系省分行，请来了香港农行的业务专家进行指导，专门上门为企业服务，帮助企业在香港农行开立了多个外币账户，为以后的服务打下了基础。【笔者点评：责人向善】在了解到该企业想办理2000万欧元的内保外贷业务，第二天团队就研究出了一套服务方案给该企业讨论，短短一个月内，我行国际业务团队创造了连续拜访客户20多次的记录。【笔者点评：事上练】在上级行指导下几经修改调整后的合作建议书，也成为省分行国际业务部推广的范文样本。

为了促成该业务的办理，团队成员不仅多次向省行国际部门咨询沟通，还专门去市外汇管理局沟通相关政策制度及办理流程，复印了外管条线相关审批的资料，与外管局的领导探讨如何才能帮助企业简化审批流程，尽快将业务办好，使资金到位，解决客户实际问题。【笔者点评：万物和】团队耐心细致的沟通、较好的专业修养以及不屈不挠的精神深深打动了客户，最终敲开了客户紧锁的大门，客户同意并签订了相关协议，并积极配合农行提供各类资料。

确定合作后，营销团队加班加点在一个星期内收集整理了所有的业务资料，并在一天之内就将流程提交到省行公司部、信贷部，同时我行主管行长和团队队长亲自赶到省行、总行，跟进该业务流程，协调各方面的关系，在省分行和香港农行的指导和配合下，成功运用我行重大项目绿色通道和信用审批优先办结的相关规定，在10个工作日内快速完成了该公司2000万欧元内保外贷业务的信用审批程序，香港分行也及时办理了放款业务，客户如期获得了所需融入资金。

企业办理的该内保外贷业务于2015年到期，我行在企业售汇、汇出、保证金解付、外管局申报、还贷等业务流程上提供最大限度的信息咨询、业务辅导及流程便利。值得一提的是，企业享受了欧元汇率下降带来的成本压降，发放贷款时约人民币17000万元，而归还贷款时仅需人民币14000万元，通过我行为企业设计的此种融资模式，企业直接减少财务费用约合人民币3000多万元，【笔者点评：致良知】客户对此高度认可。

本笔业务的成功办理为我行带来了可观的效益：

1. 实现了结算业务收入478.12万元、贸易融资业务收入1463.65万元等多项中间业务收入合计人民币1941.77万元。

2. 通过保证金锁定了低成本、长期、稳定性存款约4000万元，期限三年，（2000万欧元×20%=520万欧元），仅此笔保证金直接为我行增加3年的日均存款约4000万元。

3. 通过此笔业务的顺利合作，增加我行的知名度和美誉度，树立了农行的品牌效应和社会形象，提高我行区域内的市场占有率，大大提升了我行的整体竞争能力。

4. 通过办理此种表外业务，相比常规业务，大大减少了我行经济资本占用额，提高了资金使用效益。

5. 以本笔保函业务为突破口，客户与我行建立了良好的合作关系，同时带动了其他子公司及本币业务全面合作。

此笔业务不仅仅为我行带了丰厚的收益，也为企业带来了融资便利、成本压降、专业服务等诸多好处，真正实现了银企双赢。

行动后总结：

1. 捕捉信息准确，了解客户信息后及时跟进客户需求，多次拜访；多方协调沟通，简化审批流程，铺平道路；开启绿色通道，快速办理业务；做好后续服务，提高客户满意度。

2. 领导是坚强的后盾。2000万欧元内保外贷业务的成功营销无疑倾注了我行的艰辛付出与不懈努力，但此笔业务的成功办理，最重要的原因是得到了省分行国际业务部的全程帮助和鼎力支持，无论是业务咨询、流程处理，还是与总行和外管局沟通协调，省分行国际业务部都是第一时间响应、贴心解答、全力支持。有省分行国际业务部作为坚强后盾，我们对国际业务的营销更有激情与动力，业务办理更有底气与自信。

【反思环节】:

1. 类似本案例，你过去是如何做的？请写到下面。

____

____

2. 通过这个案例你学到了什么？

____

____

3. 你的反思是什么？

____

____

4. 你准备采取的改进行动是什么？

____

____

案例7-16

美女都是“狠心人”

文经理是建行湖南省分行营业部客户一部客户经理，湖南省金融服务竞赛300佳。2015年，文经理将贵金属租借业务与套期保值业务联动开展，完成建设银行湖南省分行单笔金额最大的贵金属租借业务，也助力建设银行该项业务在四大行排名跃居第一。

“狠”会学习

“她竟然把《信贷业务手册》给抄了一遍。”谈起这些，文经理的同事都觉得有些不可思议。刚入建行时，本科就读贸易专业的文经理对大量的金融术语一窍不通，对专业的信贷业务流程更是全然不懂，常常一个会议下来，她听得头晕目眩。为了尽快熟悉银行业务，她咬牙将830多页的《信贷业务手册》逐字逐行抄写一遍。【笔者点评：事上练】遇到一时无法理解的问题，她就先死记硬背，然后再找寻相应案例加深理解。短短半年时间，她竟将手册中的各项业务基本操作流程烂熟于心。

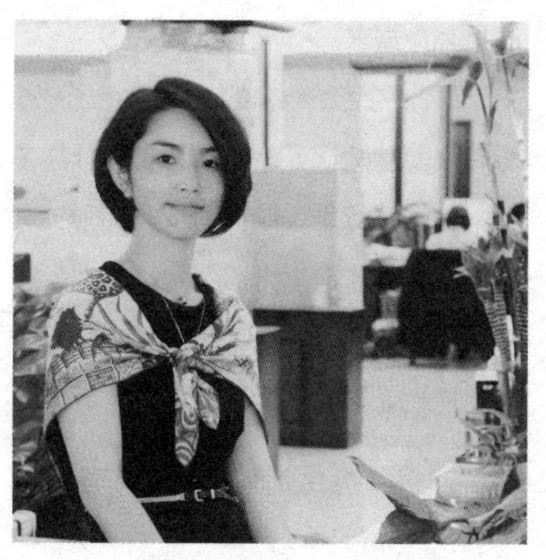

图12　“狠心人”文经理

为了充分获取客户信任，全面掌握客户资料，为客户解决难题，文经理常常要学习各种新的知识。“前段时间我的客户提出税务方面的问题，我就学习税务知识；而最近因为项目推进遇到障碍，我又学起了经济法的相关知识，等这个项目忙完，我都可以当公司顾问了。”文经理笑着说。

文经理的抽屉里摆放着十余本厚厚的工作笔记，记录着她入行七年多来所有的工作记录和学习心得。文经理的手机内存被诸如华尔街日报、FT中文网、ChinaDaily等APP占领。她说，查看新讯息是她每天的必修课，“我必须随时关注国内国际时事政治、金融形势，这样才能与客户有共同话题。”

“狠”会工作

“文经理最为人称道的一点就是有股狠劲儿，只要是她想做的事儿就一定会想尽一切办法做成。”【笔者点评：心即理】建设银行湖南省分行营业部客户一部的同事说。

2013年，总行市场金融部来湖南调研，文经理在参与会议与培训中接触到了贵金属业务，并敏锐地感觉到这是一片蓝海。【笔者点评：心即理】为了学习新业务，文经理当即只身飞赴总行位于上海的商品期货交易中心，学习产品的操作流程和核心风险点。回到长沙后，文经理开始向客户推荐贵金属业务，耐心地解决操作环节中的各种问题，甚至为客户起草了内部操作流程。

2014年，一位重点跟进客户内部出现重大变动，决策层全体移至北京，大半年的沟通眼看就要付之东流。可文经理凭着这股“狠劲儿”，当机立断飞往北京杀到总行战略客户部，请素未谋面的分管处长出面协同营销。为解决客户提出的贵金属交易涉及的税务问题，文经理通过咨询省行财会部、拜访长沙地税局相关部门等，查阅企业所得税法，最终满足客户需求。

最让文经理难忘的是，攻克了一个又一个难关，只待最终交易时，某银行强势介入，所有人都劝她放弃。不想为他人作嫁衣的文经理连夜加班加点，【笔者点评：不动待机】做出各家银行贵金属业务交易对照比较表，突显了建设银行的专业与优势，并说服企业决策层，最终选定建行。

历经14个月，文经理终于做成了建设银行湖南省分行第一笔也是单笔金额最大的贵金属租借配套人民币远期业务。

“狠”会生活

第一次见到文经理，她的穿着就让人眼前一亮。独具设计感的简约白衬衫，黑色九分裤，黑色尖头细高跟鞋，勾勒出她婀娜的身段；艳丽的丝巾，精心护理过的指甲，平添几分优雅的风情；一头俏丽的短卷发，摇曳的耳坠与项链搭配得刚刚好，更衬得脖子颀长、五官秀丽。

文经理坦言，在最初工作的几年，自己并不在意形象。直到去北京、上海的客户总部出差，她为他们考究、得体的职业形象所折服。自此，文经理开始注重对自身形象的管理，她为自己制定了严格的健身计划，【笔者点评：自省改过】短短10个月时间，文经理从140斤减到了98斤；一向只穿平跟鞋的她，硬逼着自己坚持穿了两个星期的高跟鞋，现在已经可以踩着10厘米的高跟鞋健步如飞。“我专业、精致的形象，是对客户的尊重，也是对建行客户经理这份职业的尊重。”

文经理的“狠”透着美，美中又透着一股“狠”劲。这股“狠”劲，来自于她的不拘一格、坚定执着。于她而言，似乎没有什么事儿是大不了的。【笔者点评：心即理】

凭着这股“狠”劲，她总能勇往直前，无往不利。“建行的平台、领导的信任和同事的支持才是我‘狠’劲的强大后盾。”文经理如是说。

文经理，真的是个“狠心人”。

【反思环节】：

1. 类似本案例，你过去是如何做的？请写到下面。

____

____

2. 通过这个案例你学到了什么？

____

____

3. 你的反思是什么？

____

____

4. 你准备采取的改进行动是什么？

____

____

八、高净值客户营销场景十五例

案例8-1

“服务贴心，专业制胜”铸就客户成长

作为高端客户的金字塔尖，私人银行客户注定是当前乃至未来市场竞争的焦点。如何维护好私人银行客户、提高客户忠诚度与依赖度，在当前竞争白热化的大背景下，显得尤为重要。半年来，我们细心观察、专心培养、耐心挖掘，从零做起，用勤奋和智慧的汗水浇灌呵护，与私行客户L女士共同成长，经过时间的历练与沉淀，让该客户在我行的家庭AUM值从年初1500万增长到6300万，结出累累硕果。

替客户着想，赢得客户心

9月末最后两天，L女士有一笔业务急需用钱，她首先想到从XX行取款，但XX行不愿L女士将存款转出，大家知道，因为对银行来讲，季度末也是业绩考核的一个关键时点，这事关个人的存款任务，涉及部门、分支行的考核指标，从银行方来讲，转走存款，意味着业绩指标下降。但我们换位思考，站在客户角度看，钱是客户本人的财产，其处置权，包括转进转出，买这买那，都应该由客户控制，银行并无权干涉。所以，将心比心，想客户之所想才是正确的服务态度。【笔者点评：致良知】在了解到客户的这一情况后，我不仅没有执意挽留，而且还主动上门帮助L女士将其在我行的存款转入他行的账上，这一行为，让L女士深切感受到“急客户之所急，想客户之所想”在建行的服务中并非是一句虚言，她非常感动，表示过段时间，有机会一定将存款再转回来。但我没有想到，刚刚过了10月初，L女士就将其他行所有资金全部转至我行。我当时可以用“热泪盈眶”来表达自己的激动和感谢之情，深切体会到“换位思考，替客户着想”的理念能换来客户的心，也能获得丰厚的回报。

上下联动，专业服务

此后，我有了与L女士持续沟通的机会，了解到她目前已逐渐退出实体企业经营，开始关注资本市场投资。于是我开始将市场咨询和我行私行客户专属产品信息通过短信或微

信的方式持续发送给她，L女士也会经常到私人银行来做客，我主动介绍私行李主任给L女士认识，她们也成了好朋友，李主任以她的真诚服务和专业素养逐步赢得了客户的信赖。

通过专业的资产检视和财务诊断，我们发现：L女士是我行的存量私行客户，资产均衡在自己、丈夫和孩子三人身上，投资也较单一，通过细心观察，L女士有潜在的家族信托需求。于是，网点联动私行中心一方面多次邀请L女士参加私行举办的主题活动，加强与她的沟通互动和对她的专业教育，另一方面为L女士量身制定一套综合金融服务方案来满足她日益增长的理财需要。【笔者点评：事上练】

在私行客户经理专业讲解和营销下，我们给L女士制定的资产配置方案也逐步落地，历时半年，L女士对我行的专业能力非常肯定，陆续将自己的回笼资金沉淀在我行。L女士在我行的资产从单一活期储蓄向多元化的资产配置方向转变，L女士先后购买了理财产品2400万，汇利结构性产品2300万，私募基金1000万，保险200万。11月，L女士成功签署了家族信托计划书，其家族信托1000万实现了配置，家庭AUM值也从年初的1500万提升至6000多万。

服务贴心，专业制胜

在L女士的这个案例中，我感到，如果没有私行部的帮助，【笔者点评：万物和】对于家族信托这样的产品，仅凭我个人的能力，是不太可能帮客户落地的，因为这类较复杂的产品自己没有涉猎过，知识不够，它涉及受益人、避税和法律方面相关条款等，但这些产品功能恰恰是客户需要的，我正是通过上下联动获得了专业支持，从而获得了客户信任，最终做大了客户资产。所以，我深切体会到服务私人银行客户不仅仅靠“热心、诚心、细心和耐心”，更需要“专业和专注”，只有这样才能赢得客户的信赖和忠诚。

【反思环节】：

1. 类似这个案例，你过去是如何做的？请写到下面。

____

____

2. 通过这个案例你学到了什么？

____

____

3. 你的反思是什么？

____

____

4. 你准备采取的改进行动是什么？

____

____

案例8-2

你有恒心，柳暗花明

中午时分，我接到客户张女士打来的电话："小田，那笔600万的产品我买到了，真是一波三折呀！太感谢你了！"我终于长长地舒了口气。

在去年8月某分行财富中心组织的一次高端客户体验活动上，我得知客户张女士在2008年购买一款3年期产品和几支海外基金因为亏损严重而流露出要将资金撤出我行的意向。回到财富中心，我赶紧打开客户关系管理系统查询，发现张女士的370万理财产品及其亲属名下300万元的海外基金账面亏损竟达100多万元。我意识到，如果放松对其妥善的维护，势必将流失这位高端客户。【笔者点评：心即理】想到这儿，我立马将情况汇报给财富中心主任，建议马上召集大家研究定向维护方案。于是，针对该客户的各项维护工作立即展开。

随着股市的回升，张女士购买的理财产品缓慢回本，并最终小有收益。在我的推荐下，她将到期资金购买了一款我行稳健型财富产品。这笔资金的落地，意味着这一客户终于被我成功挽留。欣慰之余，我又发现她因到期产品收益较低而感到失望。恰在此时，她了解到某行有个年收益高达8.8%的营销产品，计划将600万元资金转走。听到这一消息后，我心急如焚，【笔者点评：心即理】立即联系主任请求省行援助。同时在探知某行产品目前只是在征集额度而尚未确定发行日期后，我向客户说明了情况，暂时稳住了资金。省行个金部老总得知这一情况后，亲自向XX市分行请求支援，要来一款资金集合计划产品。可是，事与愿违，就在一切准备就绪时，却因系统参数无法加载而不能购买。我只好深怀歉意地向张女士说明情况，并答应继续为其寻找合适产品。

就在我们焦急等待时，事情终于出现了转机。3月2日，在省行个金部的协调下，终于又争取到一款信托产品。但额度有限，需在省内抢购，于是我立即请张女士来财富中心，在征得她同意后，迅速与营业网点联系，事先做好产品销售工作，在网点个人业务顾问的

协助下，终于购买成功。【笔者点评：万物和】

行动后总结：

1. 全面了解高端客户的心理动态，以便客户有资金大动向时，及时做出维护。
2. 从客户角度出发，争取提供令客户满意收益的理财规划配置方案。
3. 与客户保持黏性，用感情维系与高端客户的关系。

【反思环节】：

1. 类似这个案例，你过去是如何做的？请写到下面。

____

____

2. 通过这个案例你学到了什么？

____

____

3. 你的反思是什么？

____

____

4. 你准备采取的改进行动是什么？

____

____

案例8-3

您的增值，我的成长

每一位客户的维护过程都可以用一部电影来展现，今天我要带来的一部微电影片名为《您的增值，我的成长》。此片记录的是走访营销我行一名私行客户的全过程。

第一幕【节前拜访】：2016年春节前，我接到网点营销主管电话：节前他要去拜访一名私行客户，想邀我一起送上新年的祝福。我估计，这也是领导有意要培养我的能力。去之前，我向网点了解了客户基本情况：客户Z总，与其丈夫一同经营一家企业，孩子在美国留学。夫妻二人是我行的老客户，有着多年的业务往来。到了Z总办公室，我们送上了节日的祝福，收集了客户的一些需求，大家愉快地交谈着。看来，和陌生客户见面，只要有同事认识，大家打成一片成为朋友也不是什么难事。【笔者点评：心即理】

第二幕【主题活动】：在省行私行部大力支持下，我行在3月份开展了一期“春暖花开，全球理财”的客户主题活动。我主动打电话邀请Z总参加，没想到，Z总如约来了。在会议休息空档，我和Z总单独交流心得，她对我们所讲授的全球资产配置、财富传承的理念十分认同。Z总一方面担心人民币贬值造成财富缩水，另一方面，夫妻二人准备作为一般合伙人（GP）成立一家私募股权投资管理公司，在事业上从实业投资到金融投资转型。于是，会后我向Z总提出：第一，客户可以做好全球资产配置，避免人民币贬值。第二，股权投资公司的一般合伙人（GP）是承担无限风险责任的，做好个人资产与公司资产的隔离非常有必要。Z总也十分认同我的观点，并且希望我们能做一个全面的金融服务方案，待其丈夫有时间，一起上门沟通。看来，借着私行专家的专业理念，来说服客户也不是什么难事，这也是借力使力的原理吧。【笔者点评：心即理】

第三幕【上门路演】：在各部门、各条线的联动下，我们给客户制作了整体综合金融服务方案。我同网点行长、网点副行长、网点营销主管一起上门给客户做综合金融服务方案的展示。

具体资产配置为：个人财富方面，做境外美元产品配置，加之我们考虑其有财富保障的需求，配置一定的保险产品；在客户正式成立股权投资公司之前，建议用家族信托将家庭财产和企业财产做有效隔离，既能达到财富管理的效果，又能达到资产隔离的效果。

在公司业务方面：我们考虑到建行资金托管与委托贷款等投行产品能够很好契合客户需求，起到助力客户初创企业成长的作用，我们为客户配置了相关的产品。

在把我们的资产配置方案完整介绍给客户后，客户夫妇两人只询问了一下具体产品的细节，均表示对我行的金融服务方案十分满意，并着手准备执行。

第四幕【开立账户】：在网点办公室，建行私行客户经理主管、省行私行部一同为客户做了KYC对话，开立了建行亚洲私人银行账户，客户金融服务方案正在一步步落地，我终于体会到了营销服务客户的成功感。

回顾：从节前拜访，到客户主题活动，再到上门路演为客户展示服务方案，最后开立私行账户，我们维护与营销客户的动作层层递进，步步深入。我终于认识到了私行业务其实就是为客户的财富管家服务，它并不是高不可攀的业务，它是可以通过一步一步努力来争取的。【笔者点评：事上练】

再回到本电影的片名《您的增值，我的成长》，这部微电影记录了营销客户的过程，记录了客户的资产成长，也记录了我的成长。其实，这是我第一次单独走访，营销客户，当时我到私行来不到一年，对私行业务也是一知半解，回过头来看，为客户打理财富，增值财富，我也得到了人生财富的增值。【笔者点评：责人向善】

电影可以回放，人生不可以重来，愿我们每一个人都在各自的岗位上，过好每一天，做好每一件事，服务好每一个客户，让这一幕幕构成我们人生的电影，从而演出我们每个人自己的精彩！

【反思环节】：

1. 类似这个案例，你过去是如何做的？请写到下面。

____

____

2. 通过这个案例你学到了什么？

____

____

3. 你的反思是什么？

____

____

4. 你准备采取的改进行动是什么？

____

____

案例8-4

要销一张卡，变成一私行

先处理情绪，再处理问题

2014年某日下午，我在大堂值班，看见一位面生的客户，主动走上前问：“您好，请问您需要办理什么业务?”

他紧蹙眉头掏出一张卡说：“销卡。”

我解释道："这是张信用卡，说明您是我行优质客户……"

我话还没说完，就听他抱怨："还优质客户，这张卡额度才2万元，办卡时就讲免费，现在一次都还没用，不仅要交年费，还弄得我有逾期记录，你们建行的卡好害人。"

我见他情绪激动，赶紧引导他去办公室，边倒水边耐心安抚："不好意思，可能当初营销时是我们没讲清楚，也可能是您没听清楚。您这张信用卡一年只要刷卡消费3次，金额不限，就可免年费。现在您可以先还上透支的钱，然后去刷卡消费3次，再拨打400-820-0588信用卡中心沟通，年费会返还给您。至于逾期记录，可到分行信用卡部申请非恶意透支证明。"【笔者点评：责人向善】

客户点头："早说明白，就不会这么麻烦。"

我再一次对他的问题表示理解，并表示我们以后会对类似问题加倍注意。

服务跟进要迅速

在接下来的攀谈中，他说以前常来我行，后因搬家，住太远了就少来了，我顺便就问他搬去了哪里？他介绍他的新家位于一高档住宅小区，我心中马上闪过一个念头，【笔者点评：勿执一念】这就是我的潜力客户，坚决不能放过。于是我立刻掏出名片告诉他，从今往后，我就是你的专职客户经理，如有任何问题，我都会在第一时间帮你解决。

他看到我很果断，也很果断地提到能否办张更大额度的信用卡，我立即从OCRM系统查询客户的信息：发现他已从白金级下降为普通客户，并问他可有房产、车产，在得到肯定答复后，我初步判断客户能办20万左右的白金信用卡，并要求他提供证明文件。

但在临走时，我感觉他对我依旧有点半信半疑："提供文件没问题，真的可以办这么大的吗？"

我肯定地点点头，并敦促客户抓紧来办理。

团队力量显威力

第二天客户如约而来，收到客户提交的资料，我表示会帮他尽快申办成功。事后向支行行长汇报，行长立即与分行信用卡部联系。25天左右将一张大额白金信用卡寄到他手中，客户非常高兴，对我行的优质高效服务相当满意。

接着，客户似乎对如何激活信用卡不太清楚，我于是乘机亲自上门教他激活信用卡，【笔者点评：致良知】交谈中又了解到他是我市某上市公司高管，现准备成立自己的公司。

在客户公司成立之际，我行迅速制定有针对性的营销方案，支行行长带领对公客户经理和我亲自上门再次营销，他毫不犹豫答应将基本户开立于我行，后来，其企业账户资金在我行达1500万。

对症下药成私行

2014年11月，客户个人账户级别由金级晋升为财富级，我陪同他到私行中心面签，私行中心主任和客户经理共同与他进行面谈，了解他有个人、企业融资需求，子女留学需求，养老需求及健康关爱等非金融需求，当前急需解决融资需求。

通过不懈的努力，我们为客户在2015年3月申请"财富贷"160万，2016年4月申请"善融贷"200万。12月，私行中心为客户提供免费贵宾体检，私行的介入让客户深刻体会私行尊贵、私密、专业的服务，客户级别终于在2016年2月提升成我行私行客户，客户业务主办行也由工行转为我们建行。

【反思环节】：

1. 类似这个案例，你过去是如何做的？请写到下面。

____

____

2. 通过这个案例你学到了什么？

____

____

3. 你的反思是什么？

____

____

4. 你准备采取的改进行动是什么？

____

____

案例8-5

一路自我反思，一路与您同行

相识系统内，一直陌生人

H姓客户，2015年在我行有800多万资产，基本分布于活期，产品配置综合年化收益率不到3%。当在系统中看到他的资产状况时，我的心里非常激动，认为这是一个很值得营销的客户，有很好的营销商机可以供我去发挥。因为客户情况太典型了！因为客户完全没有怎么理财嘛！那个时候，我多么希望他能来买一些理财产品，最好还能配置一些保险产品。这不仅可以为银行带来中收，也可以为客户带来更高的收益，这不就是双赢的理念吗？

所以，在去年到今年的一年时间里，我秉承着坚持不懈的理念，采取了每日理财资讯、节日祝福、过节礼品等多渠道轰炸的办法，每次也小心翼翼，生怕打扰到客户，可是，我对他发出的所有短信和电话问候，都被他视而不见，如石沉大海，了无踪迹。我虽抱着一颗赤子之心，却感觉已穷尽了毕生的智慧，犹如演了一出单相思剧。这种失落感，就像失恋一样让我陷入了无尽的空坠和黑暗，我甚至理解到了这句话“世界上最遥远的距离，不是生与死，而是你就在我面前，我却不知道你怎么了。”客户要什么，我能给什么？这个问题一直萦绕在我心间。

一个勇气的提问，一场深刻的反思

好在这种状态并没有持续太久。依然是上门拜访，我鼓起死猪不怕开水烫的勇气，厚着脸直接向客户提问：“H叔叔，您为什么不常来网点呢，您是不是特别忙，您是对我的服务有什么不满意吗？”

我没有想到，那一次拜访时这么一句来自心底的问话，让我们之间长期的拘谨和距离涣然冰释。H客户解释道：我发的信息他都看到了，他不是不需要，他只是重心还没在这里，他还顾不上！

我终于知道了他是因为特别忙，公司还在成长期，有太多的事情要去操心。

我这才突然明白了客户满意度回访和需求告知的重要性。我也开始反思：我之前做的一切，都是我认为他所迫切需要的，可是，他真的迫切需要我所认为的那些么？

我和我们私行团队也开始反思：创业成长期的老板到底需要什么？

他需要钱，发展中的企业永远不会嫌钱多！他需要客户！他需要优惠！可是，他要的这些，我都有么？我们身在建行，我们最有的，就是有钱！我们最有的，就是有客户群体！我们最有的，就是有私行条线的各大优惠政策！这些，我都有，可是我一直没给！【笔者点评：自省改过】

问题找到了，事情就解决了一半

下一次的拜访，就显得特别的顺其自然，我拉着我们对公客户经理，给客户提交了一份综合金融服务方案。我跟他说：H叔叔，您天天忙着公司的事，您可以把您的产品搬到建行的善融商城，我们建行千千万的客户都是您的市场群体；您可以适当加一些杠杆，提高资金使用效率，我们建行“五贷一透”等大数据信贷应有尽有；您可以多参加建行的高端客户沙龙，从各行各业积攒人脉，这对您的生意一定有好处。听到这些，看到我们给他的方案，H客户非常感动，也非常满意。我和他的革命友谊就从此开始了，客户对我们的理财指导也言听计从了。【笔者点评：责人向善】

对于客户，我们要爱他所爱，也要痛他所痛。他先赢了，我们才能赢。同时，一定要坚持一户一策，挖掘客户信息，找到他的痛苦点，寻找突破口，对接其需求，真真切切地解决客户存在问题。在以后的日子里，我也将继续努力，一路自我反思，一路与客户同行！

【反思环节】：

1. 类似这个案例，你过去是如何做的？请写到下面。

____

____

2. 通过这个案例你学到了什么？

____

____

3. 你的反思是什么？

____

____

4. 你准备采取的改进行动是什么？

____

____

案例8-6

留人，留学到留心

我们与客户W总的结缘，还要从他的爱人W女士说起。

留人就要留产品

W女士初到建行某支行，因长时间的排队等待而差点引发投诉，大堂经理注意到后，大堂经理一方面处理投诉风波，一方面通过对客户识别，判断W女士为高净值类客户，于是将其引导至理财中心。在处理完W女士的问题后，大堂经理和网点柜员配合，快而准地受理其业务，并利用结算卡、聚财、电子银行等产品组合对她进行精准组合营销，客户经理也向其介绍理财卡业务，利用业务优先、专属服务、综合金融等权益优势说服其成功申办。在大家的共同努力下，不仅平息了这场投诉风波，也达成了产品营销，因为大家知道，客户的投诉一旦解决不好，就可能导致销户、销卡等恶劣后果，而处理好投诉，稳定住客户的最好武器就是我们真诚的服务和可靠的产品。【笔者点评：心即理】

再用留学促服务

此后，网点客户经理通过提醒防诈骗、推荐理财、赠送礼品、邀约主题沙龙等方式，开展客户维护工作，起初效果并不理想。但经过长期不懈努力，逐渐取得W女士的信任。

通过多次与W女士沟通，网点客户经理敏锐地捕捉到，其儿子有出国留学的意向。网点将此情况反馈到我私人银行部，并通过我部与我行三方机构取得联系，争取优惠价格、为她孩子量身定制留学方案，让客户参加讲座、邀约体验等多种方式满足了客户需求，并成功办理了留学相关业务。之后，我们还向W女士出具了专业的综合服务方案，全面提升了客户满意度。自2014年10月起，W女士在我行的金融资产总量持续增长，现已成为我行私人银行级客户。

感动服务留住心

一次，W女士的母亲生病住院，而其家人因特殊原因无法顾及；网点得知情况后，特意安排人员多次上门帮助照料，【笔者点评：致良知】在此期间也创造了机会与W总认识，W总对我行服务表示感谢。经过多次交流，我们了解到W总所在部门存在因银行距离较远，职工存取不便的难题。

此时，网点行长牵头，联合我私人银行部、个金部、营运部、公司部以及机构部，通过设立园区内自助区、解决代发等方式，化解难题。通过前后多项联动，我们取得了代发工资增长4000余户，沉淀存款1.1亿元，个人存款新增5000余万元，受理国际业务3亿余元的骄人业绩。

从留住客户的产品，到留学方案落地，到感动服务留住客户的心，这一步步走来，我们体会到“真心服务换真心”的朴素道理，代发工资项目的成功背后是大家一点一滴的辛勤汗水和良苦用心。业绩后面是客户，客户后面是服务，服务后面是我们团队的用心和汗水，是我们建行的团队精神和文化。【笔者点评：万物和】

【反思环节】:

1. 类似这个案例，你过去是如何做的？请写到下面。

____

____

2. 通过这个案例你学到了什么？

____

____

3. 你的反思是什么？

____

____

4. 你准备采取的改进行动是什么？

____

____

案例8-7

有心之举成就资产提升

某月某支行储蓄所成功营销乾元保本理财产品200万元。这得益于该行实时关注客户资金流动情况，根据客户的资金变化运用理财知识有针对性地进行营销。

胡总是该城一家房产公司老总，也是该行的VIP白金卡客户，日常的资金交易量大笔数多，停留时间都较短。但在3～4月期间该账户资金出现频繁的大额收付，且存款余额较高。【笔者点评：心即理，在异常中发掘机会】经了解，这些资金是一个楼盘的工程备用金。得知此消息后，理财经理立即对客户的风险承受能力和产品适合程度进行评估，网点经理曹某和客户经理郑某随即带上小礼品和乾元保本第5期的说明书，拜访了胡总，向胡总详细介绍了乾元保本第5期产品的特点：风险极低、本金损失的概率极小，期限仅76天，收益是活期存款的6倍，每百万元到期收益8866元。简单交谈后发现，这一产品的特点正好符合客户期望备用金“钱生钱”的愿望，能让暂时闲置的资金取得较高回报，胡总当即决定购买，并将他行的100万元存款转出用于购买该理财产品。

此次成功营销后，该储蓄所继续跟踪客户的资金动向，适时向客户营销该行的其他理财产品，仅数月时间，累计营销该行各期理财产品1100万元，成功将客户等级提升至财富级。

行动后总结：

机会总是留给有心人，从遵从客户的需求及维护客户利益出发，加上良好的客户关系，营销就会变得顺利且富有成效。

【反思环节】：

1. 类似这个案例，你过去是如何做的？请写到下面。

____

____

2. 通过这个案例你学到了什么？

____

____

3. 你的反思是什么？

____

____

4. 你准备采取的改进行动是什么？

____

____

案例8-8

心中有分析，“管家”才落地

“刚收到银行私人银行客户经理小方的财富报告，挺有道理，我准备调整下最近的投资策略。”在JX市一幢高档写字楼里，经营外贸生意的李先生打开电脑邮箱里的邮件，仔细阅读着。

像这样的财富报告书，每隔半年都会收到，这对他合理配置资产着实有很大的帮助。

在方经理眼里，私人银行就是高端客户的“管家”，而这“管家”的首要服务就是帮

助客户实现财富的长期保值、增值。【笔者点评：责人向善】

“我们对分行客户的结构和特点进行了分析，发现50%以上的财富类客户为中小企业主，他们追求资产的保值，而不是快速的增值，希望银行的产品一要风险较低，二要有较高收益，一年6%～8%、两年8%～10%，三要尽量短期。我们就积极推荐第三方信托产品。”方经理讲道。

在实际营销中，客户往往会提出各种疑问，因此对发售的第三方产品，分行都要到项目实地去查看，与企业负责人沟通，做到自己心中有底，再回来向客户推荐。“4月份，我们去JH兰溪考察项目，在项目工地上和企业董事长沟通了近4个小时，回来后马上召开产品说明会，结果，全省销售的9000万中JX卖了5120万”。方经理讲道，“实践证明这样的做法成功率还是很高的。”【笔者点评：事上练】

除了第三方信托产品，分行还独立运作了私人银行专属票据产品等多个项目，目前该行私人银行的产品线涵盖了传统的结构性产品、集合信托计划、阳光私募、见证开户、留学策划、投资移民等一系列理财及咨询服务。

“我们还会针对顶端客户的特殊需求，制定理财方案，提供风险管理、资产配置、信托等一系列的深度专业服务。”小吴讲道，“去年一家支行营销了一位私人银行客户，他当时有笔9000万元的闲置资金，想在两个月的闲置期内让这笔资金增值，我们立即与省分行合作，专门为这个客户设计了一个理财产品。”【笔者点评：心即理，为客户心中想，既可以做到】

当然，分行私人银行绝不是简单地为客户做好理财服务，它还能通过一系列非金融服务帮助客户提高生活品质，扩大人脉关系网。

“我们私人银行的服务很注意与高端客户的家庭需求、个人兴趣相结合。”方经理说，“子女教育讲座，新年音乐会，高尔夫球赛，普陀山拜佛，红酒品鉴，VIP鉴宝，名车试驾，美容讲座，健康体检……这些针对高端客户不同兴趣爱好举办的活动，既提高了高端客户的品位，也让他们交到了新朋友。”【笔者点评：致良知】

方经理说：“帮客户的孩子联系学校，给客户的朋友介绍工作，帮客户招聘人才，联系品牌服务商等等，只要客户需要的我们都会帮忙去做。”

这种“管家式”服务的效果开始显现，分行私人银行的客户数量占全部客户数量不到万分之一，但他们对银行的贡献却在不断提升，以中间业务收入为例，去年私人银行3760万元的中间业务收入已占到全分行个人中间业务的17.3%，比前年年提升了10.6%。

分行的私人银行业务已从初期的“圈地”到开始注重“精耕细作”。【笔者点评：事上练】行长满怀信心地说："现在各家银行私人银行业务发展都在提速，下一步，我们将整合资源，不断提升私人银行整体综合服务水平。"

行动后总结：

1. 把生活式服务作为银行特色，与客户保持联系，维护客户关系。
2. "管家式"服务是客户的需求，也是私人银行的创新。
3. 提升了客户交际圈，扩展了客户渠道，既服务了客户，也为银行做了宣传。

【反思环节】：

1. 类似这个案例，你过去是如何做的？请写到下面。

____

____

2. 通过这个案例你学到了什么？

____

____

3. 你的反思是什么？

____

____

4. 你准备采取的改进行动是什么？

____

____

案例8-9

大额理财的背后是用心的付出

全主任是某县支行营业部的网点主任。一直以来，他都用真诚的态度与优质的服务对待客户，逐渐与客户成了贴心的好朋友。【笔者点评：万物和】

九月初，在个贷部客户经理的介绍下，全主任认识了某房地产公司老总的夫人S女士，一开始全主任便与她交谈甚欢，平日里为她提供业务辅导，久而久之就成了朋友。期间，全主任时常向S女士解释理财产品，并通过手机银行向她直观展示各项理财产品。全主任发现S女士的资金一般都是存在她老公卡上，但她老公不太愿意她来理财，觉得利息不高。全主任便提议她将资金放到自己名下的卡上，避免转来转去耽误理财的时间，提高效率，也方便随时进行管理。【笔者点评：责人向善】

随着资金的不断累积，10月初，全主任接到了S女士的电话，电话里她主动提出想进行理财，并有意愿成为私人银行客户，指定要全主任为她进行财富管理。10月的一天下午，S女士提着从农村信用社取来的钱前来营业厅办理理财业务，期间发现自己的身份证遗失在信用社，听闻这一消息全主任立马开车送她过去取，返回到营业部时已接近下班时间，超柜已经关机。就在大家觉得今天办不成业务的时候，全主任果断重新开启了超柜，最终得以办理450万理财。【笔者点评：不动待机】

行动后总结：

1. 转推荐客户，公私联动营销，利用现有资源共同开发和营销产品。
2. 业务素质过硬很重要，让客户充分相信我们。
3. 真诚对待客户，凭借用心地为客户服务赢取口碑。

【反思环节】：

1. 类似这个案例，你过去是如何做的？请写到下面。

____

____

2. 通过这个案例你学到了什么？

____

____

3. 你的反思是什么？

____

____

4.你准备采取的改进行动是什么？

____

____

案例8-10

上下联动，赢得客户心

某分行利用自身特点，结合网点服务资源效能提升工作，确定贵宾客户管理思路，以充分挖掘潜力客户、重点维护高净值客户、提供专业化服务为契机，多渠道拓展私人银行客户，并提供专属理财和高端服务，通过分行、支行及网点上下联动、相互配合，成功营销客户A成为我行私人银行客户，并购买1000万进取系列理财产品。【笔者点评：万物和】

客户背景介绍

客户A为该市某公司总经理，由于进出货频繁，经常出差到外地考察，有大额资金往来，客户为方便办理业务，在我行开通了白金卡及网上银行、手机银行等全套电子产品。我行客户经理通过个人贵宾客户管理系统查到客户资产流情况，发现客户A长期与我行保持着资金往来，具备良好合作基础，且其临时性存款资金量大，出账入账频繁，已达到我行私人银行签约标准。为提高分行私人银行客户签约率，提升贵宾客户服务体验，打造分行私人银行品牌，客户经理与客户A取得联系，向其大力营销私人银行业务，经过不懈努力，将客户A签约为我行私人银行客户，为其发放私人银行钻石卡，并根据客户理财需求提供相应理财及增值服务。【笔者点评：事上练】

客户营销及服务过程介绍

（1）需求挖掘过程

通过优质、贴心的服务，分行与客户A建立了良好的合作关系，从大额汇款、个人网银服务到理财顾问，从买产品到卖产品均为该客户提供全程服务。

由于该客户的资产已达到签约私人银行业务的条件，且该客户需要经常出差，而私人银行的增值服务中可为客户A提供机场和火车站的贵宾服务，能够为其出行带来便利。客户A若开通私人银行钻石卡也可享受异地取款、汇款免手续费的优惠。因此，客户经理第一时间利用OCRM系统查询客户A的理财签约情况，发现客户A有闲置资金可以签约理财产品，但系统显示，目前为止客户将闲置资金均办理大额存单业务，并未签约收益更高、存取更灵活的理财产品，【笔者点评：心即理】我行客户经理通过与私人银行理财顾问沟通，锁定客户A为重点目标客户，并通过平时与客户A的接触，了解了客户A的基本资料及服务需求，为后续的营销与维护奠定了基础。

（2）方案制定过程

锁定目标客户后，支行及时与市行财富管理中心取得联系，将客户的情况作了详细介绍，专管财富顾问马上给予业务支持。经市行、支行和网点沟通，决定先以系统短信形式向客户A简单介绍私人银行业务，给客户留下印象，再由我行客户经理致电客户A，详细说明业务特点及优势，告知客户已构成签约私人银行钻石卡的条件，根据所了解的客户的需求有针对性地说明私人银行的增值服务，针对客户的闲置资金，给出合理理财方案，测算收益，并提供专业顾问理财咨询服务，让客户更深刻地感受到我行的诚意。【笔者点评：致良知】

（3）沟通协调过程

我行客户经理通过OCRM系统向客户A发送办理私人银行业务的短信，并于次日亲自致电向客户讲解我行私人银行业务，告知客户日均或时点任一指标达到600万即可签约成为我行私人银行客户，为其发放私人银行钻石卡，但客户并未同意办理，并告知我行客户经理由于工作繁忙，如无重要事件通知，不要再以短信形式营销任何业务。我行基于充分尊重客户意愿，没有再以短信形式向客户营销，但我行并未放弃该客户。

一周后，客户A来到我行办理跨行转账业务，我行对公柜员向该客户推荐网银转账业务，并将客户带到经理办公室办理，营业室经理以饱满的热情为客户A办理转账业务，其服务态度让客户大为感动，在一段时间的交流后，我行营业室经理再次提起私人银行业务，但客户对此业务表示并不熟悉，态度十分犹豫，这时营业室经理将早已准备好的私人银行增值服务项目打印出来，让客户A更直观地看到私人银行的特色服务。

营业室经理在与客户A的接触中了解到客户A平时工作较为繁忙，便提醒她，成为私人银行客户后可以享受全国三甲医院的专家预约挂号及就诊服务，包括取号、划价、取药、协助缴费等，全年可免费享受3次，也可转让他人使用。但客户A表示自己对此项服务并无太大需求。营业室经理表示，私人银行钻石卡不仅有此项服务，还有很多实用的贵宾体验，【笔者点评：不动待机】如开通私人银行钻石卡，可以享受机场、沈阳北站贵宾服务，客户A显得较有兴趣，这项增值服务正好满足客户A的需求，于是，营业室经理具体介绍了该项增值服务，如客户A在机场可享受专属贵宾休息室、免费的专用餐点，并有专人协助办理登机手续及行李托运，并提供专属绿色通道和优先登机的优质便利服务。如客户A在火车站，也可享受贵宾休息区及协助办理手续等附加服务，客户A可一年无限次免费使用，也可免费携带同行宾客一人。

客户A听后对我行私人银行业务带来的增值服务表示认可，营业室经理趁热打铁，及时向私人银行部咨询最新的私人银行理财产品，借此带动客户A签约私人银行业务。根据事先制定的方案，营业室经理将私人银行的专属增值服务及我行能提供的专业咨询服务进行了全面梳理，形成简单明了的表格形式，向客户进行介绍。客户A在了解私人银行理财产品后，觉得收益颇为可观，便随即签约进取系列理财产品，签约金额为1000万，并开通了私人银行钻石卡。

行动后总结：

1. 多途径挖掘客户，视客户实际需求进行合理营销，并保证对所有签约客户进行事后业务追踪及维护。

2. 各部门通力合作，上下联动，熟练掌握私人银行业务，凸显产品优势，积极推广产品。

【反思环节】：

1. 类似这个案例，你过去是如何做的？请写到下面。

____

____

2. 通过这个案例你学到了什么？

____

____

3. 你的反思是什么？

____

____

4. 你准备采取的改进行动是什么？

____

____

案例8-11

三级联动　客户归心

某省分行省市县三级联动，通过多次客户走访、深入沟通，以真诚服务取得了客户信任，以专业服务取得了客户认可，最终将一名已经流失的客户再次营销为顶级客户。

客户背景介绍

客户A先生52岁，经营一家水泥工厂企业，企业拥有较强的科研和生产能力。A先生资金实力雄厚，原在我行某支行开立对公户和个人户，各项存款共2000多万。

客户营销及服务过程介绍

A先生在某地拥有自己的工厂，随着业务规模的扩大，2014年A先生计划在当地建新厂，但新厂用地没有批下来。后来新厂用地在铜仁获批，于是A先生将工厂迁至铜仁，自己将家也迁至工厂新址附近。随着工厂的迁走，A先生逐渐减少了与我行的业务往来，至2015年，停掉了所有在当地的业务，只暂时保留对公账户，以便老客户资金往来，但资金几乎全部转走，最后甚至连我行客户经理的电话都拒听。面对这种情况，为避免客户反感，客户经理改变了思路，不再直接联系A先生，而是采用“曲线救国”的策略，通过留在当地的企业原会计人员了解企业情况。【笔者点评：勿执一念】功夫不负有心人，通过该会计，2015年末，客户经理再次与A先生取得了联系。在征得A先生同意后，客户经理带领营销团队奔赴铜仁拜访A先生，并到企业实地参观，了解企业实际状况和投、融资需求。通过拜访及参观，客户经理重新认识到了该客户的重大价值，并重新建立了与客户的关系。

A先生的工厂迁至铜仁后，回当地的机会很少。为加强和客户的沟通联系，我行领导带领营销团队赴铜仁拜访客户十余次。【笔者点评：事上练】此外，每当企业会计到网点办理业务时，客户经理都会为其精心准备小礼物，提供全方位服务。在不懈的努力下，客户经理与企业会计建立了深厚的友谊，无形中增加了我行在A先生心中的分量与话语权。一次次的远途拜访，让客户感受到我们农行人的真诚，一次次的周到服务，【笔者点评：勿执一念】让客户对我们农行的信任日益加深。2014年末至2015年末，客户逐渐向我行转移资金2000多万。2016年春天行动期间，客户在我行资产迅猛增长，至2016年一季度末，A先生在我行的金融资产高达1.09亿。

A先生在我行的金融资产基本都是活期存款，客户经理觉得客户对我行非常支持，但资金一直放在活期上收益太低，希望能为客户做些理财，提高收益，【笔者点评：致良知】遂向省分行私人银行部寻求支持。在了解客户详细情况后，管户财富顾问今年4月向省行私行部寻求专业支持。区域财富顾问在了解客户的基本情况后，向管户财富顾问阐述了为A先生做综合财富规划的思路，重点放在资产配置、保险规划、家族信托上。管户财富顾问将规划初稿做好，区域财富顾问用了4个小时的时间对规划初稿进行修改完善，下午省市行财富顾问对规划终稿进行充分沟通。【笔者点评：责人向善】其后，财富顾问和客户经理拜访了从铜仁回到当地的A先生，将详尽的理财规划交给A先生，并向A先生详细介绍了规划。A先生对于规划非常满意，认为规划做得用心、专业，肯定花了不少工夫，并提出两点希望：一是希望财富顾问提供具体的理财产品名称、要素、发售时间，进行资产配置；二是对于规划中提到的保险配置和家族信托很感兴趣，希望进一步了解

下一步我们计划采取稳扎稳打的营销策略。一是先从资产配置入手，制作近期理财产品发售时间表，列明产品要素，为客户做资产配置提供参考。二是财富顾问结合客户需求，出具具体的保险配置规划，争取覆盖客户面临的意外风险、重疾风险，并做好养老规划和财富传承及保全规划。三是鉴于家族信托需要掌握客户非常全面的信息甚至是比较隐私的信息，在真正着手做家族信托之前，我们通过资产配置和保险规划稳扎稳打，逐步加深客户对我们的信任。在建立充分的信任之后，再将家族信托和终身寿险进行结合，完成客户财富传承与保全的理财目标。【笔者点评：事上练】

行动后总结：

1. 通过客户经理的日常维护，让客户感受到农行人的真诚，密切了与客户的关系。一个已经流失的客户又被重新营销成顶级客户，2016年3月末金融资产达到1.09亿元。

2. 通过省市县三级联动，借助高质量、个性化的综合财富规划让客户感受到农行人的专业，提升了客户服务水平，创造了客户价值。将一个原本仅靠真诚来维护的客户提升为用专业来维护的客户。

3. 流失的客户不能轻言放弃，但在联系流失的客户时要讲究策略，如果难以直接接触，要想办法“曲线救国”。人是讲感情的，只要付出了真诚和努力，结果不会太差。

4. “1+1+N”私行客户服务模式中的各个角色要既有分工，又有合作。客户经理主要负责客户日常关系的维护以及客户需求的挖掘。管户财富顾问主要负责分析客户基本信息及需求，用私行产品和服务对接客户需求，用专业性创造客户价值。区域财富顾问主要负责为管户财富顾问提供更专业的支持。各角色合作的前提是大家非常清晰自己的分工，并且彼此之间充分信任。

5. 真诚对于客户维护来说很重要，应该贯穿客户维护的始终。但客户维护的更高层次应该是用专业为客户创造价值，所以财富顾问应在为客户提供专业服务的过程中不断提升自身的专业水平。

【反思环节】:

1. 类似这个案例，你过去是如何做的？请写到下面。

2. 通过这个案例你学到了什么？

3. 你的反思是什么？

4. 你准备采取的改进行动是什么？

案例8-12

留心客户不流失 赢得信任是双赢

黄女士是XX支行的客户，但由于其身体上的原因，而且自己经营生意，其貌不扬，一直没有得到重视。

XX支行处于老商业区内，流动客户较多，理财经理通过不断巡视，在普区发现黄女士为潜在的优质客户，通过简单的交谈后锁定客户，将其迅速转介至二楼贵宾区域，进行进一步的挖掘。转介后理财经理发现客户较为敏感，【笔者点评：心即理，感觉有难度，则转给更专业的同事处理】于是二次转介给银行财富经理。

理财办公室装扮得很简洁，两盆绿色的植物，一排整齐的文件夹，一台电脑，旁边放着几支笔，RFP国际金融师的台牌放置在比较显眼的位置。

财富经理通过行内系统了解到客户大致情况，仅与客户纯聊天，并在重要的地方详细记录，不时给予一定的回应。经过大约20分钟的沟通，财富经理大概了解了目前的资金情况：除了刚刚带来的30万存了半年的定期，目前在工行还有近100万的资金，主要是用于铺货用的，同时在邮政储蓄还有一定的资金。为了进一步了解和营销客户，【笔者点评：事上练】财富经理与黄女士互加了微信。

每隔一段时间，财富经理都会发送一些国际国内的经济动向、股市行情、银行理财、宏观经济分析、微观市场分析等信息，同时也会简单询问客户需求，在客户需要来行办理业务时，提前取号，减少客户等待时间，提供一些简单可行的贴心服务，【笔者点评：事上练】但丝毫不会要求客户认购任何金融产品。逐渐地，互动由客户经理的主动变为客户主动。

端午节前夕，财富经理亲自将礼品送到客户手中，并通过这一契机，初步接触到客户的经营情况，通过门面的大小、雇佣的工人数量和仓库所在地，对客户经营情况已大致了解，并邀约客户参加网点的理财沙龙。

在财富经理与客户已经建立足够的信任关系后，财务经理给出了自己的一些建议：一是整合资金，重新进行投资，而且为了确保流动性，可以化整为零，认购不同到期期限的短期理财；二是保留部分备用金投资货币性基金中；三是针对亏损的基金进行调整，采取割肉换仓以及补仓的策略，放弃成长价值低的基金，降低基金的认购成本。【笔者点评：责人向善】

再后来，银行根据客户目前的投资情况做了一个综合的理财规划，涉及理财、保险、证券等进一步取得了客户的信任，经过近3个月的追踪营销，客户在网点的资产已由最初的30万定期，增加至720余万。财富经理结合客户近期询问基金的积极性较高的状态，判断客户还是希望能通过承担高风险来获取高收益的心态，只是缺乏正确的引导，于是主动寻求业界同仁的帮助，【笔者点评：万物和】共同对客户的基金进行诊断，给出了如下的建议：

黄女士应该将目前持有的基金进行调整，以达到风险可控、收益稳健的目的。

针对认购的股票型基金，由于投资面较狭窄，建议客户可以考虑平仓，换成指数型基金，且尽量采取定投的方式，或者加大对该基金的投入，采用定投的思维，每月补仓，摊薄成本，博取收益。

根据目前震荡行情，建议黄女士开始进行基金定投，设定期限60个月。

在7月李女士的生日来临之际，财富经理又精心挑选了一份小礼品上门服务，令客户备受感动。同时，从5月开始，财富经理每隔半个月会给客户发送一封E-mail，将获取的金融信息进行提炼，并提供客户在我行的资产情况，他行认购的基金走势以及当下的股票情况、经济走向等专业分析报告，供客户参考。因为长期受到这样的贴心服务，【笔者点评：心即理】客户感到被重视，于是在7月份将其主要对公业务逐步转至我行。

7月底期间，财富经理针对已获知的客户信息，又重新做了一份家庭财务规划，包括家庭保障计划、家庭投资计划、财富传承计划以及企业发展规划，进一步提升了客户对我行的忠诚度和贡献度，同时邀请客户参加网点8月计划开展的“高端客户理财沙龙活动”。

截至去年8月，黄女士在我行资金总共870余万元。主要配置为：定期420万元，其中大额存单280万元。短期理财300万元，长期理财130万，保险趸缴20万元，同时给子女做了基金定投2户，每户月投1000元。

客户家族为服装贸易批零类企业，具备一定的资金实力，对公账户刚在我行启用，已开立对公网银等，但其经营受宏观经济影响较大，目前企业发展已经遇到瓶颈，客户计划下一步投入部分资金做保健产品。其亲友也被介绍来我行开户，目前资金暂时转来350万认购短期理财，由黄女士代为打理，后期资金将陆续转至我行。

行动后总结：

1. 在于大堂发现客户后及时转介。
2. 巧询问，多倾听，将话语权暂时交给客户，了解客户的需求。
3. 认同客户，将客户身价“抬高”，让客户感受到被尊重、被重视。
4. 重视细节，体现专业度。
5. 面对客户时做好充分的销售准备。
6. 与客户建立友谊。

【反思环节】：

1. 类似这个案例，你过去是如何做的？请写到下面。

____

____

2. 通过这个案例你学到了什么？

____

____

3. 你的反思是什么？

____

____

4. 你准备采取的改进行动是什么？

____

____

案例8-13

专业资产配置，精心联动客户

W先生性格温和、沉稳精明，早年曾在某贸易公司做销售，从一线员工到大区域经理，他的第一桶金掘于此。在房地产还未兴起的时候，他将所有的原始积蓄投资于家乡的房产、商铺门面。没过几年，房地产市场风生水起，他的财富成几何式增值。回到家乡，开始承包房产、路桥项目建设，他卓越的投资视角、踏实沉稳的处事方式使他的财富在经济泡沫中逐渐积累起来。经过多次深入交流，我们了解到，他即将启动一项某医院搬迁建设项目，并坦言道，这是他最看中的项目，做完这个准备退休，享受余下的休闲时光。目前太太还坚持上班，只有一个儿子小学在读。

W先生的财务需求初步分析是财产的保值增值、养老、儿子的教育基金规划。

W先生虽是我行白金级客户，但其持有多家银行的贵宾卡，资金较为分散，通过O系统关注到，他的大额资金全部存放于活期存款，客户经理小陈初步判断文先生对其资金的流动性需求强、风险偏好低。在第二天的晨会上，我们将W先生这一私行潜力客户的初步营销想法和大家充分沟通，一致认为，大堂经理负责热情接待，高柜柜员注重优质快捷服务，低柜柜员负责引导无风险产品“聚财宝”签约，并转介给客户经理，为下一步资产配置做铺垫。【笔者点评：万物和】

在与客户沟通过程中，了解到该客户的风险偏好较低，从他的资产结构来看，陈经理认为他并不缺乏一定的风险承受能力，只是未曾正确认识理财风险。作为他的客户经理，陈经理有责任帮客户树立正确的理财风险意识。她决定从选用短期能见成效的理财产品入手，把我行流动性、收益性俱佳的“日鑫月溢”介绍给W先生。【笔者点评：致良知】在获得理财收益后，客户逐渐认可我行理财产品和服务，有资金入账就来柜台转入理财。此时，陈经理会认真记录W先生每一笔理财产品，及时电话提醒到期情况。【笔者点评：事上练】

在赢得客户良好的评价后，我们决定为W先生做更加全面的资产配置。以分行举办的系列理财活动为契机，网点经理发出邀请，客户经理陪同参加了理财讲座，现场答疑。此举让客户倍感尊重，同时培养了客户的理财意识。接下来，我们为客户配置的300万建信汇利获得了6.7%的较高收益；配置了10.2万10年的基金周定投计划；30万的期缴保险。【笔者点评：责人向善】W先生还表示，此后节庆送礼首选建行金。

客户的需求和财务收支状况是一个持续的动态过程。某行财富管理中心高度重视财富级客户的售后服务，认真落实省行私行部工作要求，从一户一策名单制营销台账的建立，到理财产品售后收益实时跟进和检测，再到客户满意度测评等工作要求均一一严格落实，我们定期为客户推送最新金融市场资讯，适时评测理财收益率，根据现状和需求及时调整理财计划。【笔者点评：事上练】

精诚所至，金石为开。经过长达1年时间的细心维护，W先生的AUM值由300万提升至1500万，成功提升为私行客户，通过分层分类维护营销实现客户和网点双赢互惠！

行动后总结：

1. 高柜柜员“优质服务”、低柜柜员“引导需求”、客户经理“促成成交”，联动营销效果显著。

2. 巧选理财产品，先赢得客户信任，认可我行理财产品和服务。

3. 持续沟通，以理财活动为契机，挖掘客户更深层次的需求，给客户做更加全面的资产配置。

4. 推送最新资讯，及时调整计划，持续提供售后服务。

【反思环节】：

1. 类似这个案例，你过去是如何做的？请写到下面。

____

____

2. 通过这个案例你学到了什么？

____

____

3. 你的反思是什么？

____

____

4. 你准备采取的改进行动是什么？

____

____

案例8-14

团队模式，赢在心齐

山东分行私人银行部与香港分行密切合作，成功为一位上市公司高管提供了海外万能寿险及保费融资服务。该笔业务保费200万美元，保额近1000万美元，是全国农行系统金额最大的境外保单之一。

客户D先生是山东某上市公司高管，理性而创新意识强，持股市值九千多万元。2012年，由D先生牵线，山东分行为该公司多位高管提供了限售股解禁股东综合金融服务，开创了我行私人银行上市公司股东服务的先河。几年来，我们与该公司的几位股东保持密切联系，省行私人银行部赵副总经理多次拜访几位股东，并介绍专家帮助该公司发展庄园业务。

（1）需求挖掘过程。

2013年，国内富豪阶层悄悄掀起海外资产配置的浪潮，我行跨境金融和家族财富传承顾问服务也如火如荼地展开。在接受香港分行海外大额保险业务培训后，我们首先想到了该上市公司的几位股东。

2013年7月，我们邀请了香港分行客户经理与保险经纪人来我行与几位高管见面。与高管约见并不容易，我们在两天的时间里分别与8位高管进行了一对一的谈话。有的高管在单位会议间歇与我们简单会谈，有的高管在下班路上来支行与我们匆匆会晤。几位高管对海外保险的态度有很大差异，多数还停留在理念更新的阶段，只有D先生持认可态度。

（2）境内外联动促成业务。

挖掘到D先生的需求后，省行私人银行部和支行理财经理分别与D先生多次沟通，将保险的避税避债作用及海外保险的优劣势对比及时发送客户。沟通中我们了解到，D先生已将部分资产转移到香港某银行，但该银行对大陆客户不是特别重视，客户对该银行的服务并不满意，这一信息增强了我们促成这笔业务的决心和信心。【笔者点评：心即理】

2014年初，该客户因公司事务出差到香港，我们及时将这一信息反馈给香港分行，香港分行对客户进行了热情的接待，客户回来后表示非常满意。2014年5月，香港分行零售业务部副总经理一行来山东洽谈业务并专程去拜访了D先生，当场为其开立了香港分行投资账户。2014年12月，客户专程飞往香港办理了海外万能寿险及保费融资服务。该笔业务保费200万美元，通过保费融资服务，首付60万美元，融资利率1.5%，保额近1000万美元，解决了客户海外资产配置和家族财富传承的问题。客户对本次服务非常满意，又为我行介绍了三位客户。【笔者点评：万物和】

行动后总结：

1. 跨境金融服务联合团队是营销利器。实践证明，我行首创的跨境金融服务联合团队模式效率高、速度快，与境外行的无缝对接整合了境内外服务优势，扩展了我行业务品种，功能强大，客户体验好，深得客户好评，在营销中无往而不胜。

2. 上市公司股东是一座金矿。上市公司股东服务是山东分行在营销实践中探索出的一条康庄大道。上市公司股东作为私人银行客户有以下几个优势：一是资产量大，接受新兴事物能力强，我们的新兴私人银行服务从上市公司股东入手往往能取得较好的效果；二是股东们信息透明，我们较易获得营销信息，同时他们的安全性也相对较高；三是上市公司股东营销能发挥“圈子营销”效应，一个股东办理业务往往能带动好几个股东。目前，该公司另外一位股东也表示近期将办理同样的业务。所以尽管受当前政策和股市调整影响，目前限售股解禁服务无法深入开展，但上市公司股东仍是我们私人银行客户拓展的重点目标。

3. 多方联动是营销的制胜法宝。该笔业务的促成是山东分行上下联动、公私联动、境内外联动共同努力的结果。近年来，山东分行加强服务体系和专业队伍建设，在全省16个分行全部设立了财富管理中心，在177个支行设立理财中心，先后组织10余期私人银行业务营销技能培训班和3届财富规划方案优选赛，提升了从业团队的实战能力。该笔业务的促成得益于长期以来我行公司业务和私人银行业务的密切配合，得益于基层行从业人员对客户的熟悉和对新业务的了解，更离不开香港分行与我行的密切联系和紧密合作。今后，我行将继续紧盯客户核心需求，加大上市公司股东等高端客户服务力度，力争在私人银行客户维护、新业务拓展方面再创新业绩。

【反思环节】：

1. 类似多方联动“心齐”的这个案例，你过去是如何做的？请写到下面。

____

____

2. 通过这个案例你学到了什么？

____

____

3. 你的反思是什么?

____

____

4. 你准备采取的改进行动是什么?

____

____

案例8-15

一颗红心，两手准备

万事开头难，第一笔跨境业务可谓是一波三折。6月的一个工作日，我行借力端午节前期上门拜访客户张总，在与他的聊天中了解到他对投资非常感兴趣，股票、期货、理财、保险样样在行，并有着独特的投资理念。于是我行与客户重点介绍了私享建亚业务，并邀约客户参加我行私行中心将举办的《新国际形势下的人民币风险规划》的高端理财沙龙。客户欣然接受，这一主动邀约，为我们拟通过主题活动专家讲授为客户灌输境外资产配置理念埋下了希望的种子。

客户在营销主管的陪同下如期参加了私行中心举办的高端理财沙龙，听完讲座后，及时挽留客户与省行私行部业务牵头人罗经理进行了一对一的交流，使客户对我行的境外业务有了更全面的了解，客户感觉颇好。当即决定6月底开立建亚私行账户。但是，由于境外银行要做KYC，私人银行账户一般要一个月才能开立，同时，由于因客户港澳通行证已过期，眼看客户6月底开立境外私行户存在不少障碍，正在网点一筹莫展之际，省行私行部积极应对，以满足客户需求为首要，第一时间邀请建亚客户经理专程来为客户办理见证开户，省却客户需两次奔波香港的麻烦。【笔者点评：致良知】同时，在不确定建亚客户经理能否如期来为客户开户的过程中，网点营销主管发动人脉资源，积极为客户在出入境管理处以最短的时间内办理了签注手续，一颗红心两手准备。【笔者点评：心即理】

6月21日，建亚客户经理如约而至，成功为客户办理了见证开户手续。至此，客户对我行境内外私行机构高效联动，及时解决客户需求的优质服务表示了高度的赞许。

6月底，是银行业半年度存款指标考核的一个关键时点，在我行的持续跟踪下，客户将他行的流动资金700万元转入我行，在我行的资金累计达到1400多万元。9月的第一个周末，客户顺利抵达香港，周一成功到建亚办理了相关手续。在建亚私行客户经理的优质服务下，客户选择了一款适合的产品，就这样某支行首笔大额境外保单应运而生。随着客户满意度的提升，客户表示还会推荐身边的朋友来我行办理跨境业务，做好境外资产配置，有效规避人民币远期贬值风险。【笔者点评：万物和】

行动后总结：

1. 深挖客户需求，在获得客户需求的第一时间，要趁热打铁，把握机会。
2. 事情的成功需要前期备份多种计划。

【反思环节】：

1. 类似这个案例，你过去是如何做的？请写到下面。

____

____

2. 通过这个案例你学到了什么？

____

____

3. 你的反思是什么？

____

____

4. 你准备采取的改进行动是什么？

____

____

九、用管理提升绩效场景十五例

案例9-1

学习型银行建设显著

——周早林行长

第一次和周行长接触，是在2007年的武汉，当时笔者作为美国注册理财师学会（RFPI）的中国理事会理事忙着在各地发展会员，传授理财知识和技能。当时周行长在宜昌分行当一把手——行长，他有几位部下因为在中南财大参加了我们举办的一个理财公开课，想参加学会在武汉办的理财师培训班，因要来武汉上课，所以要向单位请假。周行长一听，认为学习对员工是件好事，也是他一贯提倡的，于是周行长趁着来武汉开会的间隙约笔者来到他住的酒店探讨如何把武汉的培训班搬到宜昌去办的问题。很快地，笔者和周行长就在宜昌办班的问题达成了共识，随后我们在宜昌办了两期RFP培训班，为宜昌分行培养了七十多人的专业理财师队伍。一般来说，理财师培训班的合作方都是省一级的分行，例如湖北省建行或湖北省农行与学会共同举办，由地区分行和学会来举办的理财师培训班，在当时是第一次。这件事给笔者的印象很深，感觉周行长不愧为一个爱好学习的行长。【笔者点评：责人向善】

随后发生的两件事，让我不得不对周行长的管理风格刮目相看。一件事是我们的班务助理告诉笔者，周行长虽然没有大块时间听培训班的专业理财课程，但他愿意抽时间自学课程，课程中有专业的理财计算器使用，周行长不耻下问，多次向辅导员请教直到搞懂弄通为止。还有一件事，就是我们的一位讲实战课程的老师因工作走不开，周行长得知此情况，主动请缨来担当本次培训班的实战课程讲师。当我们检视周行长提供的课件时，发现他十分用心，不仅在理论方面的问题上字斟句酌，条理清晰，而且在结合本行实际工作上，对如何开展理财业务，提升对客户的服务和营销水平也是言之有物，可落地可实操。最后周行长客串了这次培训班的实战讲师角色，受到了学员和其他老师的大赞。【笔者点评：事上练】

后来，在周行长的要求下，学会在宜昌为新晋会员举办了隆重的证书颁发仪式，周行长不仅邀请了学院派的中南财大院长来宜昌，也邀请了学会领导和实战派专家到场祝贺，并且借着2008年奥运会的东风，还邀请贵宾客户到场，把颁证活动变成了一个客户沙龙活动，由实战专家、笔者等做了一场奥运会期间的理财策略报告会。由此，笔者终于领略了周行长从抓学习入手，从而抓管理，抓客户营销，层层递进的管理手笔。【笔者点评：万物和】

再后来，我还了解到，周行长为建设学习型银行，所花功夫远不只此。他还多次举办行内的读书竞赛，号召员工加强学习，在比赛现场不仅层层选拔选手，还鼓励家属参加，共同颁奖，共同进步，全行上下形成了一种你争我赶，比学赶超的向上氛围。他还悉心指导班子成员和下属的学习和成长，鼓励他们上进。当周行长调离仙桃分行一把手后，他当时的班子成员全部获得上级提拔，周行长离开宜昌分行后，其班子成员大多数也得到提拔重用。一路走来，周行长为中行培养了一批批后备干部人才，联想集团总裁柳传志的“搭班子，定战略，带队伍”的九字方针在周行长这里字字落到了实处。自然，当年的宜昌分行在周行长的带领下也交出了一份靓丽的业绩答卷，列在下面，供读者体会。【笔者点评：责人向善】

第一，资产业务品种由单一贷款向资产置换、资产回购等多元化、多品种发展，资产效益明显提高。近年来为三峡总公司、葛洲坝集团、宜化集团、兴发集团等大集团客户投放贷款37亿元，同比增长32%。

第二，不良清收取得初步成效，不良余额、不良率大幅下降。不良余额由2006年最高8亿元下降到目前的1.86亿元，不良率由2006年最高时的17.3%下降到3.95%。

第三，负债业务方面，存款三年从29亿元发展到54亿元，增幅达86%。基本客户群和基础渠道建设得到夯实。

第四，企业的软实力增强。在运营管理、风险管理、财务管理等基础管理工作得到根本改善，近三年未发生事故、案件。文化建设上形成了良好的合规文化，员工整体素质得到提高，行纪行风明显转变，学习型银行建设显著，社会地位和形象大幅提升。

【反思环节】：

1. 针对学习型银行建设这个案例，你过去是如何做的？请写到下面。

____

____

2. 通过这个案例你学到了什么?

____

____

3. 你的反思是什么?

____

____

4. 你准备采取的改进行动是什么?

____

____

案例9-2

每个员工的合页夹，夹住的都是对员工的关爱和关注

杨迎红是湖南农行长沙分行的一个网点的行长，以管理有方、营销出众而在同事间获得普遍赞誉。笔者第一次认识杨迎红是在一次课堂上的互动环节，按准课程要求，需要由各学习小组分享课程中管理技术的实际应用，杨迎红所在小组脱颖而出，获得上台分享机会，她从容不迫、娓娓道来的态度和气场给人较深的印象。事后有不少学员给我介绍她，称她在分行系统内是老资格的网点行长，在管理上很有一套，并且业绩指标一贯领先。据她自己称："我从不担心业绩。"在15年的基金销售活动中，仅她一人就创出了单笔销售农行现代农业混合基金500万业绩，支行全年卖出基金6000多万，遥遥领先同级支行。于是，我找到一个机会，和她约好去她所在的网点看看她，并借机探访一下她的管理和营销秘籍。

那是一个细雨蒙蒙的下午，我们走进网点的时候，杨迎红还在外边和一个国营大厂谈本周的一个送服务到企业活动。我们向大堂经理说明我们来意后，她就安排我们到贵宾区域先坐下，刚落座，网点的保安就走上前来，给我们泡了两杯茶，我们注意到这个过程很自然，大堂经理没有来做泡茶的事，因为她还有客户去接待，保安在没有任何指令下及时补位泡茶的动作马上被我这个管理老江湖注意到了，而在有些管理落后的网点，情况就不一样：要么没人泡茶，要么没热水，要么没茶叶……于是笔者心想：杨行长果真管理有

方，注意各种服务场景、流程等细节！【笔者点评：万物和】

在等待杨迎红的过程中，闲着也是闲着，笔者来到营业大厅，观察网点的营业情况，整个大厅布置得井井有条，客户动线设计自然有效，此时，笔者注意到有一个提示牌，上面写着网点的共享热点的WiFi密码，好贴心的服务！心中不禁由衷点赞，掏出手机想拍下这个场景，这时大堂经理走了过来，很客气地提示我请不要在营业厅拍照，除非有上级许可，笔者收起手机，心中不禁再赞：大堂经理的巡视效率真高！采取措施时有理有节，不简单！

杨迎红回到行里已是傍晚时分，我们还没有交谈几句，大堂经理就走进办公室，对杨行长说“门已关，马上要开夕会”，杨行长示意我们稍等，然后迈着欢快的脚步走出门去，不一会儿就从大厅里传来大家愉快的笑声，看来杨行长所带领的团队不愧是一个一会儿团结紧张，一会儿严肃活泼的团队！【笔者点评：事上练】

内心强大，外表多情

在杨迎红欢快的背后，实际上有着不同常人的痛苦，这要从她的家庭说起。杨迎红原本有一个幸福美满的家庭，丈夫温柔体贴，有才有貌，加上事业有成，已是当地小有名气的企业老板，但不幸的是丈夫因身患重疾，英年早逝，儿子才呱呱坠地，正是嗷嗷待哺之时，可想而知，丈夫的离世对年轻的她打击有多大。那个时候她主动要求做起了柜员，为的是用每日的忙碌来洗刷痛苦的记忆，这一做就是五年，有一位网点的同事因为杨迎红表现出的坚韧品质，自己原本有轻度的产后抑郁症，但在杨迎红的精神感染下，不自觉地自愈了。这真是：内心的强大，不仅磨平自身的苦难，还能渡旁人的难关。【笔者点评：事上练】

图13　上海同富彭总正在看杨行长的合页夹

在和杨行长谈起管理时，她顺手从桌上的文件夹中抽取了一个合页夹，打开一看，全是她所管理网点的员工自己写的成长心得和员工们取得的成绩和荣誉，她把这些称为员工经历。随便打开一页，都满满地写着各个不同时期员工的成长和改变经历，杨迎红可以自豪地回顾起和员工共同成长的时时刻刻的瞬间和点点滴滴的小事。笔者在当时就感觉得到：这些可不仅仅是记忆，是文字，而是满满的爱和互相的感恩之心。【笔者点评：责人向善】

六字精神激励自我，满满正能量

某日支行夕会，杨迎红公开作自我批评，为当日人多事多时接待客户不够热情友好而反省，感谢客户经理张立群及时挺身而出，化解尴尬局面，【笔者点评：自省改过】并向网点员工还原情景，共同探讨类似情形下的最佳交流话术。

晨夕会上，杨迎红经常带员工开展情景模拟、案例分享等训练，通过模拟营销场景，进行角色扮演，有的放矢改善网点服务，提高营销效果。案例取材于网点，即便案例中自身存在不足也毫不讳言。也因此，杨迎红赢得更多敬重，临近退休的她，还被行里人冠之以“正能量女王”。

毕竟是女性，外表坚强的杨迎红内心深处也有过犹豫彷徨。但身为网点负责人，同仁口中“打了进口鸡血”的状态，于她是责任所在。“我松一尺他们松一丈。”杨迎红把“六字”精神刻在心里，严于律己；她“自省”，经常反思不足，自我改进；她“自愈”，失落时调整心态，自我治愈；她“自燃”，每日归零，自我燃烧。

绩效管理，公平公正

杨迎红从内心深处认同和拥护上级行网点转型举措，在严格按照上级行要求提升网点服务的同时，强力推行网点员工综合绩效考核，将指标任务分配到人，并依据考核结果兑现绩效工资。刚开始，杨迎红也遇到不少阻力，一些业绩好的员工甚至主动向她提出愿意吃“小锅饭”。尽管如此，她还是坚持推行。“‘吃小锅饭’对那些努力工作的员工不公平，也不利于网点业务长远发展。事实证明，上级行的政策、要求完全正确。”杨迎红的话中带着果敢与坚韧，眼神里充满一个网点主任不容挑战的正义感。【笔者点评：万物和，只有和气和睦，心在一起，才有团队】

黑石铺支行严格实施绩效考核，分配指标到人，所有员工都圆满完成工作任务。杨迎红持之以恒的高标准要求，网点营业环境和服务水平渐渐上台阶。一些原本服务随意的员工，服务客户时更热情、耐心了；外拓时，杨迎红收到更多关于网点服务的赞美与肯定；平日里，也时不时会收到客户感谢信或锦旗。《湖南日报》记者李礼壹亲身感受网点优质服务后，特意写了一则报道肯定杨迎红和她带领的网点服务团队。

刚柔并济，人见人爱

杨迎红性格里的“柔”，让网点员工之间亲如家人。她说，网点就是个大家庭，【笔者点评：万物和】员工给予她太多感动。偶尔心情不好，网点员工都会推迟下班来陪她，逗她开心。大家工作上相互配合，生活上相互关心，工作得舒心又快乐。

而在网点员工看来，杨迎红着实让人信服。她公私分明，工作上对他们严格要求，平日里处处为他们着想。她奖罚公正，在网点各种资金分配上科学透明、不徇私。她凡事身先士卒，工作能力超群。她乐于分享，在经济上让利员工，常用自己的产品计价给员工发奖品，勉励他们勤奋工作、多劳多得。

“网点主任就像婆媳关系里的‘儿子’一角，上级行领导和网点员工如婆媳，网点主任既要事事服从‘母亲’的要求，不违其意不违其道，又要时刻与‘妻子’保持亲密关系，不让‘夫妻’疏离，‘婆媳’失和”。在网点《假如我是网点主任》主题征文中，网点员工王诗琴这般形象描述网点主任的“双面胶”角色。

农行长沙天心区支行党委书记、行长何金辉曾开过一次特殊的网点主任会。会前一天，何行长秘密通知两个网点副主任通过PPT展现“你眼中的网点主任什么样？”。

网点副主任刘越加班加点，次日，用饱含深情的语言、诸多感人事例呈现心中近乎完美的网点主任杨迎红，让所有与会人员为之动容，也让平日喜笑颜开的杨迎红哭花了妆。

“真的很喜欢很喜欢您，网点主任杨迎红！您是一位人性丰赡的领导，您总对我们说，人，常常不是因为失败而放弃，而是疲倦。谢谢您给我们的两个字--坚持。您是一本为了行里业绩舍弃一切休息时间执着奋斗的活教材，走到哪里您的精神和动力就播撒到哪里……”湖南省分行营业部内部网站上，有好几篇员工稿件，都提及敬业奉献、深受爱戴的杨迎红。

从2010年担任网点主任开始，网点的年轻孩子们给杨迎红起了个名字：杨妈咪。而这亲切的名字背后，是网点的一帮年轻新生力量的成长过程。【笔者点评：责人向善】至今近2200天时间里，针对所接手的“团队”工作能力偏弱的现状，杨迎红把提升团队能力当成再次完善自我的考验，充分调动不同年龄段员工的积极性。对年长者，主动虚心求教，发挥其经验优势；对中年骨干，相互交流，制定目标激励其更加奋进；对年轻者，帮助其成长，做好示范带动其积极进取。

“到了市场，杨主任就下任务了，把我们当天的拜访商户对半分，要我一个个走访，向客户推介自己并记录客户需求，回来一个个汇报。当时，我走出去又回到她身边，连续折返三次，急哭了三次……”网点大学生回想起第一次与杨迎红外拓，大多记忆犹新。

杨迎红性格里的“刚”，让网点员工管理近乎严苛。平日里，不当班的年轻人常被杨迎红带出去搞外拓。【笔者点评：责人向善】在客户营销管理这条道路上，杨迎红希望他们能不断有所感悟，早日成长成才。这些年，曾在她网点工作的年轻人也大都成了支行业务骨干。

“对待性子急的客户要快捷，对待需要参谋的客户要以理服人，对待有主张的客户不要强迫，对待愤怒的客户要搞清缘由……”在季度总结上，大学生李黎认真写下柜台工作感悟。杨迎红定期组织年轻员工写总结，而往往这时，老员工也会给她交来手写总结。【笔者点评：自省改过】

对待年轻人，她如同一位老师，会家访，会手把手教技能；又如一位家长，会细致察觉员工思想变化，帮他们找定位、树目标……杨迎红曾收到不少员工的卡片，犯错时诚恳致歉；偶也分享心情感悟，她与员工用这一特殊形式互动。杨迎红还经常组织员工开展有益身心的文娱活动，通过活动增进相互理解。

曾经因受严肃批评而落泪的年轻姑娘如今能在网点独自撑起“半边天”；曾经因受严厉斥责而面红耳赤的调皮男孩如今在网点独当一面。网点团队战斗力提升，带来的也是网点绩效的达标，从2010年起的6年间，她所负责的高云支行、钢城支行、黑石铺支行均顺利实现存款绩效考核达标，并在区支行统计排名前列，网点也多次受到上级的肯定和嘉奖。

【反思环节】：

1. 类似这个案例，你过去是如何做的？请写到下面。

____

____

2. 通过这个案例你学到了什么？

____

____

3. 你的反思是什么？

____

____

4. 你准备采取的改进行动是什么？

____

____

案例9-3

勇担责任心的行长

记得2015年笔者参加上海同富公司在湖北武汉举办的中部地区金融论坛，已退休的汤红艳作为开场嘉宾老师，一上来，气势如虹，她喊了一声“全体起立”，大家在她的气场带动下都站了起来，一起喊起了口号。事后，我们都为此动作捏了一把汗，因为来的听众虽然都是银行业人士，但大家毕竟不是同一个单位的，不一定能听从统一号令，这让笔者对汤行长的勇气和责任担当又有了一层认识。【笔者点评：责人向善】

汤红艳在湖南娄底农行当一把手行长的时候，也是以责任心强，行事果敢闻名。她当时要接手的娄底分行，由于不良贷款的影响，绩效下来了，大家的工资待遇也随之下降，作为新任行长去开展工作是很难的，因为“兵马未动，粮草先行”。如果她只是为自己打算，可以先走马上任再说，毕竟上级信任自己，提拔自己，这也是自己的一个表现机会，至于说能否干好，那是后话。但汤红艳偏不这样做，她和上级领导谈起了“条件”，那就是另拨一笔款来改善员工待遇，否则不去走马上任。看到她态度坚决，上级也就答应了她的条件，当然对未来娄底分行的业绩要求也不会低。在汤行长接手娄底分行后，她做的第一件事就是去了解哪个网点，哪个支行的员工工资最低，了解到情况后，她主动把这个工资最差的单位的员工待遇向上拔高了约20%。这一下子就改变了员工的心态，【笔者点评：万物和】大家心想：新来的行长不问缘由就为我们加工资，看来新行长是个有情有义之人，未来有盼头，大家的干劲一下子就上来了。就从这件事情上看，笔者也见过不少行长，他们大多比较谨慎，要从上级划拉一笔钱来，毕竟有责任，搞不好就是“偷鸡不成蚀把米”，引火上身，官位难保。所以在处理员工待遇这块，更多是前怕狼后怕虎，不敢担当责任，破釜沉舟之心实难有之，这恐怕是常态。

调整好员工心态，还是远远不够的。刚上班不久，汤行长就遇到堵门事件，有人因为一己私利得不到满足，不走合法合规的途径，就想到堵住银行员工上班的门来闹事，以希望自己的私事能尽快解决。我们银行人毕竟也不是斗狠之人，汤行长了解情况后，发现问题的症结在于娄底分行和公安局有矛盾，在堵门事件发生后，保安通知派出所，而派出所有时出人不出力，有时连人都不出。弄清原委后，汤行长带人主动到公安局化解原来存在的矛盾，堵门事件就解决了。

娄底地区的民风向来彪悍，有的客户因为贷款条件达不到审批资格而打上门来的事就发生过几起。原来，有的客户在前任行长处申请了贷款，有的贷款不具备展期条件，有的因上级行限制不再审批通过，这些客户，有的还是当地有头有脸的人物，他们都把没有贷到款的缘由归结到汤行长头上，有的就赖在汤行长办公室不走，甚至看到汤行长是一介女流，人身威胁的话也说出来了。在此紧要关头，汤行长的一身正气和勇气就体现出来，她把桌子一拍："谁敢动我他试试！"来人一看，汤行长并不好欺，加之了解到娄底分行和当地公安局关系不错，也就灰溜溜打道回府了。【笔者点评：致良知】

谈到一身正气，汤行长在自己家里也是严格要求亲属，因为她有不少亲属都在当地担任领导职务，汤行长主动在家族会议上约法三章，要求大家不做违心事，不拿违心钱，并反复强调。在后来历次的反腐倡廉活动中，旁人家庭中有人中枪，但她的家人没有一人有事，这样，汤红艳用自己一已之力再一次维护了整个家庭的正气正能量。【笔者点评：责人向善】

后来汤行长调到省行私行部，她的勇敢担责之心不变，作为领导，一方面，她关心和体贴下属；另一方面，做起事来，严格要求员工。员工们都尊敬地叫她"汤妈妈"，每听到此，汤红艳的满足之情，溢于言表。【笔者点评：责人向善，万物和】

【反思环节】：

1. 针对汤行长有责任担当有勇气的这个案例，你过去是如何做的？请写到下面。

____

____

2. 通过这个案例你学到了什么？

____

____

3. 你的反思是什么？

____

____

4. 你准备采取的改进行动是什么？

____

____

案例9-4

实现当下小目标，不忘未来大目标

陶亮是湖南省农行私人银行部财富顾问，和他交流时，不时从他言语里听到他对未来银行业的发展趋势的判断，从过去的分流客户减少排队等待时间的服务模式，到未来的吸引客户上门来提升和客户的互动时间的服务模式；从现在的街边网点形式，到未来的银行网点入驻写字楼形式；从现在的商场POS收费形式，到未来大型商场免收银员的银行全掌控模式；从现在的大堂机器人引导分流，到未来的银行客户进门的自动识别问好，刷脸购买理财产品模式；从目前已有的购物车易推出门，自动扫码付款模式，到未来的买登山服装即可搭配保险销售模式；从银行的战略新专业定位，到首饰化的银行卡等等。你会发现，陶亮的思维既开放灵活，又聚焦当下问题，原来他也是一个爱学习之人，平时上班路上为节约时间他还用喜马拉雅听书的方法不断学习。

这些年下来，在学习上陶亮通过努力钻研，在短短的两年时间里，以优异成绩考取了银行资格从业证、美国注册财务策划师（RFP）和美国注册财富管理师（CWM）等国际证书，并且还考取了硕士研究生。同时，先后在《长沙晚报》《红网》《潇湘晨报》等多家主流媒体发表理财文章40多篇，成为远近闻名的理财师。知识结合实践才能彰显价值，他运用学到的专业知识，结合客户需求，为每一位签约高端客户配置了个性化的财富规划，并指导基层行制作理财规划100多个，满足了客户多方位的需求，也进一步稳定了客户在农行的资产。

陶亮历经综合柜员、对公客户经理、网点主任、财富顾问等多个岗位锻炼，在每个岗位上他都稳扎稳打，锐意进取，取得了优异的业绩。

锐意进取的“营销先锋”

2010年大学毕业后，22岁的陶亮进入农行工作，这位大学时代的学生会主席的第一站工作是当时望城县支行最偏远的基层网点铜官分理处，担任银行最初级的岗位——普通柜员。这个网点交通非常不便，条件十分艰苦，但这个在城市里长大的“80后”独生子并没有因此退缩，而是沉下心来，以更加饱满的精神投入到工作中。为了提升自己的客户服务水平，他苦练服务礼仪和营销技巧，经常练习到深夜。他给自己定了“四个十”的小目标，即每天至少营销10张卡、10户电子银行产品、10万元理财产品、10户其他产品。通过日积月累，在担任柜员的1年时间里，他营销电子银行产品1000多户、理财产品1000多万元、存款2000多万元。

在担任对公客户经理时，陶亮意识到，面对激烈的同业竞争，只有多走出去营销，才会有更多的机会。于是，他跑园区、政府、商圈、楼盘，一家一家上门宣传营销。一次，陶亮了解到一位客户有对公产品需求，但其他银行也在与该客户接触。为了抢抓先机，他从客户公司回来后，连夜通宵为客户制作了一份金融服务方案，在客户第二天上班到达办公室的第一时间交给了客户，并为客户详细介绍了农行产品的特点和优势，以及能为客户带来的综合回报。他的高效、专业、勤奋赢得了客户的初步信任。后来，经过他坚持不懈的跟进，最终促成了双方合作。陶亮始终坚持“以市场为导向，以客户为中心，以效益为目标”的经营理念，在客户拓展中多方沟通、巧妙营销。一年时间里，在他和同事们的努力下，他所在的网点新增企业贷款10多户，贷款余额达5000多万元，且未出现一笔“不良”。由于出色的表现，一年多时间后，他被提拔为网点主任。

“改变营销，意识第一”的网点主任

他当上了网点主任后，每日从网点要实现的小目标入手，向下属宣导“三尺柜台，就是给你的平台”的思想，提倡年轻人爱行爱岗。他严格要求大家合规操作，“只有安全靠谱之人，说话才有人信”。

有的柜员羞于开口营销，难于坚持以高质量的动作服务客户，他就站在柜员身后紧盯其工作，监督鼓励，每日给大家反馈，做业绩播报。

网点的营销氛围如何营造，他以客户角度，进到网点，一般看什么地方，能看到什么地方，然后运用视觉营销，如用荧光板来突出理财产品信息，撤销黄金展示柜，用模拟实物金条体验法将产品从柜台递给客户等措施来改变客户的体验，促进网点营销。对于零售条线的大量产品，他建立产品带头人机制，让每个员工都能当讲师，讲产品，学话术。用叶圣陶“为教而学”情景来演练，无论当日业务做得好与不好，都要当日总结经验，做好小复盘。

在担任网点主任期间，陶亮以绩效提升为目标、文明服务为抓手、团队建设为根本、客户维护为手段，促进网点效能提升。在他的带领下，他所在的网点各项业绩在望城县支行所辖网点中均名列前茅。

客户信赖的“财富管家”

作为一名年轻的财富顾问，在经验和阅历都比自己要丰富得多的私人银行客户面前，如何才能充分体现自己的价值，成为客户信赖的财富管家，这是摆在陶亮面前的一道难

题。他通过努力做好“三种角色”即财富管家，合作伙伴和贴心朋友，使自己成为客户眼中的“服务明星”，用自己的专业和真诚赢得客户的青睐。

为了提升自己的专业素养，他时常通宵达旦学习。为了给基层提供实用的培训，他反复修改课件，力求尽善尽美。一分耕耘，一分收获，通过稳定的发挥和不断的努力，他在各种业务竞赛中总能拔得头筹，成为同事的一个标杆。截至目前，他已服务钻石卡客户40多户，新增金融资产约2亿元，组织营销高端保险代理业务600多万元，受到了总行和湖南分行的表彰。

图14　网点主任陶亮

要做好客户的合作伙伴，客户活动是一种吸引客户、维护银客关系的好方式，但同质化的普通活动已经很难得到客户的认同和参与。于是，陶亮经过走访、调查，提出以“客户俱乐部”的形式开展活动会更加有效。于是，在征得领导同意后，他牵头建立了投资理财、健康养生、运动休闲、青春领袖四大高端客户主题俱乐部，并依托俱乐部，累计组织策划客户主题活动300多场。例如，为贴近客户，他举办全省少儿英语比赛，邀请客户的9～10岁的孩子，并和留学公司合作，派老师来培训和选拔孩子，吸引了万名客户参与，最后30人复赛入选，虽只花费几万元搞活动，但市场反应热烈，他还建立客户的妈妈群，交流子女教育经。这些市场活动使网点在客户心中树立了良好的品牌形象。

为真诚当好客户的贴心朋友，陶亮常常通过帮助客户辅导子女功课、为客户准备生日惊喜、陪伴客户父母参加高端体检等形式，一次次用真诚细致的服务感动客户。陶亮的一位签约客户，同时在其他行也有金融资产，其在农行的金融资产一直有波动。而且该客户长年忙于在外项目建设，很少能够与之见面沟通。通过多方打听，陶亮了解到该客户过年回家的日期，这天正好也是客户的生日。他就想，何不为客户策划一场别致的生日惊喜呢？他把这个想法跟领导进行了汇报，争取到了领导的同意。于是，一场秘密的生日策划开始了，陶亮提前将客户的家人接到了长沙，帮客户预约了机场贵宾通道和接机车辆，也订好了生日蛋糕和鲜花，布置好了房间。但当天客户乘坐的飞机晚点了，陶亮一直等到晚上12点。当客户走进精心布置的房间，看到日思夜想的家人、精心准备的蛋糕和鲜花时，这个60多岁的男人眼眶湿润了，他动情地说："谢谢，农行的朋友们就像我的家人啊！"之后，陶亮又定期邀请该客户参加活动，为客户定制专属理财产品，为其子女提供就业辅导等，得到了客户的高度评价，该客户在农行的金融资产也大幅增加。陶亮用敬业与用心赢得了客户的信任。

6年客户服务经验，4个岗位历练，一路走来，陶亮这位29岁的年轻理财师用自己的坚持和执着朝着理想迈进，他积极参加并协助组织各种业务竞赛活动，全情投入、激情拼搏，取得了多项殊荣。他作为主力参与中国农业银行网点青年营销创意风采大赛，荣获一等奖，还获得福布斯中国优选理财师评选50强、中国农业银行青年岗位能手、全国金融青年岗位能手、全国十大金融青年服务明星标兵、全国青年岗位能手等荣誉。他在平凡的岗位上激情拼搏，取得累累硕果；他用专业、专注、专心的服务赢得了客户的信赖，他用实际行动诠释着农业银行"客户至上，始终如一"的服务理念。

【反思环节】：

1. 针对这个案例，你过去是如何做的？请写到下面。

____

____

2. 通过这个案例你学到了什么？

____

____

3. 你的反思是什么？

____

____

4. 你准备采取的改进行动是什么？

____

____

案例9-5

上下同心，其利断金

某分行敢为人先，攻坚克难，在电子银行业务方面打了一场漂亮的胜仗，喜获全省全年旺季营销电子银行进步奖第一名，分流率、同步签约率位于系统前列，个人网银、手机银行新增率以46%、56%的优势稳居当地同业第一。

吹响集结号

“锁定制高点，树立自信心，分行党委是我们坚强的后盾。”元旦临近，正值最冷的冬日，该分行17楼会议室灯火通明，市区网点300多名员工士气高涨，一场凝心聚力的动员会正在进行中。【笔者点评：心即理，万物和】

综合排名进全省前三，分流率超过省行确定的目标60%，客户新增达到16万户。新年电子银行旺季营销目标一亮相，引来一片哗然：上年分流率仅为39%，新增客户只有9万多户，短短三个月要实现如此跨越可行吗？为打消这些畏难情绪，分行成立了宣讲组，分管牛行长亲自挂帅，深入基层“攻心”，利用下班后一小时，宣政策、讲办法，短短10余天，跑遍全辖区26个网点，吹响旺季营销集结号。

“市分行给我们注入了动力，上下同心，其利断金，保证完成各项任务！”基层行带头人个个信心十足。

誓赢攻坚战

上年分流率仅为39%，分行只有2个网点达到50%以上，要超越60%的目标，一场分流率攻坚战势在必行。为此市行打出三重拳：第一拳自我加压，60%目标不动摇，所辖行必须全部消灭50%以下分流率；第二拳重奖重罚，各行领导班子缴纳抵押金参与考核，以60%为基准，每提升一个百分点奖1000元，每降低一个百分点扣800元；第三拳着力激活与迁移，大幅提升产品激活环节激励标准，强化柜面、代发、代缴费“三个业务迁移”。

三拳齐下，成效显著，人人都有了分流意识，营销产品要激活，柜面业务要迁移，代发代扣要上网，各行处把分流率放在与存款等高的位置。人心齐，泰山移，季末全行分流率达到了64%，全省排名第三，比上年提升了9个位次，提升至系统第一。

搞活阵地战

“3531、6789这些数字已扎根我心。”支行行长老梅风趣地说。该行连续三个月获得全省柜面小额业务迁移奖。

为了制胜日常营销，分行采取多种喜闻乐见的形式经营这块主阵地。团拜会抽大奖，工作会接龙赛，表彰会短信秒杀，常态营销数字化。“3531”就是每日营销3户个人网银、5户短信银行、3户手机银行，每月营销1企业网银用户。“6789”指的是短信银行、手机银行、个人网银、企业网银同步率要达到60%，75%，80%，90%。数字口诀朗朗上口，好记易理解，十分便于精准掌控营销进度。【笔者点评：事上练】

分行屡出奇招，基层行也不甘示弱。开诊断会、晒成绩单、利用小礼品巧揽回头客等，将阵地战搞得有声有色。

试水运动战

“进退只在一瞬间，进则柳暗花明，退则失之交臂。”【笔者点评：不动待机，动静结合，果断出击】营销标兵小李道出了外出营销的苦乐。

各大市场院校遍布潜力客户，乃兵家必争之地。该分行排兵布阵“走出去请进来”，以E动终端为营销利器展开运动战。分理处的4人小分队作为先锋部队，得到分行重点扶持，装备手提电脑、移动网卡等，转战全市几十个大专院校和市场，有过泪，有过痛，他们从未轻言放弃，取得了丰硕战果：一季度移动签约7031笔，日均签约106笔。该值多出省分行条线平均5笔要求二十多倍。在小分队的带动下，各行纷纷出击，战绩不菲，该分行移动签约量屡屡杀进系统前三。

行动后总结：

虽然营销目标颇为艰巨，但分行基层行全员上下，齐心协力。三拳出击，使得分流率大幅提高；心中劳记日常营销任务，精准掌控营销进度；外拓营销排兵布阵战绩佳，最终各项考核成绩斐然。

【反思环节】：

1. 类似这个案例，你过去是如何做的？请写到下面。

____

____

2. 通过这个案例你学到了什么？

____

---

3. 你的反思是什么?

---

4. 你准备采取的改进行动是什么?

案例9-6

心态决定状态

市场经济的深入发展，同业竞争的日趋激烈，业务经营、风险控制、内部管理等方面的压力，必然会导致员工心理压力日益突出。如何做好员工的思想引导、心理疏导和精神激励工作，促进个人成长和绩效提升，已成为各级领导的必修课。某支行探索应对员工心理压力的有效方法，做到“既有加油站，又有咖啡屋”，使员工在富有挑战和充满和谐的工作氛围中分享成功的喜悦，从而推进各项工作又好又快发展。【笔者点评：心即理，从心开始，行才能成】

人本管理是“主旋律”

几年来，某支行党委认真贯彻“以人为本”理念，始终将员工发展作为价值天平上最重要的一端，在人性化管理上下功夫，密切关注员工思想动态，拓展职业发展通道，帮助解决实际困难，尊重员工的个性特点和心理需求，让员工在内心深处感受到工作乐趣，不断提高员工的工作幸福指数。【笔者点评：致良知】近年来支行员工队伍逐步壮大，新入行的80后、90后独生子女员工学历高、心气盛、个性鲜明，但心理素质不成熟，刚入行对被分配到一线基层岗位工作有压力，有情绪波动，并感到郁闷。支行以宽容的心态趋利避害地做好工作，开展青年员工“谈成长、论发展，我向领导说句真心话”座谈会，【笔者点评：心即理】征求对职业发展规划的意见和建议。

在“中秋”“国庆”“春节”等传统节日，组织外地青年员工共庆佳节，向他们的父母带去节日问候；为单身青年员工搭建交友平台，使他们充分感受到家的温暖；组织开展青年员工“丰羽计划”系列培训，增强工作能力，提升人格修养，促进职业成长。通过及时的思想引导和心理疏导，帮助他们正确认识工作岗位，激发了他们工作的积极性和主动性。

善于沟通是“连心桥”

每个团队由不同性格的员工所组成，情绪容易波动的员工，有时很难适应团队生活。作为一名领导者，必须从了解他的心理需求和性格特点入手，区别对待，找到切入点，而有效沟通是搭在领导与员工之间的“连心桥”。因此，无论工作多忙，班子成员都会经常深入到网点与员工展开座谈会，在聊天过程中倾听员工心里话，【笔者点评：心即理】引导员工，启发员工，帮助员工。

支行重视关注员工工作之外的细节，【笔者点评：事上练】着力解决员工个人和家庭生活中的实际问题。【笔者点评：致良知】通过举办“温馨母亲节，感恩慈母爱”座谈会，加深了员工家人对该行工作的理解和支持；设立支行员工子女升学奖励机制，鼓励员工子女学有所成；举办“六一”亲子趣味运动会、“快乐同心，畅想六一”主题活动，使员工和子女一起尽享愉悦和开心；对家庭困难员工及时伸出援手【笔者点评：事上练】。一次，支行一位员工的爱人患重病住院，沉重的心理负担和经济压力使员工情绪受到很大影响。行领导对该员工进行心理疏导，带头募捐解其燃眉之急，并及时调整了员工的工作岗位，使该员工有更多精力照顾家中的病人和孩子，顺利迈过了人生坎坷。

减压疏导是“基本点”

心态决定状态。如何将乐趣和活力融入员工的日常工作中，让员工以快乐的心情和良好的面貌迎接挑战，作为管理者应注重心理疏导，成为减压的缓冲器，让员工发掘内在潜能。

支行认真落实“EAP培训计划”，使员工掌握“科学减压、岗位疏导、自主操作”的方法，举办“快乐晨会”大赛，充分展示和交流新颖活泼的快乐元素，各营业网点员工集思广益，巧妙构思，增强晨会的趣味性和吸引力，使每次晨会都成为“舒缓一线员工压力、调整一线员工状态、提振一线员工精神”的平台。【笔者点评：事上练】举办拓展训练，营造“尊重、鼓励、协作、卓越”的团队氛围。开展员工踢毽、跳绳、采摘、乒乓球比赛等文娱活动，促进了员工的交流，释放了工作压力。通过开展“我做一天客户”主题体验活动，【笔者点评：心即理】促进职能部门由“管理型”向“服务型”转变，提高管理效率，减轻一线压力。

精神激励是“助推器”

每个人都希望人格受到尊重，工作得到认可，职业生涯有更多的发展机会和空间，作为领导者要学会用放大镜去找员工的闪光点，多给一些奖励和表扬，多给一些欣赏和尊重，【笔者点评：责人向善】增强员工心理上的愉悦感和满足感。

在实际工作中，支行领导班子不断拓宽精神激励渠道。为全面展示基层一线员工的精神风貌和价值追求，在信息站开辟了“员工风采”栏目，已有十多名一线员工精彩亮相，有的被分行“魅力员工”刊登；开展了“西青之星”评选活动，召开了“推进创先争优活动暨先进典型事迹报告会”，由支行获得总、分行级优秀党员及优秀党支部的代表宣讲无私奉献、爱岗爱行的先进事迹，大力宣传一线员工立足本岗、敬业奉献的平凡事例和感人故事，增强了员工们的价值感、自豪感和归属感。【笔者点评：万物和】

【反思环节】：

1. 类似这个案例，你过去是如何做的？请写到下面。

____

____

2. 通过这个案例你学到了什么？

____

____

3. 你的反思是什么？

____

____

4. 你准备采取的改进行动是什么？

____

____

案例9-7

三个“心中有”

“人，要有一种精神，共产党员，更要有种精神。”【笔者点评：心即理】被总行表彰为优秀共产党员的某支行营业部主任老沈始终恪守这样一条格言。这种精神就体现在对工作全身心付出，对事业执着追求，在困难面前不让步，在重压之下不弯腰，甘洒青春热血，只愿人生无悔。

心中有盘局

三年前，老沈从办公室副主任岗位调整到营业部主持工作。到任之后，他对行里布置的工作全力以赴抓落实，下达的各项指标保质保量坚决完成。今年3月末，该支行非信贷客户现金管理系统营销目标任务缺口还有25户，老沈主动承担。30日那天一开始上班，立即召集对公团队人员，紧急部署突击营销任务，分头行动投入战斗，电话联系，上门对接，大堂引导、柜面服务，井然有序。只用一个上午就全部完成任务。三年来，他凭着强烈的事业心和责任感，【笔者点评：心即理，有心就能行】经过持续努力，使营业部各项业务指标有了长足发展，实现个人存款3年翻一番的目标，年个人理财产品销售均在亿元以上，位居全市前列。今年一、二季度个人存款增长率分别位居全市分行51个网点第一、二位。

心中有客户

老沈提出了“八个字”和“三个抓”。在营销战略上，牢记“真诚”二字，真心待客，【笔者点评：心即理】诚实经营；落实“便捷”二字，想客户所想，急客户所急；做活“感情”二字，与客户真心交朋友，在感情上加强联络沟通；坚持“严格”二字，严于律已，坚持原则。在工作方法上，一抓源头，对具有行业垄断特点的客户，抢占制高点，以一条龙式的全方位服务争取客户；二抓龙头，对影响力大的客户，重点突破，追求连锁反应；三抓重头，对独立性强的黄金客户，咬定青山不放松，逐步渗透，以优质的服务逐渐感化和赢得客户。【笔者点评：自省改过，善于总结】

开发商许总，一次来支行办理土地保证金对公缴款业务，老沈只是和客户互换了名片，只字不提存款和产品销售，客户离开后，他立即着手收集我行理财产品的收益比较，一面让客户经理做详细的理财计划书，一面从侧面去了解许总的具体经营情况，邀请其参加客户联谊会，及时告知从国土局了解的土地拍卖信息，有了收益高的理财产品主动联系客户。精诚所至，金石为开，许总成了营业部的高端客户，月均沉淀资金2000万元。

心中有员工

老沈的心中始终装着员工，特别对青年员工关爱有加。在多年担任共青团支部书记的工作中，他更新观念，注重挖掘青年潜能。在加强对团员青年的教育中，他发挥好青年团员后备军、桥梁、纽带的作用，做好深入细致的青年思想政治工作。在他的影响和带动下，团员青年工作热情高涨，积极投身改革，完善丰富自我。他加强团队组织建设、队伍建设，加强对团干、团员的学习教育和管理，重点加强对各级青年文明号、青年岗位能手的培训和检查落实工作。【笔者点评：事上练】注重发挥青年的特长，积极向行党委推荐优秀青年。【笔者点评：责人向善】为青年的成才创业提供条件，被青年员工亲切地称为“老大哥”。

【反思环节】：

1. 类似这个案例，你过去是如何做的？请写到下面。

____

____

2. 通过这个案例你学到了什么？

____

____

3. 你的反思是什么？

____

____

4. 你准备采取的改进行动是什么？

____

____

案例9-8

谈心正激励，自主上业绩

某支行创新员工管理方式，取得明显效果，各项业务指标实现大幅提升。

“过去的管理以激励、约束为主要手段。现在我们转变管理理念，坚持以人为本，正面激励，少用或不用批评和处罚手段，进行了管理方式探索，效果是明显的。”在管理上，支行推行正面激励，坚持每周二利用晨训时间，对员工表现和产品营销进行总结，表扬工作突出、业绩优秀的员工，对有过失和业绩不好的员工，从尊重员工的角度出发，讲究方式方法，使其在集体中同样获得尊重。【笔者点评：万物和】

支行的目标是建立一个具有高素质的员工队伍和业务持续发展、工作氛围和谐的支行，让每个员工都成为支行大家庭中的一分子，为和谐的氛围尽职尽责。支行领导关注员工的思想变化，加强与员工沟通、交流，每半年同全行员工谈话一次，倾听意见，【笔者点评：心即理】对每个员工的表现当面评价，使员工充分感受到领导的重视。同时，发现员工思想变化，采取个别谈心的方式，定向帮扶。【笔者点评：责人向善】通过谈心，支行从过去的上级下达任务，员工被动完成，变成了现在支行调整绩效考核办法，引导员工主动工作，由让我做，变成我要做。“现在支行要做的是，让大家尽快熟悉每一种新产品，只要懂了，每个员工都愿意主动去营销。”

公布各项指标进展情况，有计划地引导员工营销产品，是支行推进业务发展的有效手段。虽然支行没有给员工制定存款、销售基金、信用卡发卡等任务指标，但各项任务发展并没受到影响，员工销售业绩上升很快，绩效好了，员工收益和营销意愿也不断提高，营销创新形成的团队精神发挥了决定性作用。

行动后总结：

1. 坚持以人为本，正面激励，少用或不用批评和处罚手段。

2. 关注员工的思想变化，加强与员工沟通、交流，同时采取个别谈心方式，定向帮扶。

3. 调整绩效考核办法引导员工主动去营销也愿意去营销。

【反思环节】：

1. 类似这个案例，你过去是如何做的？请写到下面。

____

____

2. 通过这个案例你学到了什么？

____

____

3. 你的反思是什么？

____

____

4. 你准备采取的改进行动是什么？

____

____

案例9-9

“靶心”疗法　积分“说话”

“积分是一面镜子，抓好积分管理，就是牵住风险防范的‘牛鼻子’！”某分行深入推进“检查+积分”管理模式，使之成为规范操作和强化内控的常规性管理工具。

播种行为　收获习惯

“积分管理在推进之初，由于部门、员工顾虑较多，参与程度不高，收获甚小。”对此，分行采用“上下内外”推进法，让积分管理由“独唱”变为“合唱”。【笔者点评：万物和】

“上下”并行推动。自上而下，实行积分集中管理模式，安全年动员会、每季度经营分析会、每月特派员评点会和每次案件防控例会，积分管理推动成了“必修课”，对零积分单位及时发出“督导提醒通知书”，【笔者点评：责人向善】推进积分管理。自下而上，组织开展“一班一讲一主题”教育，全行发动、全员参与学习积分管理办法。尝到积分管理模式“甜头”的部门负责人现身说法：“积分管理不是冰冷的条条框框，而是对自身利益和职业生涯的保护。”

“内外”并举应用。分行把积分管理列入每季“安全年”检查考核内容，积分归管理部门管理监督，强化条线检查。同时，化“被动积分”为“主动积分”，支行、部门和网点定期开展自查，将积分管理自觉渗透到每个岗位、每个操作环节，【笔者点评：事上练】提升了员工自我防范风险的意识和能力。

“滴水”不漏　“斤斤”计较

“每人一张积分卡，每季一次通报单。”分行给每位员工制定了积分卡，此卡不仅仅是问题卡，更是“规范”卡。规范有了“准则”，操作有了“标尺”。如今，积分管理成为员工自我纠正、自我规范的利器。

此外，分行将全年检查安排与前、中、后台检查频率相结合，保证积分管理等均覆盖各项业务，建立分行检查、条线检查、特派员检查、部门自查的四条线检查，实施全流程监控，确保检查有力。【笔者点评：事上练】

通过实施“管理责任积分”制度，分行做到发现违规问题积分不放过，责任人不追究不放过；实行“积分管理通报”制度，定期通报积分管理情况。

靶心疗法

该分行首创“靶心疗法”：针对积分发现问题，加强分析、整改；及时建立“积分问题库”，每周下发积分管理工作指引，逐条分析，将其作为“靶心”展示，【笔者点评：责人向善】有效遏制屡犯屡查、屡查屡犯怪圈。

同时，加强对积分结果的应用，将违规积分融入日常经营管理，与专项检查、安全奖评定、晋升成长等挂钩，使员工从心底里不愿违规也不敢违规。

让积分“说话”，分行充分利用积分系统，分析违规规律，查找违规成因，定期向业务部门通报轻微违规行为分布情况，提醒各业务管理部门梳理流程、完善制度，积极与被积分人员谈话，加强正面引导，增强案件防范意识和主动合规意识，提高内控水平。

行动后总结：

1. 将员工的工作内容用积分的形式表达，一目了然。

2. 分高分低，从分值找到个人差距，进行引导，有针对性地提升个人能力和团队竞争力。

【反思环节】：

1. 类似这个案例，你过去是如何做的？请写到下面。

2. 通过这个案例你学到了什么？

3. 你的反思是什么？

4. 你准备采取的改进行动是什么？

案例9-10

情智管理留人心

两年前，她还只是一个支行的个人客户经理，而现在，她却成为分行无人不晓无人不知的网点主任。她就是某支行戴主任，在她的带领下，仅7位员工组成的某支行于当年“开门红”期间，新增存款1亿元，销售理财产品2亿元，综合业绩考评位居全市分行系统第一。

“体验式”管理，让员工“收心”

支行的员工们都很年轻，平均年龄不超过30岁，有一部分还是新员工，年轻的柜员们常常好高骛远，总是一山望着一山高。

摸清了网点情况，戴主任“体验式”管理的做法既满足了柜员们的好奇心，也达到了稳定“军心”的作用。高柜柜员小黄一直觉着客户经理岗位好，时间自由，业务简单，没有柜面重复劳作的烦恼，于是提出了转岗。戴主任一口答应了，安排小黄从事客户经理岗，指导她如何完成岗位职责，建立自己的客户群，做好与客户的一对一服务。经过几天的体验，小黄屈服了，要求重新做回柜员，“柜员好歹还有主动来窗口办业务的客户，但是客户经理却要大海捞针的找客户，太难了。”

无独有偶，高柜柜员小李认为营业经理活计简单，又属于后台岗，比柜员轻松多了，也要求换岗并如愿以偿。但体验了两天的清机、加钞、业务授权、凭证整理、网点后勤等工作后，小李找到戴主任要求做回柜员。

“作为新员工，柜面的锻炼是打基础的过程，如果连主动来窗口的客户都没能力服务好，怎么去当好客户经理、营业经理呢？”

管理80后的员工，戴主任有着独到的见解，本着“教”和“训”并用的原则，对他们循循善诱，【笔者点评：心即理】在指导劝慰的同时让基础还不稳定的员工们安下心，定下神，扎扎实实做好柜员，积极主动完成本岗位职责。戴主任成功地在网点内部营造了踏实向上的工作氛围。

“管理员工要顺水推舟不能逆水行舟，【笔者点评：勿执一念】与其让他们三心二意地工作，不如让他们主动放弃不切实际的念想。”

“总结性”营销，深入网点“攻心”

“我把营销总结为三步骤，分别是开口营销，记住客户，让客户记住自己。”【笔者点评：自省改过，善于总结】凭着十多年的一线工作经验，戴主任将营销规律总结为三步骤，并毫无保留地传授给新员工，通过观察员工开口率、员工的客户群和认定员工的客户数来评判员工的营销能力。

在培养新员工的营销能力时，戴主任侧重于第一步——开口。她通过晨会的轮流主持给员工创造锻炼开口的机会；通过谈心、表扬等环节鼓励员工提高开口率；通过“十万个为什么”式地提问方式指导员工如何有效营销。【笔者点评：心即理，运用提问方式】

个人顾问小陈最初是高柜柜员，因为性格内向，面对客户从来只做好业务办理，几乎不做产品营销，也就没有了产品绩效，所以网点的工资数他最低。戴主任了解情况后，找小陈谈心不下十次，晓之以理动之以情，终于让小陈鼓起勇气开口营销。而每每小陈开口，戴主任就像装了猫眼似地掌握着一切动态，【笔者点评：责人向善】及时给小陈发短信加以表扬和鼓励。经过两年时间，内向的小陈从高柜柜员升级为贵宾室柜员，如今又转岗为个人业务顾问，被支行公认为营销标兵。用他自己的话说：“营销可以改变人的性格，而这份功劳非戴主任莫属。”由此可见小陈对戴主任的感激之情。

每当员工抱怨行里的产品不如他行，因营销失败灰心时，戴主任的话总能让他们燃起希望。“我们的产品只要还有一个客户愿意买，那它就是好产品，就有客户群，卖不出去不是产品差而是你们没有找到对应的客户；我们是全市业绩第一的网点，我们的产品营销不出去，兄弟行的同事们就更难营销了。营销也讲究天时地利人和，产品没有销路，你们要检讨自己的营销思路、话术，与其在这抱怨，不如一起研究出路。”【笔者点评：责人向善】

“在指导员工营销方面，我认为一定要有取舍，我们需要的是忠诚度高的客户，他们信赖我们的服务高于收益，而不是过分计较百分之零点几的收益差。”

正因为戴主任不断地将认可我行的经营理念、服务宗旨，不断地肯定自己的产品和服务这一思想灌输给员工，才造就了一批高度忠诚的员工和客户，保持了业绩的连续第一。【笔者点评：心即理】

“亲情式”服务，网住客户“定心”

“留住客户的唯一办法就是优质服务，而重点就在于以心交心，让客户爱上我们的网点，爱上我们的员工。”戴主任在双管齐下的同时做好支行的软硬服务。在硬服务上，她向上级行争取配置了各种电子银行服务设备，一个仅200平方米的网点，配置有2台自动存取款机，一台存折补登机，电子银行演示台，排队叫号机等等，竭尽所能为客户提供便捷服务。“要让客户满意，首先是降低客户等候时间”。在软服务上，她要求大堂经理做好客户分流，引导、等候、安抚客户和做好为客户填单等工作；要求柜员提高服务含“情”量，把每一位客户当作亲人来礼待，做到“7+7”服务，【笔者点评：致良知】提高业务办理速度；要求个人客户经理提高客户甄别的能力。

“‘客户就是上帝’一直备受争议，但在我们支行，大伙儿的意见却出奇的一致。”因此，来支行办理业务的客户也总爱多停留几分钟，或与网点员工拉家常，或与之探讨理财门道，或寻求朋友间的帮助……

其实，“我们和客户是利益共同体，只要我们真心待客户，客户自然将心比心，真心真意待我们。”戴主任提倡的“亲情式”服务在网点内外赢得人心，既吸引了一批高度忠诚的客户，也培养了一批患难与共的员工。

一个两年前业绩倒数第一的网点，如今却成为系统内竞相学习的标杆，这个转变不得不归功于网点主任戴主任。她用智慧收服了员工的心，用真情网住了客户的心。【笔者点评：心即理】

行动后总结：

1. 让员工体验不同的岗位责任，知晓职位之间的差异，感受到了“难”，知晓了本职工作的“易”和意义。

2. 在调动集体积极性方面做得非常好，梳理出了新的组织思路和行动方法。

【反思环节】：

1. 类似这个案例，你过去是如何做的？请写到下面。

____

____

2. 通过这个案例你学到了什么？

____

____

3. 你的反思是什么？

____

____

4. 你准备采取的改进行动是什么？

____

____

案例9-11

一颗小红星，心中有确幸

近年来，某支行一直致力于营造以人为本、团结奋进的良好氛围，打造最具幸福感的和谐银行，员工在繁忙的工作中常常洋溢着幸福的笑容。【笔者点评：万物和】

每年常规检

“以人为本，关爱员工，从点滴爱心做起”，支行以实际行动把关心爱护员工的工作落到实处。每年都要组织员工进行一次身体健康检查，【笔者点评：致良知】通过体检使员工有病早发现、早诊断、早治疗。同时，还建立了员工健康档案，以便更好地对员工的身体健康状况进行跟踪记录。

一年一度的常规体检，体现了支行家人般的温馨关怀，让每位员工身心舒畅，提高了员工的幸福感指数，从而提高了工作效率。

在一线网点干了10多年的柜员小刘欣喜地说："我们长期对着电脑伏案工作，很容易忽略自己的身体状况，现在支行每年组织我们体检，我们感觉挺高兴的，有了健康的体魄和充沛的精力，才能安心投入到工作中去。"

一束生日花

某日，营业室汪主任开完晨会，就在大堂里忙碌着。

"我是花儿朵朵鲜花店的礼仪小姐，今天是你的生日，你们的行长康先生祝你生日快乐！"一直忙于工作的汪主任激动地接过花篮，看着一朵朵含苞欲放的鲜花和生日贺卡上的祝愿，连声说："谢谢！谢谢！"一阵幸福的感觉充满心间。【笔者点评：心即理】

这是该行推出的一项关爱员工倡导人性化管理的新举措。据了解，支行每个员工过生日，行里都会委托鲜花店为员工送上鲜花，祝福他们生日快乐，吉祥如意，幸福美满。员工在惊喜的同时，也深深感受到了银行"家"的温暖。除此之外，支行在关爱员工上还多管齐下，做到"四必知"：员工思想状况必知，员工工作状况必知，员工需求状况必知，员工行为状况必知；"五必谈"：提拔、调动必谈，获得奖励、荣誉必谈，处分、惩罚必谈，情绪异常被动必谈，工作出现重大差错必谈；"五必访"：员工生日必访、员工住院必访、员工父母子女婚丧嫁娶必访，员工子女考上大学必访，员工出现异常情况必访。【笔者点评：事上练】

派遣员工小刘、小张考取了银行合同制员工后，在酒会上，支行送上了花篮，并送上了美好祝福，祝愿她们职业生涯的成功转型。两位姑娘的幸福写在脸上，激动的心情久久难以平静。

一颗小红星

为激励员工立足岗位充分发挥自己的才干，让员工体验到工作有干头，营销有劲头，发展有想头，前途有奔头，支行围绕工作重点，创新激励方式，做到"季季有方案，月月有竞赛"。通过小组赛、团队赛、标杆赛等多种竞赛活动，增强全行员工的精神动力和工作活力，对业绩排名靠前的员工，以各种形式为他们祝贺，对员工取得的业绩通过各种形式给予鼓励。

在今年开展的"三户一卡"活动中，要求每个员工完成1个对公结算账户、2个对私结算账户和张贷记卡。为激励先进、鞭策后进，建立了"对公客户营销活动龙虎榜"，把每位员工的营销情况粘上小红星。正是这颗小小的红星，激励着全行员工争先恐后地投入到营销当中，很多员工自我加压，营销榜上红星闪闪。某分理处刘主任走进商户，深入企业积极营销，屡创佳绩，营销对公结算账户5户，对私结算账户8户，货记卡23张。业绩上去了，收入也提高了，他的心中荡起阵阵幸福的涟漪。【笔者点评：责人向善】

行动后总结：

1. 领导对下属的每一次关怀都能够对激励员工产生影响，让员工有归属感也是激励的一种方式。

2. 对于工作中任务细化做得精准，年任务到季，季任务到月，月任务到周，周任务到天，以小组、团队、标杆等多元化形式带动员工，保持积极性高涨不退。

【反思环节】：

1. 类似这个案例，你过去是如何做的？请写到下面。

____

____

2. 通过这个案例你学到了什么？

____

____

3. 你的反思是什么？

____

____

4. 你准备采取的改进行动是什么？

____

____

案例9－12

内部齐心，对外攻心

近年，国际国内经济形势不容乐观，银行监管要求越发严格。川南一隅的某分行个人业务发展，尤其是理财产品、基金、保险、贵金属等销售，如道道关卡，困难重重。“产品销售对巩固客户、稳定存款、吸引行外资金意义非凡，也直接群响中间业务收入。必须突破关卡、推进销售！”通关！倔强的该分行个人业务团队怀揣“密码”，勇敢闯关。

同步

该分行一线员工30%以上是近两年入行，没有接受过系统的一、二代转型培训，服务流程不够标准。面对越来越严格的监管检查，越来越挑剔的银行客户，不少人提起销售就胆怯。

于是，“提合规、闯通关、赢积分”演练活动从当年4月份在该分行热烈开展，从服务流程、业务知识、营销技巧、销售规范几方面着手，旨在提高团队综合素质，提升销售成绩。

活动极具趣味性，别开生面地采用了典型案例实战演练的“闯通关”模式。【笔者点评：事上练】“以网点为单位，帮助每个成员共同提高。”该分行个人金融部王经理介绍活动流程：各网点推荐闯关“关长”，个金部对关长进行二代转型服务流程、营销技巧、拒绝话术培训，关长组织网点人员演练，演练合格后邀请个金部人员验收，验收通过的网点再与其他网点PK通关。

5月29日，省分行组织下属的七个行到该分行现场观摩：必答题、抢答题、选择题、金融理财产品知识问答题、销售演练情景模拟题……关卡设置精妙；城北支行、人南支行、嘉兴支行，三个闯关队伍骁勇善战，面对不同的营销难题，妙语连珠、配合默契。虽然都出现因不当服务、营销言行被叫停、纠正的插曲，但各队的整体表现博得了观摩人员阵阵掌声。“活动成效明显，团队整体服务水平上了台阶，销售能力得到锻炼。”王经理说，“类似的活动要继续，营造‘比、学、赶、超’的业务氛围。”

共鸣

一线员工流动频繁，经验丰富的老员工逐步进行岗位调整，该分行网点骨干力量比较薄弱。怎样选拔关键岗位人员？该分行上下认识一致，减少主观因素影响，多用事实说话。

该分行城东支行即将开业，为了找到担任网点经理这一网点灵魂人物的最合适人选，分行根据员工意愿和平时表现选出4名备选者，结合各自原所在网点存在的问题，分别布置不同课题，如“如何营销非我行优质单位？如何建设特色网点？”等。原来担任经开区支行个人业务顾问的王某接到了“如何推广电话支付业务？”的考题，这个已在该行工作11年的女员工，一个月后提交了2000字的课题总结，以得出“细分市场、钻研产品、了解客户、主动出击”的感悟和与同业全面比较为主要内容的论文让她在竞争中脱颖而出，顺利获得了梦想的职位。【笔者点评：责人向善】“我们尽可能为员工提供平台，推动业务。”“有了机会，我要干好。”情感的共鸣深化了统一的认识。

王某入行7年后才开始做销售人员并得到提拔。“我们近年在努力把对网点销售人员发现、培养的时间缩短。”王经理说。该分行组织对一线员工进行问卷调查，将有意愿做销售人员的柜员作为后备，提前安排“跟班培训”，参加每周的销售例会和平时的产品培训，让他们提前熟悉产品和营销技巧，并将后备销售人员组成任务性团队，【笔者点评：责人向善】督促他们关注行情，准备小型理财讲座材料。“开了眼界，坚定了信心。”柜员小崔年入行才3年，通过去年近10个月“跟班培训”，今年初顺利转到销售岗后一周内就推介出200万理财产品、1公斤黄金，发展了4个基金定投客户。

齐心

今天的市场，对中高端客户的营销赛实乃“攻心”之战。对外攻心、内部齐心，该分行谱写出“新”与“心”的协奏曲。

某学院，离该分行高新支行仅800多米，但因单位代发工资业务交由工行，该行对其个人客户的拓展成效甚微。不能眼看着门口的优质客户流失，分行领导果断决定，【笔者点评：勿执一念】开展名为“融冰行动”的专项营销活动——个金部与高新区支行联合，通过实地走访、问卷调查等形式了解真实需求，结合不同年龄段老师的理财需要，分别定制了“青春活力”“子女成长”“安享一生”理财套餐，专程组织投资理财沙龙作推荐。5月活动当天，到场22名领导及教师，办理龙卡10张，签约子银行16户，贵金属开户4名。接着，当月即有3名老师共30万元资金从工行转入购买理财产品。目前，该行服务口碑已树立，代发工资业务营销在加速推进中。

攻心之战，公私联动有攻势。5月29日，该分行邀请到当地影响力最大、会员人数最多的温州商会主要负责人及会员共16人参加“建立互信，共创未来”金融服务主题沙龙，重点介绍小企业融资难问题及该行针对性的专业服务。活动现场，分行个人公司客户经理分别在个人财富管理、融资、结算等方面做了详细介绍，并重点推荐了针对小企业投入期、成长期、成熟期精心设计的服务套餐。讲座结束后，12名客户达成办理钻石信用卡意向，3名办理了财私卡，截至6月已发放个人助业贷款300万元，活动赢得了温州商会的高度认可。

竞争的市场，关卡常在。同步、共鸣、齐心，从认知到信念到行动，该分行掌握通关秘诀，前景越来越好。

行动后总结：

1. 以实战演练的形式和以小组为单位进行竞赛，解决日常工作中切实可见的问题，用集体交流的方式将好的行动方法宣传出去，让大家都知道在面对这些情况的时候怎么面对和解决。

2. 提升个人能力和团队实力之后对客户的服务进行质的拉升，对外拓和中高端客户进行积极的引导和热情的服务，以具体的方案呈现理财沙龙和主题会议等活动，有针对性地对不同的客户进行服务，做出成绩的同时也影响客户做出实际的宣传，扩展了优质客户的客源。

【反思环节】：

1. 类似这个案例，你过去是如何做的？请写到下面。

____

____

2. 通过这个案例你学到了什么？

____

____

3. 你的反思是什么？

____

____

4. 你准备采取的改进行动是什么？

____

____

案例9-13

单点突围，专员专管

建行某分行利用手机银行撬动市场，将建行手机银行的技术优势、先发优势转化为市场优势、竞争优势，并带动建行其他业务迅速发展。

先与当地三大手机运营商签订战略合作协议，谋求双方资源共享。手机运营商员工人人使用建行手机银行，成为建行手机银行的忠诚用户。积极为各手机运营商搭建建行手机资费代缴平台，创建手机运营商的第二营业厅。以此为纽带，强化建行与“三大”手机运营商的合作，扩大手机银行用武之地。建立手机银行代办员制度，利用手机运营商员工为客户手机充费、手机上号的机会，从源头上加强建行手机银行推广应用。整合双方激励活动，将手机运营商对客户充话费的奖励活动与建行对手机银行客户的各种促销活动紧密结合，形成1+1大于2的效应。【笔者点评：万物和，资源整合】

精选优质客户，寻求重点突破。瞄准高校学生，培植手机银行的学生客户群体，以一当三发展手机银行的家长客户群体。高看门店、步行街、专业市场内的经济实体老板，带动其上下游客户成为手机银行用户。

建立电子银行专管员机制，对电子银行专管员实行星级考核、末位淘汰，让有为的有位、实干的得实惠。规范员工营销行为，言行得体，增加手机银行等产品的亲和力。开展趣味活动，如员工间手机银行“一对一转账”“手机对手机接龙转账”等活动，引导员工加深对手机银行的理解。【笔者点评：心即理，心里认同了，后面事就成了】评选手机银行营销先进网点，邀请业绩优秀的典型网点到其他网点“传经送宝”，也让后进的网点派员到标杆网点跟班观摩体验。

充分利用手机银行直销团队力量，解决手机品种复杂、手机银行交易激活跟踪等制约手机银行发展的“瓶颈”问题。善待手机银行直销团队人员，多举措调动其积极性。加强银行柜员与直销队员的密切沟通，形成手机银行发掘客户、签约、激活、督促交易诸环节的默契配合。【笔者点评：事上练】

精耕细作，收获累累硕果。截至当年9月底，该分行手机银行客户新增、存量客户数分别占当地同业38.8%、33.9%，双双获得同业第一；手机银行签约同步率78%、全量活跃客户数占比21.76%，比年初客户新增速率39.81%，客户新增计划完成率121%等主要业务指标均处全省第一。

行动后总结：

通过与三大手机运营商合作，扩大手机银行的用武之地，提高知名度；针对特殊客户群体进行重点突破，从而发展更多的客户；建立电子银行专管员机制，打造专业的队伍；充分利用手机银行直销团队力量，相互配合。大家齐心合力，精诚合作，最终取得丰硕的战果。

【反思环节】：

1. 对于该分行利用手机银行撬动市场的这个案例，你过去是如何做的？请写到下面。

____

____

2. 通过这个案例你学到了什么？

____

____

3. 你的反思是什么？

____

____

4. 你准备采取的改进行动是什么？

____

____

案例9-14

用爱经营，尽心尽力

郭艳梅是建行湘潭迎吉支行行长，2016年全国金融五四奖章获得者，建行总行2015年增储能手，建行湖南省分行第四届十大杰出青年。

用双脚走出来的第一名

2013年8月14日，湘潭迎吉花苑，建行湘潭迎吉支行开门纳客，从零起步。搬到迎吉花苑之前，迎吉支行所在的君子莲支行是一个低产低效网点，KPI考核排名垫底。彼时，郭艳梅还是九华支行的副行长。2013年，郭艳梅临危受命，通过竞聘成为迎吉支行行长。

图15 郭艳梅

“开业的那一段时间，郭行长和我们每天的工作就是出门找客户，挨家挨户去拜访。”副行长喻娟说。【笔者点评：事上练】两个月后，在行里被称为“怀孕困难户”的郭艳梅在30岁迎来人生的一大喜事——终于要做妈妈了。可郭艳梅一点也高兴不起来——支行刚成立，各项业务亟待开拓，尤其是客户的需求迫在眉睫。医生警告她，由于身体原因，恐怕很难再怀孕。于是，她只好咬紧牙关，挺着肚子投入“旺季”营销。

“那时候郭艳梅来我们公司，我愣是没发现她已怀孕快七个月了。”湘潭某新能源企业曹姓财务总监表示。正是由于奔波太多，胎儿刚七个月就已入盆，郭艳梅不得不遵照医嘱卧床待产。

功夫不负有心人，由于团队齐心协力，【笔者点评：万物和】迎吉支行的员工收入，从搬迁前的全湘潭行倒数第一，一年多后就一跃成为全湘潭行第一。“2014年服务标杆网点”“2015年年度考核先进集体”等荣誉也接踵而来。

零距离服务出来的“专家”

“关于新能源的相关问题，我常常被郭艳梅问难住。”【笔者点评：事上练】曹总监表示，郭艳梅对新能源行业的钻研，已经称得上专家。

正是出于这种价值认同，迎吉支行也成为该新能源集团的首家合作银行。曹总监还特别建议集团把主办行放到建行湘潭市分行，“湘潭建行的快速和专业让我很放心。”

2016年3月，该新能源集团董事长到湘潭调研，除了拜会主要政府领导，董事长还破例专门拜访了建设银行湘潭市分行行长何柏青，他说：“作为银行人，郭艳梅团队的行业分析报告能做得如此专业和全面，我非常惊讶。”

高大上的项目拿得下，郭艳梅也并没有忘记自己作为基层行长的初心。“每天一大早，郭行长总会站在大门口，迎接第一位客户，叮嘱大家做好服务。”【笔者点评：事上练】在湘潭九华经开区做了8年房地产和旅馆生意的李泽丰说。

为小超市上门送零钞、为小区居民送去电影、为工厂工人上门开户……在迎吉支行，金融服务深入最后一公里、离客户更近一点正成为一种文化。正因为如此，个人存款业务如今成为迎吉支行最为稳定的业务之一，增长量远超过同一条街上的其他几家银行的总和。

用爱经营出来的“小家”

“我在建行已经28年，工作过的网点很多，从来没有一家网点的气氛如此融洽。”【笔者点评：万物和】迎吉支行个人客户经理赵剑表示。包括赵剑、张小晨、喻娟在内，多名迎吉支行的工作人员都表示，在行内，大家都彼此称为“家人”，而郭艳梅则是迎吉支行这个“小家”的“家长”。

支行大堂，“用爱经营”几个大字赫然在目。

今年4月24日，支行同事小袁母亲突发脑溢血去世。“悲痛之余，小袁第一个想到的就是郭行长，郭行长接到电话后，第一时间赶到小袁家，帮助料理后事。”采访中，多名同事都提到了这件事。小袁的邻居们这样评价：“一个行长能为员工们的事如此尽心尽力，为建行人点赞。”【笔者点评：万物和】

“作为为数不多的单身员工，郭姐还特别关心我的终身大事，一有机会就帮我物色对象。”张小晨笑着说。如今，她已经成功脱单。【笔者点评：责人向善】

“工作虽然很累，但在迎吉支行能感到家的温暖。”赵剑说，郭艳梅不会有过多的话语表达，更多的时候是埋头带领大家工作。

【反思环节】：

1. 类似这个案例，你过去是如何做的？请写到下面。

____

____

2. 通过这个案例你学到了什么？

____

____

3. 你的反思是什么？

____

____

4. 你准备采取的改进行动是什么?

____

____

本书中绝大多数案例的主人都是我们平凡的银行人，如同蚂蚁一般的平凡人，在平凡的岗位上，用自己的辛勤汉水和泪水取得。但笔者认为：能把小事干好就是大事，能把平凡的事做好就是不平凡！我们平凡的大多数人的人生只有两个选择：要么碌碌无为，一生之事全以失败告终；要么所做之事绝大多数失败，但其中也有少许成功，给我们以成就感、获得感、参与感。所谓大成功者，如马云、马化腾、马明哲等，除了靠他们自己的努力之外，也有运气成分（笔者曾是理工男，概率多少懂一点）。既然我们平凡人把握不了自己的运气，如出身，博彩中的手气等，但能把握自己的内心和信念，把握自己每天所走之路（当然有时也没法把握，如马航MH370上的人），就像蚂蚁能举起超过自身数倍体重的物体，这何尝不是一种成功？何尝不是一个壮举？反观这世上，有多少如恐龙般的庞然大物，最后都是被蚂蚁吃掉的。所以，我们如蚂蚁一样的平凡人大可不必自卑，虽然你明知不能马上成功，但你毕竟可以马上行动!

笔者把人生看作如同乘马车沿着马路走，那么往哪里走是由谁来决定？你总不能说是由马路（特指环境或运气，笔者注）来决定？当然环境对人起的影响不可小觑，比如你刚打开电脑，就弹出一个八卦新闻，你一看，好有趣！，但半小时过去了，你啥正事没干成；你也总不能说是由马车轱辘（特指人的命或物理状态，笔者注）来决定，虽然有时车轱辘会把你带到沟里，比如聋哑人与常人比是有欠缺，但她们依然能演出“千手观音”这样的绝世舞蹈，她们并没有因为身体的缺陷而自暴自弃；你也总不能说是由那匹马（特指你的行为习惯或动物本能）来决定你的人生路，当然我们知道，人的行为是自己所为，但你怎么知道这种所为对你就是对的和好的？例如喝酒寻乐子，喝成地下工作者的大有人在。

读者看到此，是否看着看着就晕了？就不耐烦了？好了，这就是那个握着马车鞭子的马车夫（特指人的心境，心智模式）出现了，你有了情绪，你的心就乱了，心就不成章法了，方寸已乱，你能指望这个马车夫带你到你想要去的地方吗？比如说读书是个好事，但你读书却不去选择，或一味成为书虫，理论谈起来一套又一套，又不去行动，你怎么会知道这对你究竟是好还是不好？你不能从心开始领悟，你如何知道你选择的路就是正确的？

只有当你的情绪抚平了，不再心浮气躁了，理性的光辉才开始显现，这就是马车的后面坐着的那个人开始发话了，这才是这个马车的真正主人（特指理性的大脑的真我意识）！一旦这个主人开始发话了，智慧之光才开始散发，人类历史上就有了苏格拉底，有了孔子，有了亚里士多德，有了哥白尼，有了王阳明，有了爱因斯坦，有了雷格・瑞文斯，有了霍金，有了量子力学，你才知道你过去的所谓自由放荡不过就是一种量子纠缠罢了。你才会拥有了真正的你，你的人生之路应该由这个你来决定。

本书最后一个案例，还是用网点行长杨迎红的一篇发言做收尾，以表笔者钦佩之情，也是对上一段话做出一个有力的暗合与注释，谢谢杨迎红！

案例9-15

以梦为马，不负韶华不负心

——天心区黑石铺支行杨迎红

从18岁进入农行工作，时间一晃而过，今年3月，我即将告别挥洒热情、收获果实的农行热土，成为一名退休同志了。回首农行工作的三十年，我可以很自豪地说，营销如棋，我愿为卒，虽然有时深陷楚河，充满艰辛，但我未曾后退一步！【笔者点评：心即理，心不退，一切都不会退】

农行事业就是军令，我愿做不折不扣的急先锋，服从乃天职

“天下之事，困难之处不在于立法，而在于有法必行；不在于说些什么，而在于说出来就一定要有效果”。既然我把自己当士兵，那么军令如山，支行安排我做什么，我无论遇到什么困难都要完成。2014、2015年是保险到期的集中时间，很多分红型保险都达不到预期的收益，网点经常有愤怒的客户一边按着计算器，一边骂我们是骗子，加上各大媒体都高度关注，以“去银行存钱被忽悠买成保险”为噱头大肆报道，保险产品似乎遭遇了寒冬。此时，营业部工作督导组和支行都委以我重担，一定要有所突破。我心里虽忐忑，【笔者点评：事上练，多想无益】嘴上只说了六个字：“保证完成任务！”送走他们，我便开始行动。组织员工悬挂横幅，递送折页，电话邀约，外拓沙龙……同时，我仔仔细细梳理了记在本子上的客户信息，惊喜地发现一位贵宾客户生日将至，这不就是最好的契机吗！带着鲜花、蛋糕和一份保险资料，我满怀信心地上门，不料客户不在家，吃了个闭门羹。【笔者点评：不动待机】随后几天，我锲而不舍地发短信、打电话，分析他的家人适合哪些保障，做了一份全方位的家庭计划书。本着对家人的责任，客户满意地接受了。这一次营销，就收获了16份高端保单。

2015年，营业部基金销售没有计价，全行基金销售士气不高，我主动为支行分忧，【笔者点评：心即理，下属如果不为上级分忧，上级还要你做什么？】单笔销售农银现代农业混合基金500万，完成省分行营业部该项产品销售任务，全年卖出基金6000多万，在股市大跌的时候都没有一笔投诉。2016年单月就营销了5千克黄金，完成全年任务。在我的心里，一个指标一份责任，只要是岗位需要的，我都会去做，并且都要做好。

客户需求就是方向，我愿为倾心倾力的排头兵，满意是目标

有一位经济学家说过："不管你的工作是怎样的卑微，你都当付之以艺术家的精神，当有十二分热忱。这样你就会从平庸卑微的境况中解脱出来，不再有劳碌辛苦的感觉，你就能使你的工作成为乐趣。"【笔者点评：事上练】大部分人说，与客户打交道既累又烦琐，但是以"赠人玫瑰，手有余香"的心态去接触客户，我渐渐喜欢上了这个工作。喜欢看到客户希冀而来、满意而去的表情；喜欢看客户在我们的建议下得到意外收获时的惊喜；喜欢看到客户主动宣传我们网点的服务好，产品好。但也常因服务不足而产生遗憾，也不得不接受客户没有达到目的时不满的宣泄……各种各样的人们来往交替，我用我的真情和热忱感动了一个又一个客户同时，也感受到了客户对我的关心和支持。

不仅看重客户带来的利益，我也把客户当成有血有肉的人。2014年1月，我得知何斌继老人卧床治疗，不能来大厅办理业务，就带领运营主管和客户经理一行冒着严寒，来到长沙市福利院为老人办理了定期存单提前支取业务，解了燃眉之急，也让银行"铁规章"透着人文情怀和温暖，让客户真正感受到农行的服务。【笔者点评：致良知】现在，网点也时不时会收到客户感谢信或锦旗。去年季末冲刺的时候，应我的邀约，原附近市场商户、现上海经商的刘总放下手头工作，专程坐高铁赶到黑石铺支行存款400万。

团队建设就是武器，我愿当手持令旗的指挥官，协作才能赢

从2012年我开始担任网点主任，网点的年轻孩子们都叫我"杨妈咪"。因为我是他们工作上的"家长"。父母之爱子，则为之计深远。关上门，我可以严厉到把年轻小姑娘批评到梨花带雨，也可以把调皮小伙子数落得面红耳赤；【笔者点评：责人向善】但打开门，我会对每一个人说，我们网点的孩子们都特别优秀。回报给我的是他们的成长。一个第一次进市场外拓都哭鼻子的小女生，现在已经成为撑起网点半边天的副主任；一个曾经感到前途渺茫的派遣制员工，获得了营业部、人民银行演讲比赛的多个奖项；一个今年就要退休的客户经理，休息时间也要去周边单位外拓办信用卡……2015年3月，春天行动的最后一个冲刺月份，家父病危，我不得不奔赴家中尽为人子女最后的孝道。但待我处理完一切事情回到网点后，让我欣慰的一幕出现了：网点运转有序、存款稳步增长、小指标陆续突破。迎接我的，是成员们体贴温柔的笑容，他们说：“杨姐，有我们在，你放心。”那一刻，我好像找到了最坚实的依靠。【笔者点评：万物和】

今年的春天行动，将是我农行职业生涯的最后一棒。此刻，我有太多的感慨和不舍，不舍朝夕相处，亲如一家的同事们，不舍用心维护多年的客户，不舍奋斗了半辈子的农行……唯有以梦为马，奔腾于这最后一场战斗，不负韶华不负心！【笔者点评：心即理】

十、结语：知无涯，行不止

行动学习用于绩效提升就是典型的事上练心。

刘世龙老师曾参与指导了中粮集团的行动学习项目，他致力于在中国推广行动学习项目，在笔者与刘世龙老师的合作过程中，他的“因成就他人而成就自我”之宏旨，笔者非常认同并引为学习榜样，在此也摘录他服务过的企业领导人宁高宁对行动学习的顿悟以飨读者。

宁高宁先生自称是职业经理人，为国有企业“放牛”。下文浓缩了宁高宁在带队伍方面的“放牛”真经，列出了他的九个顿悟，每条均针对管理者通常的误见、迷思和心魔。

很多管理者眼睛往往是向外看，一直盯着员工，觉得员工这要提升，那要改进，总感觉员工不尽人意。其实，很多事情的迎刃而解，需要改变视角，静心顿悟。如果换个角度，多审视自己，把员工当作一面镜子，照照自己，发现最后需要提升的只是自己！

（一）当下的环境是最合适的环境

企业在市场中，就如同真实的作战环境，随时面临市场决战，不允许彩排，更不允许做条件假设。做一些无谓的假设，只会浪费时间，延误战机，或为自己达不到目标找借口。

要在现实的状态下开展工作，而且认为当下是最合适的环境，唯有如此，才能积极思考、正面应对。管理者认为员工队伍素质太差时要想一想：如果员工队伍素质提高到自己想象的水平，他们还会甘心于现有的岗位吗？自己还能当他的领导吗？你的能力与价值又如何去体现呢？现有的环境，正好是体现自己能力和锻炼自己的最佳舞台。

（二）眼中的员工状态，其实就是自己的表象

在成功管理者的眼里，看到和吸引自己的都是别人的努力，别人的负面因素也无暇顾及，感受到的全是他们的努力。近朱者赤，近墨者黑。所以自己感受到他们的状态，其实就是自己的表象，只是我们看别人容易，读懂自己难。

我们可以做一个测试，对同一个企业，不同员工的感受和评价肯定不同。这是因为每

个员工的状态不同，看到的也会不同，相由心生就是如此。其实，别人就是一面镜子，照到的全是自己。我们总喜欢盯着别人找缺点，而很少从内心审视自己，所以只能用反推的方式才能有所感悟。当我们感觉越来越多的人都看不顺眼时，那一定是自己出了问题！

（三）特别不喜欢的，就是自己最需要提升的

我们有时会特别不喜欢某人或者特不喜欢某人做的某事，这原因是什么呢？是别人的问题吗？他的这一点是所有人都反感的吗？不见得！既然不是所有的人不喜欢，那为什么自己不喜欢？问题出在哪里呢？那是因为自己有偏见，或者是自己小题大做，或者是自己的某种“性格缺陷”，从而造成了自己的不喜欢。

如果员工经常跟你对着干，那是说明你人格魅力不够，或者能力没有得到其认同，或者自己平时也是对其如此，所以这些都是需要自己提升的方面。团队执行力差，可能是因没有相应的管理制度；员工经常因家事耽误工作，可能是管理者不够关怀员工；不能容忍员工评议，可能是自己确实存在某些不足等等。当我们面对“不喜欢”时，恰恰就是发现了自己最需要提升的方面。

（四）把员工看成什么，他就是什么

有些管理者习惯给员工贴“强弱”“敌友”“勤懒”的标签，自己怎么判断，往往最终真的就如所料。心理学告诉我们，在给某人贴上标签时，我们的行为和态度也会对其发生微妙的变化。带着标签与员工沟通，自己的行为和举止很容易被对方捕捉到，对方也会同样为之，从而造成许多弄假成真的事实。

对优秀的员工常包容和多鼓励，对能力欠缺的员工喜欢批评和排挤，都是不正确的。其实，很多标签都是管理者心里所预判出来的，有些并不代表真实。不然，为什么有的员工换了个工作环境，就判若两人呢？所以，总体上来说，应该相信每个员工都在努力创造一片自己的天地，我们要多鼓励、多肯定，多给员工贴正能量的标签。

（五）员工的彻底认同，只有靠感化

不要认为企业有了规章制度，就能让员工彻底的认同和遵守。表面的服从和内心的认同相差很远。制度越来越多，培训越来越多，员工并不一定买账，流失率的高低就可以作为参考。相当一部分比例的员工离职与其上司有直接关系。试想，员工都准备离职了，自

己对其还能有什么影响力可言？

员工的彻底认同，关键是领导者自己的魅力和专业技能，自己以身作则，让员工内心受到触动，这样的影响才持久，带来的执行力才会强。除了有管理制度，管理者还应有适当的感情投入和相当的魅力影响，才能得到员工的认同。

（六）所有面临的问题，都是自己造成的

有些管理者喜欢怨天尤人，总是羡慕别人天时地利人和，觉得自己身边的同仁或客户有意制造难题。其实每个人身边的所有环境都是自己经营的，发生的事情是好是坏，都与自己的积累有关，不然为什么不发生在其他人身上呢。

如果进行自我剖析：员工是自己安排的，是不是没有交代清楚，是否过程中间没有跟踪，或许自己对“识人”还需要技能上的提升等等。下属看到领导自我批评了，也会分析他自身的原因，而不会再去想着推诿扯皮。总之，管理者所遇到的所有问题，都要先从自己找原因，很可能都是自己造成的。

（七）好“果”必定是早前种下的善“因”

俗话说，“种豆得豆，种瓜得瓜。”事情的发生必有因果，现在的“果”必定是你之前种下的“因”，好果归于善因。为什么会遇到很多麻烦事？为什么员工难于管理？管理者要好好反省自己对他种下了什么不好的“因”。

有员工说，我招惹谁了，那么不好的事情落到自己头上？某某事件真是不公平……因果兑现时间不一，过程有的很漫长，导致很多人不容易相信。不要认为不公平，因为自己也可能是别人眼中不公平的造就者。

（八）心存侥幸的事件肯定会暴露

管理者一定要坐得正、行得直，不要有自私的行为缺陷，更不要认为自己处于领导岗位，一般员工发现不了。

人的心理有个弱点，在同样条件下，往往认为好事发生在自己身上的概率大，不好的事发生在自己身上的概率很小，于是就形成了侥幸心理：“哪有那么巧？”要想人不知，除非己莫为。管理者的某些“缺陷”也肯定会让员工知道。试想，你自己都不正视自己，怎么可能会让下属心服口服？心存侥幸的负能量事件要杜绝。

（九）知易行难，所以更要重视“行”

当前网络、纸媒等各种渠道传播的什么励志文章、什么心灵鸡汤、什么正能量、什么技能方法真是太多了，天天耳濡目染，可我们静下来想一下，自己的一些不好的习惯或工作方式，又改变了多少呢？大多还是该怎么还是怎么，也没有发现生活中自己改变了多少，依然“我行我素”！

春节晚会小品《扶不扶》中，那位给事故现场拍照的路人，是典型的只会说没有想到做的人。都知道“知易行难”，但关键还是要把所“知”应用到工作和生活中，而不能工作是一套，说辞又是另一套。

读完宁高宁先生的论述，读者有什么感受和反思呢？

笔者曾经在两个农信社的行动学习现场有过较深的体会，一个是2016年初在山东平原农信社，陈海理事长在行动学习的启动会即将结束时的即席发言，谈道：“教练的每个提问虽然都是针对我们某个团队或某个员工的，但我感觉也是针对我们的中层管理团队的，也是针对我们班子成员的，也是针对我自己的，这些问题都和我们有着切身的关系，如果得不到有效解决势必影响我们的工作和业绩，所以我要求在座的每一个干部和员工，尤其我们领导干部，尽快自查自纠，拿出解决方案和行动计划。”陈海理事长的全程发言没有丝毫的准备痕迹，发自内心，随性而言，但笔者认为这是行动学习现场上最好的反思，因为它反思的是领导自己。陈理事长丝毫没有顾忌自己的情面，大胆地承认自己的不足，尤其是当着全行一百多个员工的面，这需要多大的认错勇气和平稳的心态！读者试想一下，如果行动学习项目仅是只需要基层员工的反思和学习，高层领导和中层干部依然我行我素，这种学习对整个团队究竟有多大作用？

还有一次是在广东鹤山，当时是夏天，周末两天一夜的项目启动会上，员工们多穿的是短袖，毕竟短袖也是鹤山农信社的制式着装，笔者发现在整个会议期间，杨仕晋理事长从头到尾穿着长袖衬衣，而且还在外面套了一个夹克。后来一打听，才知道，杨理事长身体有恙，体质较弱，但他始终坚持参会。试想一下，作为一把手，平时事无巨细，担子已经很重，身体不好更需要休息静养，以利下周再战，周末两天的学习现场也有教练老师和团队主持，还有几位副行长等在场，但他仍然坚持出席，虽然没怎么发言，但仍坚持到最后，真是此处无声胜有声！这是一种怎样的可贵学习精神！这是一种怎样的以身作则态度！对学习如此重视，有什么工作不能搞好？

一个人最大的无知，就是不知道自己有多无知。

一个人不承认自己有问题，就是他最大的问题。

不反思，无学习。从心始，行必成。知无涯，行不止。

用此十八字与读者和行动学习同行者共勉之。

参考文献

1. Reg W. Revans. Action Learning Its Term and Character, the Management Decision Journal, Volume 21, Issue 1[J].Bingley：emerald Publishing, 1979.

2. Reg W. Revans., and edited by Mike Pedler.Review of ABC of Action Learning[M]. Farnham：Gower Publishing, 2011.

3. （英）埃文斯.遇见苏格拉底，我的人生睡醒了[M].北京：中信出版社，2015.

4. 度阴山.知行合一王阳明2：四句话读懂阳明心学[M].北京：北京时代华文书局，2015.

5. （明）王阳明.传习录（叶圣陶点校版）[M].北京：北京时代华文书局，2014.

6. （日）高濑武次郎.知行合一：王阳明详传[M].北京：北京时代华文书局，2014.

7. （英）迈克・佩德勒，克里斯蒂娜・阿博特.行动学习催化秘籍[M].北京：机械工业出版社，2015.

8. （美）列纳德・蒙洛迪诺.潜意识：控制你行为的秘密[M].北京：中国青年出版社，2013.

9. （美）霍华德・舒尔茨,多莉・琼斯・扬.将心注入[M].北京：中信出版社，2011.

10. （美）迈克尔・马奎特.行动学习实务操作[M].北京：中国人民大学出版社，2013.

11. 邱昭良.复盘+：把经验转化为能力[M].北京：机械工业出版社，2015.

后　记

记得还是在某一年一次培训后的交流中，我们湖北的张牧之老师对我提议说，可以发动全国的美国注册财务策划师RFP会员，让大家总结自己工作中的实战案例来汇集成一本书，用行动来诠释实战如何成功，也可为后学者提供借鉴。于是从张牧之老师心中的一念发始，最终有了此书，也正应了书名《从心始　行必成：场景化行动学习银行绩效提升案例集》。

在收集学员案例的过程中，不仅有热心的张牧之老师供稿，上海同富银行管理研究院的总经理彭汉梅女士积极发动RFP会员和学员们踊跃投稿、贡献案例，另外，同富银行管理研究院的石慧、田茜茜、张玲等老师也积极参与发动学员和会员。在收到学员案例后，先由田茜茜做了初步校审，后由我本人汇集编撰成书，并用心法一以贯之，其前后历时一年半，陈诗会最后统筹出版事宜。在此，对彭汉梅带领的上海同富团队表示衷心感谢！也对参与案例贡献的如下学员们表示衷心感谢！因为没有他们，此书成不了。

在此，特把对本书有案例贡献的学员名单列出如下（排名不分先后），再次感谢他们对本书的贡献！

曹　瑛	任　艳	陈丽思	李洪旭	刘赛萍	秦文星	王　蓉	吴天天
谢琳娜	易　亮	侯玲玲	邹　晶	杜宇轩	唐　娟	秦　慧	章栎平
冯爱军	邹　波	陈泽贝	湛　薇	冯婷婷	方　威	谭　薇	姚　文
黄　晟	李　栋	李淑芳	刘　丹	刘心童	石　杰	唐　娟	谢　莹
刘　畅	张　迪	余婧群	曾芳芳	张　芬	张　利	胡　萍	江　峰
张婷如	熊　卉	李　阳	罗泽艳	袁海芳	陈飞翔	王　璇	李　俊
谢志美	李　铭	杨晓波	邬海华	皮艳军	黄　雄	李　欣	陈　思
徐　臻	彭威维	张伟强	余伶俐	李欣霖	黄红波	曾　印	

2016年11月20日